新编大学语文

黄国璋　朱婵清
黄年丰　龙　翔　编

暨南大学出版社
JINAN UNIVERSITY PRESS
中国·广州

图书在版编目（CIP）数据

新编大学语文/黄国璋，朱婵清，黄年丰，龙翔编．—广州：暨南大学出版社，2010.8（2012.9 重印）
ISBN 978－7－81135－575－8

Ⅰ．①新…　Ⅱ．①黄…②朱…③黄…④龙…　Ⅲ．①汉语—高等学校—教材　Ⅳ．①H1

中国版本图书馆 CIP 数据核字（2010）第 142640 号

……………………………………………………………………………………

封面题字　谢　骏
策划编辑　杜小陆
责任编辑　杜小陆　江　曙
责任校对　曾　茜　黄雪芬
出版发行　暨南大学出版社（广州暨南大学　邮编：510630）
网　　址　http：//www.jnupress.com　http：//press.jnu.edu.cn
电　　话　总编室（8620）85221601
　　　　　营销部（8620）85225284　85228291　85228292（邮购）
排　　版　弓设计
印　　刷　广州市怡升印刷有限公司
开　　本　787mm×960mm　1/16
印　　张　17.5
字　　数　360 千
版　　次　2010 年 8 月第 1 版　2012 年 9 月第 3 次印刷
印　　数　10001—15000 册
定　　价　36.00 元

一本提高大学生人文素质的好教材

——《新编大学语文》序言

2006年7月，我在组建中山大学南方学院文学系教师班底时，诚邀在中山大学中文系教了二十多年《大学语文》的黄国璋教授加盟，国璋兄欣然应允。于是一教就是四年，四年来国璋兄已有弟子六千，他以深厚的文学功底、丰富的学识和教学经验、生动幽默的讲课艺术以及略带粤语口音的普通话，赢得了众多学子（时髦语叫“粉丝”）的喝彩和崇敬。

然而，国璋兄在与“粉丝”的亲密接触中，深感原有的《大学语文》教材已不太适合二本B80后、90后学生的想法和要求了，便萌生了要新编一本《大学语文》教材的念头。于是，由国璋兄领衔、联同既是师妹又是师母的朱婵清副教授和本系的黄年丰、龙翔两位年轻教师，经过了一年多的筹划、选文、注释和反复的修改，终于把这本书编写出来了。

众所周知，《大学语文》课，是普通高校面向文（中文专业除外）、理、工、农、医、财经、政法、外语、艺术、教育等各类专业学生开设的一门文化素质教育课程。课程设置的目的是培养学生汉语文学方面的阅读、欣赏、理解和表达能力。这是大学生文化素质中的一个重要方面。

然而，《大学语文》课的风雨历程就并不是很多人知晓了。一个世纪前，我国现代高等教育刚刚诞生，京师大学堂（后更名北京大学）等校即在预科开设“经学”、“诸子”、“词章”与“作文”等课程，又历经1913年、1938年、1943年等几次变革与确认，《大学语文》成为在大学一年级开设的必修课《大一国文》，并有了朱自清主编的《大学国文选》教材。新中国成立初仍设此课，采用郭绍虞、章靳以编的教材。后来便长期中断。1978年，南京大学校长匡亚明倡导重开大学语文，一时蔚为风气。经过许多学者、教师二十多年的呼吁和努力，《大学语文》已经成为全国各类高校普遍开设的公共课，还被确定为全国高等教育自学考试各个专业（中文专业除外）必考的一门课程。随着素质教育的大力提倡，该课程更受到重视，许多大学都组织编写了这方面的教材。

古代读书人高尚者心怀“修身齐家治国平天下”（《礼记·大学》）而

读书，平庸者心怀“光宗耀祖”、“衣锦还乡”、“功成名就”而读书，这都是由古人的价值取向决定的。当今的学生求学的动机亦然，只是境界比古人高远，价值比古人宏大。学生的价值取向与他们对世界、对社会的认识有关，更与接受教育的程度、水平有关，而一个国家、一个社会的教育宗旨、教育措施和施教者导向，又直接影响受教育者。这样，语文教育就从本质上引导学生如何正确看待世界，如何正确看待人生。学生在贬斥、摒弃假丑恶，颂扬、追求真善美的过程中，不但学会了审美，而且确立了正确的世界观、人生观和价值观。学生确立这些观念的过程和结果，必然离不开好的教育，包括教育的环境、宗旨、措施和施教者的素质等。教育达到人和自然、社会的和谐统一，才能实现教育的可持续发展。

近年来，国内一些语文教育专家提出“三重境界”的语文教育观，即语文教育应该包括“人技教育”、“人格教育”、“人生教育”，并指出“人生教育”是“三重境界”中的最高境界。他们认为：“人技教育”侧重于给学生以生活技能，“人格教育”注重将语文素养内化为学生自己的精神，“人生教育”则引导学生最终把“语文素养”（包括知识、技能、思想、精神、人格、信念等等）与自己的人生融为一体。如果说“人技教育”给学生以“真”，“人格教育”给学生以“善”，那么“人生教育”则将学生引向生命之美。

由此可见，教育与人生，语文教育与人生，都体现了对生命之美的向往、追求、靠拢。

语文教育的最高境界主要体现在：追求美、创造美和享受美。其中追求美、创造美既包含了过程与结果，又体现了主观与客观的统一；而享受美，确切地说享受语文带来的美，则是语文教育的终极境界，它囊括了“人技教育”和“人格教育”，融汇了美的所有特性。

从美的角度出发，来展开语文教育，尤其是大学语文教学，既是学生生命和价值的需要，又是源于语文自身的审美特性。

《大学语文》是一门充满美的魅力学科，教材里蕴含着丰富的审美内容，体现着深刻的自然美、社会美、科学美和艺术美，蕴含着大量的道德美、形象美、语言美、文化美等因素。因此，大学语文教师要责无旁贷地重视学生的情感教育与审美的教育，从而提高学生感受美、鉴赏美、创造美的能力，拓展学生视野，美化学生心灵。

本教材的体例按中国文学史的脉络、作家年代先后顺序、文学体裁分类法，分为诗、词、散文、小说和戏剧等五大类，其中还编入了几首中国现当代诗人的优秀诗篇和几篇外国作家优秀小说、剧本的译作，末章为“学术论文的写作”。

入选本教材的作品全是中外文学史上家喻户晓，传颂不衰的上上品，是作者心灵的产物，情感的结晶。自先秦《诗经》迄《楚辞》、《史记》、唐诗、宋词、唐宋散文、元杂剧、清小说、近现代诗文，以及外国名家名作，计收孔子、孟子、庄子、屈原、司马迁、曹操、李煜、李白、杜甫、白居易、李商隐、柳宗元、欧阳修、韩愈、苏轼、柳永、陆游、辛弃疾、李清照、王实甫、马致远、汤显祖、纳兰性德、曹雪芹、蒲松龄、曾国藩、梁启超、鲁迅、郭沫若、沈从文、徐志摩、余光中、舒婷，以及培根、莫伯桑、契诃夫、欧·亨利等 70 家，104 篇，诗、词、歌、赋、散文、小说、戏剧兼收，既考虑到传统影响，也有新的发掘，力求顾及历代不同诗人、作家的艺术风格和多种体裁。本教材有三个特色：一、突出人文精神、精选文学名篇、注重审美熏陶、提高语文能力。她不仅是对大学生进行人文素质教育的极佳载体，也是提高大学生语文修养的有效工具。二、本教材针对二本 B（外省是三本）的学生，并结合多年教授“大学语文”实践经验的基础上编写而成的。她不仅适合作为独立学院、民办学院本科生的教材，而且适合作为全国高等教育自学考试《大学语文》课程的辅助教材。三、本教材的编者全是南方学院文学系的教师，其中有两名还是只有三、四年大学教龄的年轻教师。她不仅是文学系这四年来“大学语文”教学改革和教学研究的结晶，而且也是一种培养和造就年轻教师的有效途径。

这本《新编大学语文》是《大学语文》教材园地里的一朵奇葩，她散发着中国上下五千年悠久历史文化积淀的芬芳，这芬芳，将沁入莘莘学子的心脾，化作他们的血肉和灵魂，绽放出璀璨的、永恒的生命之美。

是为序。

2010 年 6 月 11 日于南芳湖畔

目　　录

氓[1]

《诗经》[2]

氓之蚩蚩[3]，抱布贸丝[4]。匪来贸丝，来即我谋[5]。送子涉淇，至于顿丘。匪我愆期，子无良媒。将子无怒[6]，秋以为期[7]。

乘彼垝垣[8]，以望复关[9]。不见复关，泣涕涟涟。既见复关，载笑载言[10]。尔卜尔筮[11]，体无咎言[12]。以尔车来，以我贿迁[13]。

桑之未落，其叶沃若[14]。于嗟鸠兮，无食桑葚[15]。于嗟女兮，无与士耽[16]。士之耽兮，犹可说也[17]。女之耽兮，不可说也。

桑之落矣，其黄而陨[18]。自我徂尔[19]，三岁食贫。淇水汤汤[20]。渐车帷裳[21]。女也不爽[22]，士贰其行[23]。士也罔极[24]，二三其德。

三岁为妇，靡室劳矣[25]。夙兴夜寐，靡有朝矣。言既遂矣[26]，至于暴矣。兄弟不知，咥其笑矣[27]。静言思之，躬自悼矣[28]。

及尔偕老[29]，老使我怨。淇则有岸，隰则有泮[30]。总角之宴[31]，言笑晏晏[32]。信誓旦旦，不思其反[33]。反是不思，亦已焉哉[34]。

［注释］

①本篇选自朱熹《诗集传 · 卫风》，上海古籍出版社 1980 年版。朱熹这部《诗经》集注在宋代以后广为流传，影响很大。氓（méng）：诗中女主人公对其丈夫的称谓。

②《诗经》是我国最早的一部诗歌总集。全集共有诗作 305 首，分风、雅、颂三部分。其内容主要反映了从西周初期到春秋中叶 500 年左右社会生活的各个侧面。《诗经》的艺术手法多用赋、比、兴，兼有重章叠句的形式。《诗经》对历代的诗歌创作和发展都有着深远的影响。

③蚩蚩（chī）：笑嘻嘻。一说憨厚的样子。

④布：交换用的实物，即布匹。一说为古代的一种钱币。

⑤即：就。谋：指商量婚事。

⑥将（qiāng）：愿、请。无：同“毋”，不要。

⑦这句意思是以秋天为婚期。

⑧乘：登。垝垣（guǐ yuán）：已坏的墙，即残破断墙。垝：毁坏。垣：墙。

⑨复关：地名，男子住地。一说借代，喻男子。

⑩这句意思是又说又笑。

⑪卜、筮（shì）：古人迷信，以占卜判断吉凶。卜：用龟背甲卜卦。筮：用蓍草占卦。

⑫体：卦体，占卜时龟甲或蓍草所显示的兆象。咎言：灾祸，凶辞，不吉利的话。

⑬贿：财物，这里指嫁妆。

⑭沃若：茂盛润泽貌。一说为喻指女主人公自己年青貌美。

⑮桑葚（shèn）：桑的果实。鸠食桑葚过多会醉而伤其性。这里喻指女子过于沉迷爱情会因此而吃苦头。

⑯耽（dān）：沉醉，迷恋。

⑰说：读“脱”，摆脱，丢开。（下同）

⑱陨（yǔn）：落，脱落，一说这句喻女子色衰。

⑲徂（cú）：往。这里意为嫁到男家。

⑳汤汤（shāng）：水势很大的样子。

㉑渐（jiān）：浸湿。帷裳：车两旁的篷幔。

㉒也：语助词。爽：差错，过失。

㉓贰：不专一。指男子的行为改变。（下句的“二三其德”即此意）

㉔罔（wǎng）极：没有定准。罔：无。

㉕靡（mǐ）：不。这句意为不以家务事为劳苦。

㉖言：语助词。既：已经。遂：顺心，满足。

㉗咥（xì）：笑的样子。

㉘躬：自身。悼：伤心。

㉙及尔：与你。偕老：同到老。

㉚隰（xí）：低洼的地方。泮：通“畔”，水岸边。

㉛总角：束发，小孩把头发扎束起来。这里喻指未成年男女。宴：欢乐。

㉜晏晏：温和，融洽。

㉝反：违反，变心。

㉞已：止，算了。焉哉：语助词，连用有加重语气作用。表明女主人公与氓决绝的决心。

将　仲　子[1]

《诗经》

将仲子兮[2]，无逾我里[3]，无折我树杞。岂敢爱之[4]？畏我父母。仲可怀也[5]，父母之言，亦可畏也。

将仲子兮，无逾我墙，无折我树桑。岂敢爱之？畏我诸兄[6]。仲可怀也，诸兄之言，亦可畏也。

将仲子兮，无逾我园，无折我树檀[7]。岂敢爱之？畏人之多言。仲可怀也，人之多言，亦可畏也。

［注释］

①本篇选自朱熹《诗集传·郑风》，上海古籍出版社 1980 年版。

②将（qiāng）：请。仲子：男子的名字。又或诗中女子对其男子的称谓。

③逾：跨越、爬越。里：本指住处，这里指住院的墙。

④岂：非。此疑问语气表示否定。

⑤怀：想念。

⑥诸兄：家中的兄长们。

⑦树檀：树名，与树杞、树桑同义。

蒹　葭[1]

《诗经》

蒹葭苍苍[2]，白露为霜。所谓伊人[3]，在水一方。溯洄从之[4]，道阻且长；溯游从之[5]，宛在水中央[6]。

蒹葭凄凄，白露未晞[7]。所谓伊人，在水之湄[8]。溯洄从之，道阻且跻；溯游从之，宛在水中坻[9]。

蒹葭采采，白露未已。所谓伊人，在水之涘[10]。溯洄从之，道阻且右[11]；溯游从之，宛在水中沚[12]。

［注释］

①本篇选自朱熹《诗集传·秦风》，上海古籍出版社 1980 年版。

②蒹葭（jiān jiā）：芦苇。苍苍：茂盛貌。以下的“凄凄”、“采采”同义。

③伊人：犹言“那个人”。

④溯：逆流而上或在岸上向上游走都叫溯；洄：曲折的水道。

⑤游：与“流”通，指直流的水道。

⑥宛：仿佛。央：中间。

⑦晞（xī）：干。

⑧湄：岸边。一说水边高崖。

⑨坻（chí）：水中小块陆地。

⑩涘（sì）：水边。

⑪右：上，高。“长”、“跻”、“右”表示“远”、“更远”、“还更远”的层递关系。

⑫沚（zhǐ）：与“坻”义同。

橘　颂[①]

屈　原[②]

后皇嘉树[③]，橘徕服兮[④]。受命不迁[⑤]，生南国兮。深固难徙，更壹志兮。绿叶素荣，纷其可喜兮[⑥]。曾枝剡棘[⑦]，圆果抟兮[⑧]。青黄杂糅[⑨]，文章烂兮[⑩]。精色内白，类任道兮。[⑪]纷缊宜修[⑫]，姱而不丑兮[⑬]。

嗟尔幼志，有以异兮[⑭]。独立不迁，岂不可喜兮。深固难徙，廓其无求兮[⑮]。苏世独立，横而不流兮[⑯]。闭心自慎，终不过失兮。[⑰]秉德无私，参天地兮[⑱]。愿岁并谢，与长友兮。淑离不淫[⑲]，梗其有理兮[⑳]。年岁虽少，可师长兮。行比伯夷，置以为像兮[㉑]。

［注释］

①本篇选自朱熹《楚辞集注·九章》，上海古籍出版社 1979 年版。橘颂：即颂橘，含有对橘的歌颂与赞美之意。

②屈原（约前 340—前 278）：名平，字原，战国后期楚国人。屈原出身于楚国贵族，早年颇得楚怀王信任，曾任左徒、三闾大夫等职。后遭谗被疏，之后又被流放。公元前 278 年，秦兵攻破郢都。屈原忧郁怨愤，自沉汨罗，以死殉国。

屈原在楚国文化传统的基础上，创造了一种有独特风格的新体诗——楚辞。他是“楚辞”的奠基人。其作品想象奇特丰富，感情奔放，语采华丽，具有浓郁的地方色彩和浪漫主义的风格，是我国文学史上第一位浪漫主义的伟大诗人。主要作品有《离骚》、《九歌》、《天问》、《九章》等。

③后皇：后土皇天，即天地。古代称大地为后土，称天为皇天。

④徕：同“来”。

⑤受命：秉受天命。

⑥纷：茂盛的样子。

⑦曾（céng）：同“层”。剡（yǎn）：锐利。

⑧抟（tuán）：把散碎的捏聚成团。这里有环绕、盘旋之意。

⑨糅（róu）：混杂。

⑩文章：色彩花纹。烂：绚丽灿烂。

⑪精色：精美的颜色。内白：晶莹。任道：一作“可任”。

⑫宜修：修饰得体。

⑬姱（kuā）：美好。不丑：超群，出众意。

⑭异：不同于一般，有别于流俗。
⑮廓：空阔广大。这里指心胸广阔博大。
⑯横：横绝，这里指有悖于世俗的行为。
⑰闭心：闭：停止，结束。心：欲念。过失，一作“失过”。
⑱参：参配，对立。这两句的意思为保持美德，没有私心，其精神可与天地并立。
⑲淑：贤，美好。离：明。淫：惑乱。
⑳梗：挺直，强硬。
㉑为像：作为自己的榜样。

湘　夫　人[1]

屈　原

帝子降兮北渚[2]，目眇眇兮愁予[3]。
嫋嫋兮秋风[4]，洞庭波兮木叶下[5]。

登白薠兮骋望[6]，与佳期兮夕张[7]。
鸟何萃兮蘋中[8]，罾何为兮木上[9]？
沅有茝兮醴有兰[10]，思公子兮未敢言[11]。
荒忽兮远望[12]，观流水兮潺湲[13]。
麋何食兮庭中[14]，蛟何为兮水裔？[15]
朝驰余马兮江皋[16]，夕济兮西澨[17]。
闻佳人兮召予，将腾驾兮偕逝[18]。

筑室兮水中，葺之兮荷盖[19]。
荪壁兮紫坛[20]，匊芳椒兮成堂[21]。
桂栋兮兰橑[22]，辛夷楣兮药房[23]。
罔薜荔兮为帷[24]，擗蕙櫋兮既张[25]。
白玉兮为镇[26]，疏石兰兮为芳[27]。
芷葺兮荷屋[28]，缭之兮杜衡[29]。
合百草兮实庭[30]，建芳馨兮庑门[31]。
九嶷缤兮并迎[32]，灵之来兮如云。

捐余袂兮江中[33]，遗余褋兮醴浦[34]。
搴汀洲兮杜若[35]，将以遗兮远者[36]。
时不可兮骤得，聊逍遥兮容与[37]。

［注释］

①本篇选自朱熹《楚辞集注·九歌》，上海古籍出版社 1979 年版。有人怀疑此诗是后人怀念屈原的作品。湘夫人：传说中的湘水神的配偶。

②帝子：公主，指湘夫人。降：降临。北渚（zhǔ）：洞庭湖北岸的注洲。

③眇眇（miǎo）：望眼欲穿之貌。愁予：使我愁苦不已。

④嫋嫋（niǎo）：风微微吹拂貌。

⑤洞庭：洞庭湖。

⑥白薠（fán）：草名。骋望：极目远眺。

⑦佳期：别本作“佳人”。夕张：张罗安排晚间的约会。

⑧萃：聚集。蘋：水草

⑨罾（zēng）：捕鱼的器具。以上两句意为：为什么鸟在水草中（应在树上），罾在树木上（应在水中），比喻所愿不得而失其所。

⑩沅：沅江，在湖南省。茝（zhǐ）：即“白芷”，指香草，与兰同义。醴：另本作“澧”，指澧江，亦在湖南境内。

⑪公子：犹帝子。

⑫荒忽：别本作“慌惚”，渺茫不分明状，或思极而神迷状。

⑬潺（chán）湲（yuán）：慢慢地（流动）。

⑭麋：麋鹿。食：吃。庭：庭院。

⑮蛟：蛟龙。水裔（yì）：水边。

⑯江皋（gāo）：江岸，江堤。皋：水边高地。

⑰西澨（shì）：西岸。澨：水涯，水边。

⑱腾驾：奔腾地驾车。偕逝：同往。

⑲葺（qì）：修建，修补。荷盖：荷叶做的房顶。

⑳荪壁：以荪（香草）饰壁。紫坛：以紫贝（名贵的贝壳）砌坛。

㉑匊：同“播”，散播。

㉒桂栋：以桂木做栋梁。兰橑：以木兰木做屋椽。

㉓辛夷楣：以辛夷（香花）插在门楣上。药房：用各种香草摆满房间。

㉔罔薜荔：用薜荔藤串成花网。罔：通“网”。

㉕擗蕙櫋（miǎn）：（挂上）用蕙草编织的帘子把房间隔开。擗：别本作“辟”，分，割。蕙：香草名。櫋：别本作“槾”。张：挂，布置。

㉖镇：镇席的工具。全句意为用白玉当作镇席石。

㉗疏：分布，陈列。石兰：香草名。全句意为屋内遍布石兰使香气充盈。

㉘芷葺：复盖芷草。全句意为在荷叶层顶上又加盖了一层芷草。

㉙缭：围绕。杜衡：香草名。全句意为屋顶四周还环绕着杜衡。衡：别本作“蘅”。

㉚合：集中。

㉛建：陈设，布置。庑门：走廊和大门。

㉜九嶷：九嶷山，在湖南省。

㉝捐：捐弃。袂（mèi）：衣袖。别本作“玦”（jué），随身佩带的玉器。

㉞遗（wèi）：投赠。褋（dié）：罩衣。醴浦：澧江。

㉟搴（qiān）：拔。汀洲：江河中的草地。杜若：香草名。

㊱远者：远来者。别本作“远渚”，远处的江洲。

㊲聊：权且。容与：从容散步。

离　骚[1]

屈　原

帝高阳之苗裔兮[2]，朕皇考曰伯庸[3]。摄提贞于孟陬兮[4]，惟庚寅吾以降。皇览揆余初度兮[5]，肇锡余以嘉名[6]；名余曰正则兮，字余曰灵均[7]。纷吾既有此内美兮[8]，又重之以修能[9]。扈江离与辟芷兮[10]，纫秋兰以为佩。汩余若将不及兮[11]，恐年岁之不吾与。朝搴阰之木兰兮[12]，夕揽洲之宿莽[13]。日月忽其不淹兮[14]，春与秋其代序。惟草木之零落兮，恐美人之迟暮。不抚壮而弃秽兮[15]，何不改乎此度？乘骐骥以驰骋兮，来吾导夫先路！

昔三后之纯粹兮[16]，固众芳之所在[17]。杂申椒与菌桂兮[18]，岂维纫夫蕙茝？彼尧舜之耿介兮[19]，既遵道而得路；何桀纣之猖披兮[20]，夫唯捷径以窘步！惟夫党人之偷乐兮[21]，路幽昧以险隘；岂余身之惮殃兮[22]，恐皇舆之败绩！忽奔走以先后兮，及前王之踵武[23]。荃不察余之中情兮，反信谗而齌怒[24]。余固知謇謇之为患兮[25]，忍而不能舍也；指九天以为正兮[26]，夫唯灵修之故也[27]！曰黄昏以为期兮，羌中道而改路[28]。初既与余成言兮[29]，后悔遁而有他；余既不难夫离别兮，伤灵修之数化[30]。余既滋兰之九畹兮[31]，又树蕙之百亩。畦留夷与揭车兮，杂杜衡与芳芷。冀枝叶之峻茂兮，愿俟时乎吾将刈。虽萎绝其亦何伤兮，哀众芳之芜秽！[32]

众皆竞进以贪婪兮[33]，凭不厌乎求索。羌内恕己以量人兮[34]，各兴心而嫉妒。忽驰骛以追逐兮[35]，非余心之所急。老冉冉其将至兮[36]，恐修名之不立。朝饮木兰之坠露兮，夕餐秋菊之落英。苟余情其信姱以练要兮[37]，长顑颔亦何伤[38]。擥木根以结茝兮[39]，贯薜荔之落蕊。矫菌桂以纫蕙兮[40]，索胡绳之缅缅。謇吾法夫前修兮[41]，非世俗之所服。虽不周于今之人兮，愿依彭咸之遗则[42]。长太息以掩涕兮，哀民生之多艰。余虽好修姱以鞿羁兮[43]，謇朝谇而夕替[44]。既替余以蕙纕兮[45]，又申之以揽茝。亦余心之所善兮，虽九死其犹未悔。怨灵修之浩荡兮[46]，终不察夫民心。众女嫉余之蛾眉兮，谣诼谓余以善淫。固时俗之工巧兮[47]，偭规矩而改错[48]。背绳墨以追曲兮[49]，竞周容以为度。忳郁邑余侘傺兮[50]，吾独穷困乎此时也。宁溘死以流亡兮，余不忍为此态也。

鸷鸟之不群兮，自前世而固然。何方圜之能周兮[51]，夫孰异道而相安？屈心而抑志兮，忍尤而攘诟[52]。伏清白以死直兮，固前圣之所厚。悔相道之不察兮，延伫乎吾将反。回朕车以复路兮，及行迷之未远。步余马于兰皋兮，驰椒丘且焉止息。进不入以离尤兮[53]，退将复修吾初服。制芰荷以为衣兮[54]，集芙蓉以为裳。不吾知其亦已兮，苟余情其信芳。高余冠之岌岌兮，长余佩之陆离[55]。芳与泽其杂糅兮，唯昭质其犹未亏。忽反顾以游目兮，将往观乎四荒。佩缤纷其繁饰兮[56]，芳菲菲其弥章。民生各有所乐兮[57]，余独好修以为常。虽体解吾犹未变兮，岂余心之可惩[58]？

［注释］

①《离骚》选自朱熹《楚辞集注》，上海古籍出版社 1979 年版。这是屈原的代表作品，是我国文学史上最早的长篇抒情诗，全诗长 373 句，共 2490 字。《离骚》创作的时间，后人多认为是屈原被楚顷襄王放逐以后，是最晚期的作品。而对《离骚》一题的题解，自汉以来，说法不一。鲁迅先生在《汉文学史纲要》中概括道："离骚者，司马迁以为'离忧'，班固以为'遭忧'，王逸释为离别之愁思，扬雄解为'牢骚'。"全诗分前后两部分，前一部分是诗人对自己人生历程的回顾，后一部分是对自己前途的探索。全诗结构宏伟，语言瑰丽，激情充沛，具有浓郁的浪漫主义色彩。

②高阳：远古帝王颛顼（zhuān xū）的称号。据传是楚国之君的祖先。

③朕（zhèn）：先秦之人不论尊卑，皆可称自己为"朕"。至秦始皇，始定"朕"为帝王的专用词。皇考：亡父。

④摄提：此词有二解，一是东汉王逸认为"太岁在寅日摄提格"。这便属寅年；二是朱熹认为"摄提"是星名。这里主要是涉及屈原的出生年月，如按王逸解，则屈原应是寅年、寅月、寅日生。而按朱说则不一定。贞：正当。

⑤皇览揆余初度：父亲衡量我初生时的仪表。皇：父亲。览：观察、估量。揆：衡量。初度：初生之时。

⑥肇（zhào）：开始。锡：同"赐"。

⑦灵均：善而均平。屈原名平，隐含"正则"——公正而有法则意；字原，隐含"灵均"意。

⑧内美：内在的美好品德。

⑨修能：美好的才能。这里意为，自己既有好的品质，又有办事的才能。

⑩扈：披服在身上。江离、辟芷：均为香草名。下句的"纫"，即结，指把草结续成索。

⑪汩（gǔ）：水流迅疾的样子。喻时光流逝。

⑫搴（qiān）：摘取。阰（pí）：土坡。

⑬宿莽：楚人称经冬不死的草。连上句一起意为以采取香草喻修身勤德。

⑭忽：倏忽，迅速。淹：停留，久留。

⑮抚：持有，可引申为凭借，抓紧。弃秽：抛弃污浊的东西。

⑯三后：旧指禹、汤和周文王。一说指楚国的三位国君。纯粹：品德完美无缺。

⑰众芳：比喻群贤。在：集中在一处。

⑱杂：纷，繁多。

⑲耿介：光明正大。此句与紧接下句意为尧、舜为君光明正大，他们遵循正道前进，自然就走上康庄大道。

⑳猖披：放纵自恣。紧接下句的“捷径”本为近路，引申为“邪路”，逆理行事意。

㉑党人：结党营私的小人。偷乐：苟且偷安。

㉒惮：害怕。殃：灾祸。

㉓忽：匆忙地。前王：前文所说的“三王”。踵武：足迹，脚步。踵：脚跟。武：足迹。

㉔齌（jì）怒：暴怒。

㉕謇謇（jiǎn）：直言进谏的样子。

㉖九天：旧说天有九重，故言“九天”，正：同“证”，对天发誓意。

㉗灵修：有神明远见的人。这里指楚怀王。

㉘曰黄昏二句：有认为这是后人加附进去的，主张删去。

㉙初：当初。成言：彼此约定的话。此句与下句意为最初同我已有成约，后来竟改变初衷，另生他意了。悔遁：反悔，改变主意。

㉚数（shuò）化：反复无常，屡次变化。

㉛滋：种植。下句的“树”同义。畹：古代土地面积单位，三十亩为一畹。一说二十亩为一畹。

㉜萎绝：本指草木枯萎。这里喻所培养的人才受到摧折。上文的“留夷”、“揭车”、“杜衡”、“芳芷”均是以草喻贤才。芜秽：本指草木枯萎，这里喻人才变质。

㉝竞进：争相追逐富贵权势。下句的“厌”：满足。此二句意为：群小争逐于利，财虽已满私囊，而仍贪之不厌。

㉞羌：楚方言中的发语词。量：估量，揣度。此意为群小对己责之甚宽，而以小人之心度量他人。下句的“兴心”犹言产生嫉妒之心。

㉟驰骛：马奔跑的样子。

㊱冉冉：渐渐。下句的“修名”：美名。立：树立。

㊲余情：我的内心。信：确实，果真。此句意为：只要我内心真是美而又纯洁。

㊳顑颔（kǎn hàn）：面容饥瘦的样子，憔悴。

㊴擥：同“揽”，持。

㊵矫：取用。下句“缅缅”（xǐ xǐ）：指以绳串物，长而下垂的样子。

㊶謇（jiǎn）：楚方言发语词。法：效法。前修：前代的贤人。下句的“服”即“用”。

㊷周：合。彭咸：相传为殷朝贤臣，因谏劝君王不被听取，投水而死。

㊸鞿羁：马缰绳和马络头。这里有束缚意。

㊹谇（suì）：进谏。替：废。意为早晨进谏，晚上即被斥废。

㊺替：与上句“替”同义。纕（xiāng）：佩带。

㊻浩荡：无思无虑的样子。一说放肆纵恣的样子。

㊼固：本来。工巧：取巧作伪之意。

㊽偭：违背。规矩：法度。错：同“措”、“改错”，即改变措施。

㊾背：违背，违反。绳墨：本为木工取直的工具。这里喻为法度。

㊿忳（tún）：忧伤烦闷的样子。郁邑：郁闷忧愁。侘傺（chà chì）：不得志的样子。

(51)何：为何，为什么。方：指君子之方正。圜：同圆。指小人的奸佞圆滑。周：相容。此句意为为什么方（正）与圆（邪）能相容一起？

(52)攘诟（rǎng gòu）：忍耻含辱。攘：容忍。诟：责难、辱骂。

(53)离尤：遭遇灾难。离：同“罹”。尤：过失。

(54)制：裁制。芰：音枝，即菱。荷：荷叶。

(55)陆离：长的样子。

(56)繁饰：极多的饰物。繁：众多。

(57)民生：人生。

(58)惩：怨悔。

女媭之婵媛兮[1]，申申其詈予。曰：“鲧婞直以亡身兮[2]，终然夭乎羽之野。汝何博謇而好修兮，纷独有此姱节？薋菉葹以盈室兮[3]，判独离而不服[4]。众不可户说兮，孰云察余之中情？世并举而好朋兮[5]，夫何茕独而不予听？”依前圣以节中兮[6]，喟凭心而历兹。济沅、湘以南征兮，就重华而陈辞[7]：“启《九辩》与《九歌》兮[8]，夏康娱以自纵；不顾难以图后兮[9]，五子用失乎家巷[10]。羿淫游以佚畋兮，又好射夫封狐；固乱流其鲜终兮[11]，浞又贪夫厥家[12]。浇身被服强圉兮[13]，纵欲而不忍；日康娱而自忘兮，厥首用夫颠陨[14]。夏桀之常违兮，乃遂焉而逢殃。后辛之菹醢兮，殷宗用而不长[15]。汤、禹俨而祗敬兮，周论道而莫差。举贤才而授能兮，循绳墨而不颇[16]。皇天无私阿兮[17]，览民德焉错辅；夫维圣哲以茂行兮[18]，苟得用此下土。瞻前而顾后兮，相观民之计极[19]。夫孰非义而可用兮？孰非善而可服？阽余身而危死兮[20]，览余初其犹未悔；不量凿而正枘兮[21]；固前修以菹醢。曾歔欷余郁邑兮，哀朕时之不当。揽茹蕙以掩涕兮，霑余襟之浪浪。”

跪敷衽以陈辞兮[22]，耿吾既得此中正；驷玉虬以乘鹥兮[23]，溘埃风余上征。朝发轫于苍梧兮，夕余至乎县圃；欲少留此灵琐兮，日忽忽其将暮。吾令羲和弭节兮[24]，望崦嵫而勿迫[25]；路曼曼其修远兮，吾将上下而求索。饮余马于咸池兮[26]，总余辔乎扶桑[27]；折若木以拂日兮[28]，聊逍遥以相羊[29]。前望舒使先驱兮[30]，后飞廉使奔属。鸾皇为余先戒兮[31]，雷师告余以未具。吾令凤鸟飞腾兮，继之以日夜。飘风屯其相离兮[32]，帅云霓而来御[33]。纷总总其离合兮，斑陆离其上下；吾令帝阍开关兮[34]，倚阊阖而望予[35]。时暧暧其将罢兮，结幽兰而延伫；世溷浊而不分兮，好蔽美而嫉妒。

朝吾将济于白水兮，登阆风而緤马；忽反顾以流涕兮，哀高丘之无女。溘吾游此春宫兮[36]，折琼枝以继佩；及荣华之未落兮[37]，相下女之可诒[38]。吾令丰隆乘云兮[39]，求宓妃之所在。解佩纕以结言兮[40]，吾令蹇修以为理[41]。纷总总其离合兮，忽纬繣其难迁[42]。夕归次于穷石兮，朝濯发乎洧盘。保厥美以骄傲兮[43]，日康娱以淫游。虽信美而无礼兮[44]，来违弃而改求。览相观于四极兮[45]，周流乎天余乃下。望瑶台之偃蹇兮[46]，见有娀之佚女[47]。吾令鸩为媒兮，鸩告余以不好；雄鸠之鸣逝兮[48]，余犹恶其佻巧[49]。心犹豫而狐疑兮，欲自适而不可。凤皇既受诒兮[50]，恐高辛之先我[51]。欲远集而无所止兮[52]，聊浮游以逍遥。及少康之未家兮[53]，留有虞之二姚[54]。理弱而媒拙兮[55]，恐导言之不固；世溷浊而嫉贤兮，好蔽美而称恶。闺中既以邃远兮[56]，哲王又不寤。怀朕情而不发兮，余焉能忍与此终古！

［注释］

①女媭（xū）：侍女。一说屈原之姊。婵媛：啴咺的假借字，因愤急，说话时喘息的样子。

②鲧：即鲧，禹之父。婞直：刚愎任性。亡：同忘。这里是说鲧性刚直而忘生命之危，最终不愿听命于尧而死于羽山之野。

③赟（cǐ）：草多的样子。薋葹：薋与葹均恶草名，这里都是喻指小人。

④判：分别，区别。服：用。此两句意为恶草堆积满屋，而你却与之不同，不用它们来做自己的服饰。

⑤朋：朋党。

⑥节中：即折中，即行为标准。

⑦就：走近，投向。重华：即舜。

⑧启：禹的儿子，夏代君王。九辩、九歌：古代乐曲名。据《山海经》说，二乐均为天帝的乐曲，被启偷下来用于人间。这里意在说明启一味沉迷歌乐，不问国事。

⑨难：危难。图后：考虑后果。图：考虑。后：后果。

⑩五子：即“五观”。亦叫“武观”。启之幼子。相传五子因启之耽于淫乐而作乱。失乎家巷：家里因此出了乱子。

⑪乱流：好乱之徒。鲜终：少有好结果。

⑫浞：即寒浞，羿的相。厥：其，即他（指羿）。家：妻室。此句是说浞打主意图谋他（羿）的妻子。

⑬浇（ào）：寒浞之子。被：同披。另有注把“被服强圉”连在一起，意为：好勇斗狠，滥用强暴，已习以为常。

⑭厥首：其（指浇）首，浇的人头。颠陨：坠落。连上句意为浇天天纵欲胡为而不能自止，因此他的脑袋就掉下来了。

⑮后辛：商之纣王，商代亡国之君。菹醢（zū hǎi）：作动词用，意即剁成肉酱。这里

指纣王把比干、醢梅杀掉事，实说纣王滥杀大臣，终致亡国。不长：不长久。

⑯循绳墨：遵循法度。绳墨：喻指法度。

⑰阿：偏护，偏袒。下句的“错”即“措”，引申有“具体实施”意。此二句言皇天不会偏护任何人的，它看到谁有德，就采取具体措施去辅助他。

⑱圣哲：圣贤。茂行：美好的行为。此句与下句言为只有圣德之人颁行美好的措施，才能享有国土（天下）。

⑲计极：衡量（事物）标准。计：衡量。极：标准。

⑳阽（diàn）：临近危险。危死：接近死亡。此句意为我的身体虽已接近死亡。

㉑凿：器物上的孔眼。一言斧插柄之孔。枘：斧柄入孔的一端。一言榫头。此句言不度量好插柄的孔就削好斧柄。借喻不善于以谗佞手段去事君。

㉒敷：铺开。衽：衣的前襟。

㉓玉虬：无角的白龙。一说带玉饰的龙。鹥：凤凰一类的鸟。此句言以虬为马，以鹥为车，自己乘着鹥而使虬驾之。

㉔羲和：神话中的人物，相传是给太阳驾车的。弭节：驻车。这里意为慢慢行。

㉕崦嵫：神话中的山名。相传为日落之处。

㉖咸池：神话中太阳洗澡的地方。

㉗总：系结。扶桑：神话中的树名，太阳初升的地方。相传日出于旸谷，浴于咸池，然后从扶桑上拂掠而过，升到高空。

㉘若木：指扶桑。拂：障蔽。此句意为折下一枝若木来把太阳障蔽住，使它不得前进。

㉙相羊：同“徜徉”（cháng yáng），徘徊。

㉚望舒：神话中的人物，相传是给月神驾车的。下句的“飞廉”即风伯，风神之名。

㉛鸾皇：凤凰一类的鸟。先戒：先行为之戒备。

㉜飘风：方向无定之风，即旋风。屯：聚结。离：同“丽”，作附丽解。此句言旋风阵阵吹来，聚结不散。

㉝帅：率领。御：同“迓”，迎接。

㉞帝阍：天帝的守门人。阍：守门人。

㉟阊阖（chāng hé）：即天门。此二句意为我让天帝的守门人把门打开，但他却倚着天门望着我不管。

㊱春宫：神话中东方青帝所居之地。下句“琼枝”即“玉树”。此二句意为我匆忙地到东方的春宫去，在那里折下了玉树的琼枝，为结续自己的玉佩。

㊲及：趁。荣华：容颜，容貌。未落：衰老。

㊳相：视，物色。下女：人间女子。诒：馈赠。此二句言趁自己容颜未衰，及早物色一个人间女子，以便把琼枝作为礼物送给她。

㊴丰隆：雷神，一说云神。

㊵佩纕：佩带。结言：订盟结誓。此言解自己所佩之带以订盟约。

㊶蹇修：伏羲氏之臣子。一说是声乐。理：使者，媒人。

㊷纬繣（huà）：乖戾，不和合。迁：迁就。此句言宓妃本已将至，而忽然乖戾变卦，

不再相就。

㊸保：持。厥：指宓妃。此句意为宓妃自恃其美而骄傲。

㊹信美：诚然美好。下句的“来”作“乃”解。此言宓妃诚然美好，但骄傲无礼，乃去而更求他女。

㊺四极：四方极远之处。

㊻偃蹇：高峻的样子。

㊼有娀（sōng）：古代国名。佚：美。此指帝喾之妃，契之母，名简狄。

㊽逝：往。

㊾佻巧：口吻轻薄，巧而不实。此言欲使雄鸠为媒，又嫌它语气轻薄，不可信用。

㊿凤皇：即凤凰。诒：托。此言凤凰受了帝喾的委托。

51高辛：即帝喾。先我：在我之先。相传有娀氏有二美女，其一名简狄，后嫁给喾（即高辛氏），生契。契是商朝的祖先。

52集：棲止。与下文“止”同义。此言我想停留在远方而又无处可棲止。

53少康：夏朝中兴之子，夏后相之子。相传寒浞使浇杀夏后相，其子少康逃到有虞。有虞国君把两个女儿（即二姚）嫁给他。

54有虞：国名，舜之后裔，姓姚。此二句言趁着少康还未成家之际，我先聘定了有虞氏的二姚吧。

55理：媒人。弱：无能。拙：口才笨拙。

56闺中：上述诸美女的代称。邃远：深远，喻不可求。

索藑茅以筳篿兮[1]，命灵氛为余占之。曰：“两美其必合兮[2]，孰信修而慕之[3]？思九州之博大兮，岂惟是其有女？”曰：“勉远逝而无狐疑兮[4]，孰求美而释女？何所独无芳草兮，尔何怀乎故宇？”世幽昧以昡曜兮[5]，孰云察余之善恶？民好恶其不同兮，惟此党人其独异；户服艾以盈要兮[6]，谓幽兰其不可佩。览察草木其犹未得兮，岂珵美之能当[7]？苏粪壤以充帏兮[8]，谓申椒其不芳！

欲从灵氛之吉占兮，心犹豫而狐疑；巫咸将夕降兮[9]，怀椒糈而要之[10]。百神翳其备降兮[11]，九疑缤其并迎[12]。皇剡剡其扬灵兮[13]，告余以吉故。曰：“勉升降以上下兮[14]，求榘矱之所同[15]，汤、禹严而求合兮，挚、咎繇而能调[16]。苟中情其好修兮，又何必用夫行媒？说操筑于傅岩兮[17]，武丁用而不疑。吕望之鼓刀兮[18]，遭周文而得举；宁戚之讴歌兮[19]，齐桓闻以该辅。及年岁之未晏兮，时亦犹其未央；恐鹈鴂之先鸣兮[20]，使夫百草为之不芳！”

何琼佩之偃蹇兮[21]，众薆然而蔽之[22]；惟此党人之不谅兮，恐嫉妒而折之。时缤纷其变易兮[23]，又何可以淹留；兰芷变而不芳兮，荃蕙化而为茅。何昔日之芳草兮，今直为此萧艾也？岂其有他故兮，莫好修之害也！余以兰为可恃兮，羌无实而容长；委厥美以从俗兮[24]，苟得列乎众芳。椒专佞以慢慆兮[25]，榝又欲充夫佩帏[26]；既干进而务入兮[27]，又何芳之能祗[28]？固时俗之流从兮，又孰能无变化？览椒兰其若兹兮[29]，又况揭车与江离？惟兹佩之可贵兮[30]，委厥美而历兹；芳菲菲而难亏兮，芬至今犹未沫。和调度以自娱兮，聊浮游而求女[31]；及余饰之方壮兮，周流观乎上下。

灵氛既告余以吉占兮，历吉日乎吾将行。折琼枝以为羞兮[32]，精琼爢以为粻。为余驾飞龙兮，杂瑶象以为车[33]。何离心之可同兮[34]，吾将远逝以自疏！邅吾道夫昆仑兮[35]，路修远以周流。扬云霓之晻蔼兮[36]，鸣玉鸾之啾啾。朝发轫于天津兮，夕余至乎西极。凤皇翼其承旂兮[37]，高翱翔之翼翼。忽吾行此流沙兮，遵赤水而容与。麾蛟龙使梁津兮[38]，诏西皇使涉予。路修远以多艰兮，腾众车使径待；路不周以左转兮[39]，指西海以为期。屯余车其千乘兮[40]，齐玉轪而并驰；驾八龙之蜿蜿兮[41]，载云旗之委蛇。抑志而弭节兮[42]，神高驰之邈邈[43]；奏《九歌》而舞《韶》兮，聊假日以媮乐。陟升皇之赫戏兮[44]，忽临睨夫旧乡。仆夫悲余马怀兮，蜷局顾而不行。

乱曰[45]：已矣哉！国无人莫我知兮，又何怀乎故都？既莫足与为美政兮，吾将从彭咸之所居！

[**注释**]

①索：取。一说系结。藑：占卦用的草。筳：音廷，折断的小段竹子。篿：音专，相传楚人用灵草编结筳竹以占卜叫篿。

②两美：指贤臣与明君。此言贤臣必能遇明君。

③慕：爱，求。此句言虽说两美必合，但谁是真正的修洁之人而对我表示爱慕呢?

④勉：自勉。远逝：远行。下句的“释”，“放过”意。此两句言你还是自勉吧，不必犹豫，到远方去吧，只要有人诚心寻求美才，谁会放过你呢。这是灵氛勉励屈原。

⑤幽昧：昏暗。昡曜：本指日光强烈，此指惑乱貌。昡：音义同“炫”。

⑥户：家家户户。这里指群小。服：佩带。盈要：满腰。要同“腰”。此言小人皆以恶草“艾”为芬芳之物。家家户户的人都佩带满腰。实喻善恶颠倒。

⑦珵（chéng）：美玉。当：估价。此言小人对草木都不能正确认识，何况对美玉的估价呢?

⑧苏：拿，取。粪壤：粪土。此句言（小人）用粪土填满所佩香囊。

⑨巫咸：传说中的神巫。

⑩要：迎接。“要”同“邀”。

⑪翳（yì）：遮蔽。备：悉，全部。此言百神遮天蔽日而皆来下降。

⑫九疑：九疑山之山神。

⑬皇：百神。剡剡（yǎn）：光芒照耀的样子。此句言百神之来而光芒闪耀扬其灵光。

⑭曰：主语是巫咸。以下十六句是巫咸转述百神的话。升降上下：上天入地，四处寻找的意思。此句意为“为臣应努力自勉，上求明君，下求贤臣”。

⑮榘矱之所同：志同道合之人。榘：同矩。矱：尺度。

⑯挚：即伊尹，相传为商、汤贤相。咎繇：即皋陶（gāo yáo），禹之贤相。调：协调。此言汤、禹为人严正，虚心访求与己志同之人，最终汤得伊尹，禹得皋陶，君臣和睦，天下得以安定。

⑰说（yuè）：即傅说。相传为殷高宗武丁的贤相，曾在傅岩持杵筑墙。高宗思想贤者，梦得圣人，即以梦中人像访求天下，得傅说。

⑱鼓刀：以刀击案。操刀。传说姜尚曾困于朝歌，一度为屠宰之人。

⑲宁戚：春秋时齐人。相传宁曾为商贾，宿于齐东门之外，桓公夜出，宁正在饲牛，便用手叩牛角而歌，桓公听到后，知其贤，遂举用为卿。

⑳鹈鴂（tí jué）：即杜鹃鸟，亦称子规。以春末夏初鸣叫最甚，此时正为落花时节，大好春光已过。此两句言要趁年富力强之时，有所作为，若等年老力衰，如同杜鹃叫，百草不芳那样，就来不及了。

㉑琼佩：用美玉做成的佩饰。这里比喻为美德。偃蹇：繁盛而高贵。一说困顿失志貌。

㉒薆然：隐蔽遮盖。

㉓缤纷：纷乱貌。此句言时世纷乱，事物变化极大。（自己实在不能久留于故国了。）

㉔委：放弃。此言兰本芳草，竟然自弃美质，而苟且地浛居众芳之列。

㉕专：大权独揽。慢慆（tiāo）：傲慢放肆。此言椒本香草，现在却变得专权而谗佞，傲慢而狂妄。

㉖榝（shā）：恶草名。此言榝本恶草，现在却想置身于所佩香囊之中。这是喻小人钻营奔走而窃势位。

㉗干进务入：钻营门路。

㉘祗（zhī）：振。此言干进务入之人，必不能自振其芳。

㉙若兹：犹言“如此”。此言椒兰为香草中的佼佼者，尚且有如此变化，何况揭车、江离这些一般的呢。

㉚兹佩：喻己之美德。此言我的品德是很可贵的，但却一直被世人委弃至今。

㉛求女：指寻求同志之人。回应前文。

㉜羞：珍异的食品。下句“精”，意为“凿碎”。即捣米使其细碎。此二句意为折玉树之枝为脯，凿玉屑为粮。

㉝杂瑶象：用玉石、象牙（装饰我的车）。瑶：玉石。象：象牙。

㉞离心：意见不合，不同心。

㉟邅（zhān）：转道。

㊱扬：举起。云霓：指画有云霓图案的旌旗。晻（yǎn）蔼：旌旗蔽日的样子。

㊲翼：敬。承：举。下句的“翼翼”意为飞得和舒又有节奏。此二句言凤凰恭敬地在车的两侧有如龙旗飘忽，在高空有节奏地飞翔。

㊳麾（huī）：指挥。梁：桥。下句的“诏”，命令。“西皇”，即古代帝王少皞氏。此二句言我指挥蛟龙，让它们横在水上作为桥梁，命令少皞氏把我渡过水去。

㊴不周：不周山。《水经注》言：“西北海之外，有山而不合，名曰不周。”处今昆仑

山脉。

㊵屯：积聚。

㊶轪（dài）：车轴，也指车轮。此句说许多车子齐驱并进。蜿蜿：同蜿蜒。这里用以形容龙的体形摆动。

㊷抑志：放下旗帜。志：作“帜”字解。弭节：停止前进。此言旌旗与车马都停住不走。

㊸神高驰：思想仍在活动，想得很远。神：思想，思维。

㊹陟：上升。升皇：初升的太阳。赫戏：光彩夺目的样子。下句的“旧乡”为故乡意。此二句言在初升阳光下，我忽然看到了自己的故乡。

㊺乱曰：指终篇之结语，或乐歌之卒章，即尾声。

杂　诗（二首）[1]

陶渊明[2]

其　三

荣华难久居，盛衰不可量[3]。
昔为三春蕖，今作秋莲房[4]。
严霜结野草，枯悴未遽央[5]。
日月有环周，我去不再阳[6]。
眷眷往昔时，忆此断人肠。

其　四

丈夫志四海，我愿不知老。
亲戚共一处，子孙还相保。
觞弦肆朝日，樽中酒不燥[7]。
缓带尽欢娱，起晚眠常早[8]。
孰若当世士，冰炭满怀抱[9]。
百年归丘垄，用此空名道[10]。

［注释］

①本诗选自《陶渊明集》，中华书局1979年版。《杂诗》是陶渊明归隐后所作，共十二首，似非写于一时。其中四首咏行役之苦，有认为当属中年之作，另八首为慨叹年老力弱及力图自勉之意，属晚年之作。此处选的是第三、第四首。

②陶渊明（365—427）：字元亮，一说名潜字渊明，世号靖节先生，浔阳柴桑（今江西九江）人。曾祖父陶侃是东晋开国元勋；祖父、父亲都曾做过太守。由于父亲早逝，到陶渊明时，家境已经败落，生活较贫困。陶渊明少好读书，青年时怀有"大济于苍生"的志向，但直至二十九岁才有机会出任江州祭酒，因不堪忍受官场的污浊，不久即辞官归去。后为生计所迫，先后做过参军一类小官，但时间都不长。四十一岁时任彭泽令，因不愿与

士族社会同流合污，上任仅八十余天即辞官归隐，此后一直过着“躬耕自资”的生活，终在贫病交迫中去世。陶渊明是晋宋时代诗人、辞赋家。他的诗歌咏了恬美静穆的田园风光、归隐后悠然自乐的心境、躬耕自资的劳动生活，表现出对士族社会和官场的憎恶，以及守志不阿的耿介情怀。同时也流露出乐天安命、消极避世的思想。其诗平淡自然，韵味隽永。有《陶渊明集》。

③居：留。量：估量。

④三春蕖（qú）：春天的荷花。三春：春季第三个月。蕖：芙蕖（fú qú），即荷花。莲房：即莲子。

⑤遽央：快要完了。遽：急速。央：尽，完。

⑥再阳：复活，再生。

⑦觞（shāng）：古代喝酒用的器具。弦：琴弦。肆：陈列。朝日：即朝夕。

⑧缓带：宽松衣带，指纵情娱乐，不受拘束。

⑨冰炭：指贪利与求名两种互相对立的思想。

⑩丘垄：坟墓。道：同“导”。

归园田居（其二）①

陶渊明

野外罕人事，穷巷寡轮鞅②。
白日掩荆扉，虚室绝尘想③。
时复墟曲中，披草共来往④。
相见无杂言，但道桑麻长⑤。
桑麻日已长，我土日已广。
常恐霜霰至，零落同草莽⑥。

［注释］

①本诗选自《陶渊明集》，中华书局 1979 年版。《归园田居》是陶渊明于晋安帝义熙元年（405）十一月，辞去只做了八十多天的彭泽县令，退隐归田后所作。全组共五首，均写离开官场的心情，赞美田园风光及归田的乐趣。此篇是第二首。

②轮鞅：指车马。鞅：拉车时套在牲口脖子上的皮带。

③尘想：世俗的杂念。

④墟曲：同“墟里”。

⑤杂言：世俗的言谈。

⑥霰（xiàn）：小雪珠。

短　歌　行[1]

曹　操[2]

对酒当歌[3]，人生几何？譬如朝露，去日苦多[4]。慨当以慷[5]，忧思难忘。何以解忧？唯有杜康[6]。青青子衿[7]，悠悠我心[8]。但为君故，沉吟至今。呦呦鹿鸣[9]，食野之苹[10]。我有嘉宾，鼓瑟吹笙[11]。明明如月，何时可掇[12]？忧从中来，不可断绝。越陌度阡[13]，枉用相存[14]。契阔谈宴[15]，心念旧恩。月明星稀，乌鹊南飞。绕树三匝[16]，何枝可依？山不厌高，海不厌深。周公吐哺[17]，天下归心。

[注释]

①本诗选自《曹操集》，中华书局1974年版。“短歌行”，汉乐府歌曲名，常用于宴会歌唱，因其声调短促，故谓之“短歌”。曹操《短歌行》共二首，这里选的是第一首。

②曹操（155—220）：字孟德，沛国谯（今安徽省亳县）人。二十岁举孝廉，征拜为议郎，历任洛阳北部尉、济南相等职。后参加镇压黄巾起义，起兵讨伐董卓，迎献帝迁都许昌，挟天子以令诸侯。继击灭袁术、袁绍等割据势力，成为北方实际统治者。建安十三年进位丞相，后加封魏王。其子曹丕称帝后，追尊为魏武帝。曹操不仅是东汉末年著名的政治家、军事家，也是一位文学家，是建安文学的开创者。其诗今存二十余首，善于用旧题表现新内容，富有创造性。感情深沉，格调苍凉悲壮。有《魏武帝集》传世。

③对酒当歌：面对酒与歌。当：与“对”义同；一说“应当”。

④去日：离去的日子，过去了的日子。

⑤慨当以慷：慨而且慷。以：而。慨慷与“慷慨”义同。此为间隔用法。

⑥杜康：相传我国古代最早造酒的人。这里借指酒。

⑦衿：同“襟”，衣领。青衿是周代学子的服装。后以“青衿”代指读书人。

⑧悠悠：深长意。

⑨呦呦（yōu）：鹿鸣声。

⑩苹：艾蒿。

⑪鼓：弹奏。瑟、笙：乐器。“呦呦”四句是引自《诗经·小雅·鹿鸣》，本是热情地欢宴宾客，这里借以表达诗人对贤才期待的热切与强烈愿望。

⑫掇（duō）：停止。

⑬陌、阡：田间小路。南北叫“阡”，东西叫“陌”。

⑭枉：枉驾。用：以。存：探望，问候。

⑮契阔：契是投合，阔是疏远，犹言“聚散”，“合离”。这里是偏义复词，偏用契意。这句意为：（你我）两情契合，在一处谈心宴饮。

⑯匝（zā）：周，圈。

⑰周公：姓姬名旦，周武王之弟。哺（bǔ）：口中咀嚼着的食物。《韩诗外传》说周公“一沐三握发，一饭三吐哺，犹恐失天下之士”。这里用以表示诗人要向周公学习，礼贤下士，使天下人心归附。

春江花月夜[1]

张若虚[2]

春江潮水连海平，海上明月共潮生[3]。
滟滟随波千万里[4]，何处春江无月明。
江流宛转绕芳甸[5]，月照花林皆似霰。
空里流霜不觉飞，汀上白沙看不见[6]。
江天一色无纤尘，皎皎空中孤月轮[7]。
江畔何人初见月，江月何年初照人？
人生代代无穷已，江月年年只相似。
不知江月待何人，但见长江送流水[8]。
白云一片去悠悠，青枫浦上不胜愁[9]。
谁家今夜扁舟子？何处相思明月楼[10]。
可怜楼上月徘徊，应照离人妆镜台[11]。
玉户帘中卷不去，捣衣砧上拂还来[12]。
此时相望不相闻，愿逐月华流照君[13]。
鸿雁长飞光不度，鱼龙潜跃水成文[14]。
昨夜闲潭梦落花[15]，可怜春半不还家。
江水流春去欲尽，江潭落月复西斜。
斜月沉沉藏海雾，碣石潇湘无限路[16]。
不知乘月几人归，落月摇情满江树[17]。

［注释］

①本诗选自《唐诗选》，中国社会科学院文学研究所，人民文学出版社 1978 年版，入编时还参校了《全唐诗》等版本。下面的唐代诗歌凡未注出处的同此。“春江花月夜”是乐府古题。诗中细致地描绘春、江、花、月、夜五种景物，与相思离情、人生哲理糅合在一起，创造出一个清幽宁静的艺术意境，诱人思索，耐人回味。作品中那诗情画意的境界，情景交融的手法，清丽鲜明的色彩，宛转流畅的语言，悠扬往复的旋律，历来都受到人们的称颂。

②张若虚（约 660 —约 720）：扬州（今江苏扬州市）人。生平事迹不详，诗作亦多散

失，《全唐诗》仅录《代答闺梦还》、《春江花月夜》二首。诗人凭《春江花月夜》而名垂后世。

③共潮生：一轮明月从海中升起，好像从涌动的海潮中出来。

④滟滟（yàn yàn）：水波闪烁发亮的样子。

⑤芳甸：花草丛生的原野。

⑥汀：水中或水边的平地，这里指江河中的沙滩。

⑦皎皎（jiǎo jiǎo）：明亮的样子。

⑧但：只。

⑨青枫浦：一名双枫浦，在今湖南浏阳县。这里是泛指离别之地。胜：尽。

⑩明月楼：明月照耀下的闺楼，这里泛指思妇住处。

⑪妆镜台：妇女用的梳妆台。

⑫捣衣砧（zhēn）：古时人洗衣用木槌敲打，即捣。砧：捶打衣料时垫在衣料下的垫石。

⑬月华：月光。

⑭文：通“纹”，波纹。

⑮闲潭：幽静的潭水。

⑯碣石：地名，在今河北昌黎县。潇湘：地名，在今湖南省。碣石潇湘，极言离人相距之远。

⑰摇情：心摇情夺。

感　遇（其七）①

张九龄②

江南有丹橘，经冬犹绿林。
岂伊地气暖？自有岁寒心③。
可以荐嘉客，奈何阻重深④。
运命唯所遇，循环不可寻⑤。
徒言树桃李，此木岂无阴？

[注释]

①这是作者张九龄由尚书右丞相贬为荆州长史后，在他的谪居地江陵（即战国时楚国郢都）所作。《感遇》全组共十二首，本篇列第七。这是一首咏物诗，张九龄透过对橘的赞颂，抒发自己的感慨。

②张九龄（678—740）：字子寿，韶州曲江（今广东韶关市曲江）人。二十五岁中进士，历任右拾遗、中书令、丞相等职。他是唐玄宗朝有声誉的宰相之一。张九龄为人正直，胸襟广阔，为官清廉，直言敢谏。他对安禄山的反叛早有觉察，主张及早除患，唐玄宗后来亦深悔不曾听从他的忠告。李林甫任相后，张九龄遭其所忌，终受排挤，被罢相，贬为荆州长史。张九龄的文学为当世所推重。其诗和雅清淡。有《曲江集》传世。

③岁寒心：耐寒的本性。这里用以比喻人的坚贞不移的品德。

④荐：举荐，进献。重：重叠，指山岭。深：指江河。这里的意思是无奈被重重障碍阻隔。

⑤运命：即命运。寻：推寻，追寻。

从　军　行（其五）[1]

王昌龄[2]

大漠风尘日色昏，红旗半卷出辕门[3]。
前军夜战洮河北[4]，已报生擒吐谷浑[5]。

［注释］

①“从军行”，乐府《相和歌辞·平调曲》旧题。王昌龄用这乐府旧题写边塞诗。“从军行”组诗共七首，本篇列第五。

②王昌龄（约698—约756）：字少伯，京兆长安（今陕西西安）人，开元十五年进士，历任秘书郎、江宁丞、龙标尉。有王江宁、王龙标之称。安史之乱起，归隐故里，被刺史闾丘晓杀害。王昌龄是盛唐时著名的边塞诗人，以擅长七绝著称，有“七绝圣手”之称。其诗富于想象，气势雄浑，语言凝练。有《王昌龄集》。

③辕门：军营的门。古代行军扎营时，用车环卫，出入处把两车的车辕相向竖起，对立如门。

④洮（táo）河：即洮水，源出甘肃省临潭县西北的西倾山，是黄河上游的支流之一。

⑤吐谷浑（tù yù hún）：晋时鲜卑族慕容氏的后裔。这里借指敌酋。

燕　歌　行[1]（并序）

高　适[2]

开元二十六年，客有从御史大夫张公[3]出塞而还者，作《燕歌行》以示适，感征戍之事，因而和焉。

汉家烟尘在东北[4]，汉将辞家破残贼。
男儿本自重横行[5]，天子非常赐颜色[6]。
摐金伐鼓下榆关[7]，旌旆逶迤碣石间[8]。
校尉羽书飞瀚海，单于猎火照狼山[9]。
山川萧条极边土，胡骑凭陵杂风雨[10]。
战士军前半死生，美人帐下犹歌舞。
大漠穷秋寒草腓[11]，孤城落日斗兵稀。
身当恩遇恒轻敌，力尽关山未解围。
铁衣远戍辛勤久，玉箸应啼别离后[12]。
少妇城南欲断肠，征人蓟北空回首[13]。
边庭飘飖那可度[14]，绝域苍茫更何有[15]！
杀气三时作阵云[16]，寒声一夜传刁斗。
相看白刃血纷纷，死节从来岂顾勋[17]？
君不见沙场征战苦，至今犹忆李将军[18]！

［注释］

①“燕歌行”，本是乐府《相和歌·平调》古题。《乐府广题》：“燕，地名也，言良人从役于燕而为此曲。”传为曹丕、萧绎、庾信等所作。多写思妇怀念征人。高适用这旧题写新内容，并扩大了表现范围，多方面地描写了唐代的征战生活，这是唐代边塞诗的杰出作品之一。

②高适（702？—765）：字达夫，一字仲武，渤海蓨（今河北景县）人，幼年家贫，早年曾到长安，求仕不遇，北上蓟门，漫游燕、赵、梁、宋。年近五十岁时，入哥舒翰幕府任记室参军，曾助哥舒翰守潼关。后得唐玄宗赏识，历任侍御史、谏议大夫、淮南节度使、散骑常侍等职。高适是盛唐著名的边塞诗人，与岑参齐名，并称“高岑”。其诗多表

现以身报国、建功立业的抱负，反映边塞将士的生活。内容丰富，气势奔放雄浑，很有特色。有《高常侍集》。

③御史大夫张公：指河北节度副使张守珪。开元二十三年，张以与契丹作战有功，拜辅大将军兼御史大夫。其后部将败于契丹余部，张不但瞒报军情，反贿赂派去调查真相的牛仙童为其掩盖败绩。高适从“客”处得悉实情，有感而发，写成这首诗。

④汉家：汉朝。唐代诗人写诗，往往以汉喻唐，故这里的“汉家”实指“唐朝”。下句的“汉将”也是借指“唐将”。烟尘：烽烟和尘土，这里指战争。

⑤横行：纵横无阻地驰骋沙场，横行敌境。

⑥赐颜色：即厚加礼遇。《新唐书·张守珪传》：守珪于开元二十三年败契丹后，“入见天子，会藉田毕，即酺燕为守珪饮至，帝赋诗宠之。……赐金彩，授二子官，诏立碑记功”。

⑦摐（chuāng）：通“撞”，击打。金：指铃、钲一类铜制的响器。下：即“出”。榆关：山海关，为通往东北的要隘。

⑧旌旆（jīng pèi）：旌，古代的一种旗子，旗顶上用五色羽毛做装饰。旆，镶边的旗子。这里泛指军中各种旗子。

⑨猎火：打猎时燃起的火。古代游牧部族在出征前往往举行大规模的校猎，实际上是一次备战的军事演习。

⑩凭陵：凭势欺凌。杂风雨：形容敌军来势凶猛，如急风骤雨。

⑪穷秋：深秋。腓（fēi）：变黄。

⑫玉箸（zhù）：眼泪。箸：筷子。眼泪双垂，如两根玉筷子。这句是写思妇。

⑬蓟北：今河北省蓟县以北。空回首：白白地回头望。意思为，徒思故乡而不得归。

⑭飘飖：遥远的样子。

⑮绝域：极边远的地方。

⑯杀气三时：“三时”指早、午、晚。整天都战云笼罩。

⑰勋：功劳。这句意思是，那些尽忠而死的人，难道是为了邀功请赏吗？

⑱李将军：指西汉名将李广。李广为将清廉，爱护士卒，能与他们共甘苦。这里借李广来讽刺那些不顾惜士兵生死，一味“美人帐下犹歌舞”的将帅。

白雪歌送武判官归京①

岑　参②

北风卷地白草折③，胡天八月即飞雪。
忽如一夜春风来，千树万树梨花开。
散入珠帘湿罗幕，狐裘不暖锦衾薄。
将军角弓不得控④，都护铁衣冷难着。
瀚海阑干百丈冰⑤，愁云惨淡万里凝。
中军置酒饮归客，胡琴琵琶与羌笛。
纷纷暮雪下辕门，风掣红旗冻不翻⑥。
轮台东门送君去⑦，去时雪满天山路。
山回路转不见君，雪上空留马行处。

[注释]

①天宝十三年（754），岑参任安西北庭使封常清的判官。他的同僚武某归京，在轮台幕府写了这首诗，为其送行。诗中描述了西北边陲奇丽壮阔的雪景及奇寒气候，充满奇情妙思，是岑参著名的代表作之一。

②岑参（约715—770）：荆州江陵（今湖北江陵县）人。天宝三年（744）举进士，始任右内府兵曹参军，后任职于安西节度使幕府。天宝十三年，随封常清任安西北庭节度判官。往来于北庭、轮台间。大历初，任嘉州刺史，世称岑嘉州。岑参与高适齐名，是盛唐著名的边塞诗人，尤以七言歌行见长。多表现边地奇丽风光，将士们保卫疆土不畏艰苦、英勇战斗的精神，其诗想象奇特丰富、气势磅礴。有《岑嘉州集》。

③白草：西北地区生长的一种草，秋天干枯时呈白色，枯而不萎。

④角弓：用兽角做装饰的硬弓。控：拉开。

⑤瀚海：大沙漠。阑干：纵横的样子。

⑥掣（chè）：牵引。翻：翻卷，翻动。

⑦轮台：在今新疆米泉县境。

山居秋暝[①]

王　维[②]

空山新雨后[③]，天气晚来秋。
明月松间照，清泉石上流。
竹喧归浣女[④]，莲动下渔舟。
随意春芳歇[⑤]，王孙自可留[⑥]。

［注释］

①这是王维山水诗名篇，选自《王右丞集笺注》卷七，上海古籍出版社 1984 年版。此诗作于诗人中年亦官亦隐之时，于浓郁的诗情画意中寄托着诗人高洁的情怀及理想追求。

②王维（701—761）：字摩诘，蒲州（今山西永济县）人，二十一岁举进士，任大乐丞。张九龄为相时，先后任右拾遗、监察御史等职。安史乱起，王曾被俘。平乱后，任太子中允、中书舍人，终至尚书右丞，故也称王右丞。王维早年思想较积极，所写诗充满昂扬奋发的情调和积极进取精神，中年后长斋奉佛，过着亦官亦隐的生活，喜流连山水，并大量创作山水田园诗。其诗意境幽远宁静，风格清新淡雅，艺术造诣颇高。苏轼盛赞其诗是“诗中有画”。有《王右丞集》。

③新雨：刚刚下的雨。

④竹喧：竹林中的喧闹声。浣女：洗衣服的女子。

⑤春芳歇：春天的花草枯谢了。歇：消歇。

⑥王孙：原指贵族子弟，这里是作者自指。《楚辞·招隐士》有“王孙兮归来，山中兮不可久留”。诗人反其意而用之。

汉江临泛[1]

王　维

楚塞三湘接[2]，荆门九派通[3]。
江流天地外，山色有无中。
郡邑浮前浦[4]，波澜动远空。
襄阳好风日，留醉与山翁[5]。

［注释］

①此诗题目，或作《汉江临眺》。汉江：即汉水。

②楚塞：指古代楚国地界。三湘，湘水合漓水称漓湘，合蒸水称蒸湘，合潇水称潇湘，故称三湘。

③荆门：在今湖北荆门南，九派：九条支流。郭璞《江赋》："流九派于浔阳。"长江的九条支流到浔阳（今江西九江）全部汇合。

④郡邑：指城镇。浦：水道两旁。

⑤山翁：即山简，晋人。《晋书·山简传》说他曾任征南将军，镇守襄阳。当地习氏的园林风景很好，山简常到习家池上饮酒观赏，大醉而归。

蜀道难[1]

李 白[2]

噫吁嚱[3]，危乎高哉！
蜀道之难，难于上青天！
蚕丛及鱼凫，开国何茫然[4]！
尔来四万八千岁[5]，不与秦塞通人烟。
西当太白有鸟道[6]，可以横绝峨眉巅[7]。
地崩山摧壮士死，然后天梯石栈相钩连[8]。
上有六龙回日之高标[9]，下有冲波逆折之回川[10]。
黄鹤之飞尚不得过，猿猱欲度愁攀援[11]。
青泥何盘盘[12]，百步九折萦岩峦。
扪参历井仰胁息[13]，以手抚膺坐长叹。
问君西游何时还？畏途巉岩不可攀[14]。
但见悲鸟号古木[15]，雄飞雌从绕林间。
又闻子规啼夜月[16]，愁空山。
蜀道之难，难于上青天，使人听此凋朱颜[17]！
连峰去天不盈尺，枯松倒挂倚绝壁。
飞湍瀑流争喧豗[18]，砯崖转石万壑雷[19]。
其险也若此，嗟尔远道之人，胡为乎来哉！
剑阁峥嵘而崔嵬[20]，一夫当关，万夫莫开。
所守或匪亲，化为狼与豺，朝避猛虎，夕避长蛇，
磨牙吮血，杀人如麻。
锦城虽云乐[21]，不如早还家。
蜀道之难，难于上青天，侧身西望长咨嗟[22]！

[注释]

①这首诗较普遍认为是唐玄宗天宝初年，作者第一次到长安时所写。“蜀道难”原为乐府《相和歌辞·瑟调曲》名，多写蜀道的险阻。李白袭用乐府古题，以丰富的想象，极

度的夸张，描绘了蜀地山川的雄奇，道路的艰险。具有浓烈的浪漫主义的色彩，充分体现了李白诗的创作风格。关于本篇的寓意，后人多为揣测，迄无定论。

②李白（701—762）：字太白，号青莲居士。祖籍陇西成纪（今甘肃天水县附近），先世于隋末流徙西域，李白生于西域碎叶（今吉尔吉斯斯坦共和国的托克马克，唐属安西都护府）。五岁随父迁居绵州彰明县（今四川江油）。李白少年便显露才华，青年时代受纵横家、道家、儒家影响，喜剑术，好任侠，轻财重志，抱负宏大。二十五岁出蜀远游，接触社会，结识名士，踪迹遍及全国。天宝元年经友人吴筠推荐，应诏入京，供奉翰林。因蔑视权贵，遭人谗毁。两年后玄宗“赐金放还”，再次漫游。安史乱中，他一度避居庐山。后应永王李璘邀请，入其幕府。永王争位失败，李白也以“附逆”获罪，流放夜郎，途中遇赦。上元二年（761），闻李光弼率师征讨叛将史朝义，李白不顾年老体弱，主动请缨杀敌，因病折回。不久，病逝于族叔李阳冰家中。李白是继屈原之后我国古代杰出的浪漫主义诗人。其诗强烈地表现出积极用世的思想；充满对进步理想的热烈追求；大胆蔑视与嘲笑权贵们的傲岸不羁的反抗精神；热情歌颂祖国雄伟壮丽的河山；怀有对人民的深切同情。且想象奇特，恣意挥洒，色彩绚丽，风格豪迈奔放。现存诗千余首，文六十余篇。有《李太白集》。

③噫吁嚱（yī xū xī）：惊叹词。连用以强调语气。一说为古代蜀地方言。

④蚕丛及鱼凫：传说古蜀国开国两国君。茫然：遥远，久远。

⑤尔来：以来，指古蜀国开国以来至今。

⑥当：对着，挡着。太白：太白山，秦岭主峰。

⑦横绝：横渡。峨眉：山名，在今四川峨嵋县。

⑧天梯：指险峻的山路。石栈：山崖间凿石架木修成的栈道。

⑨六龙回日：神话传说太阳神羲和赶着六条龙拉的车，载着太阳走。这里是说山太高，连六龙的车都过不去，只得回头。高标：高峰。

⑩逆折：回旋。

⑪猱（náo）：猴的一种，善攀登。

⑫青泥：山岭名，在今陕西、甘肃、四川交界，是由陕入蜀的要道。盘盘：盘旋曲折的样子。

⑬扪参历井：在蜀道的高山上，可以抚摸到参星，跨越过井星。胁息：屏住气息。

⑭巉岩：险峻的山岩。

⑮号：哀号，哀鸣。

⑯子规：杜鹃鸟。蜀地最多，鸣声哀切。上句的“悲鸟”据此来。此鸟相传为古蜀帝杜宇的魂魄所化。

⑰凋朱颜：意谓蜀道之艰难险峻而令人发愁以致容貌改变。凋：凋谢，这里是改变意。朱颜：脸色容貌。

⑱喧豗（huī）：喧闹声。豗：本意为猪拱地。

⑲砯（pīng）：水撞击岩石所发出的声音。

⑳剑阁：地名，位于四川剑阁县北。有大剑山和小剑山，中间只有一条栈道，自然形成一道雄关，故又称剑门关。峥嵘：突兀样。崔嵬：高峻貌。

㉑锦城：即锦官城，指成都，因古时成都产锦，故称。

㉒咨嗟：叹息。

将　进　酒①

李　白

君不见黄河之水天上来，奔流到海不复回！
君不见高堂明镜悲白发，朝如青丝暮成雪②！
人生得意须尽欢，莫使金樽空对月。
天生我材必有用，千金散尽还复来③。
烹羊宰牛且为乐，会须一饮三百杯④。
岑夫子，丹邱生⑤，将进酒，杯莫停。
与君歌一曲，请君为我倾耳听。
钟鼓馔玉不足贵⑥，但愿长醉不愿醒。
古来圣贤皆寂寞，惟有饮者留其名。
陈王昔时宴平乐⑦，斗酒十千恣欢谑⑧。
主人何为言少钱？径须沽取对君酌⑨。
五花马⑩，千金裘，呼儿将出换美酒⑪，与尔同销万古愁！

[注释]

①此诗约作于天宝十一年（752），天宝三年李白被“赐金放还”后，再次漫游。这时他来到嵩山，在元丹丘的颍阳山居为客。友人相聚，诗人借助酒兴，把“抱用世之才而不遇合”的满腹积愤，作了一次淋漓尽致的抒发。李白的咏酒诗很多，这类诗最能表现他的个性。《将进酒》可谓代表作。“将进酒”原是汉乐府短箫铙歌的曲调，题意即“劝酒歌”。

②“高堂明镜”二句：意谓人生短暂。

③千金散尽：李白《上安州裴长史书》：“曩昔东游维扬，不逾一年，散金三十余万。”这里表现了诗人的自信。

④会须：应该。

⑤岑夫子：岑勋，南阳人。丹邱生：元丹丘。两人均为李白好友。

⑥钟鼓馔玉：指富贵生活。钟鼓：古时富贵人家吃饭时鸣钟。馔玉：精美的饮食。

⑦陈王：指曹植。他曾被封陈思王，故称陈王。平乐：宫观名。这里是化用曹植《名都赋》中“归来宴平乐，美酒斗十千”句。

⑧恣欢谑：尽情地欢乐。谑：戏谑。

⑨径须：只管。

⑩五花马：有五色花纹的马。

⑪将出：拿出。

行　路　难[1]（其二）

李　白

大道如青天，我独不得出。
羞逐长安社中儿[2]，赤鸡白雉赌梨栗。
弹剑作歌奏苦声[3]，曳裾王门不称情[4]。
淮阴市井笑韩信，汉朝公卿忌贾生[5]。
君不见，昔时燕家重郭隗，拥篲折节无嫌猜[6]。
剧辛乐毅感恩分[7]，输肝剖胆效英才。
昭王白骨萦蔓草[8]，谁人更扫黄金台。
行路难，归去来！

［注释］

①此诗是李白所写的三首《行路难》的第二首。从内容看，应是写于天宝三年（744）被“赐金放还”后。“行路难”乐府旧题，多写世路艰难和离别伤悲。

②羞逐：羞于追随。社：古代二十五家为一社，这里泛指里巷之中。

③弹剑作歌：战国时齐公子孟尝君门下食客冯谖，曾屡次弹剑作歌埋怨自己的生活不如意。弹剑：借指出入王侯之门。下句的“曳裾”义同。

④裾：衣服的前襟。称（音趁）：如意。

⑤贾生：贾谊，洛阳人，曾上书汉文帝，劝他改制，兴礼乐，受到当时大臣灌婴、冯敬等人反对。

⑥拥篲：持着扫帚。篲：同“彗”，扫帚。古人迎候尊贵，常拥篲以示敬意。《史记·孟子荀卿列传》记载，邹衍来燕，燕昭王“拥彗先驱”，亲自扫除道路迎接，恐怕灰尘飞扬，用衣袖挡住扫帚，以表示恭敬。折节：屈己下人。

⑦剧辛：赵国人，战国时期名将。乐毅：赵国名将。

⑧萦蔓草：被野草缠绕。萦：缠绕。这里意为燕昭王死了。

登金陵凤凰台[1]

李　白

凤凰台上凤凰游[2]，凤去台空江自流。
吴宫花草埋幽径[3]，晋代衣冠成古丘[4]
三山半落青天外，一水中分白鹭洲[5]。
总为浮云能蔽日[6]，长安不见使人愁。

［注释］

①此诗的写作时间，一说是李白被“赐金放还”后，于天宝六年（747）漫游到金陵，登上凤凰台时，写下这首诗。另一说是认为流放夜郎遇赦返回后所作。李白较喜和擅长写歌行体的诗，相对而言律诗很少写。该诗却是唐代律诗中脍炙人口的杰作。金陵即今南京。

②凤凰台：故址在今南京城西南凤台山。相传南朝宋元嘉十六年（439），有三只凤凰鸟飞临山上，于是筑台于山，名曰凤凰台。

③吴宫：三国时吴主孙权曾建都于金陵。据《三国志·吴志·三嗣主传》：孙权曾建太初宫，“方三百丈”；孙皓建昭明宫，“方五百丈”。这里指吴国。花草：宫宛中的奇花异草，也可喻指妃嫔宫娥。

④晋代：东晋。东晋也以金陵为都城。衣冠：借指世家大族。东晋时王族如司马，士族如王、谢都曾盛极一时。

⑤一水：指长江。白鹭洲：长江中的一小洲，在今南京水西门外，后江流西移，这一小洲便与陆地连成一片。

⑥浮云蔽日：这里以浮云喻奸佞小人；以日喻皇上。意为（时下）奸佞当道，贤者不得任用。陆贾《新语·慎微》：“邪臣之蔽贤，犹浮云之障日月也。”

望　　岳[①]

杜　甫[②]

岱宗夫如何[③]？齐鲁青未了[④]。
造化钟神秀[⑤]，阴阳割昏晓[⑥]。
荡胸生曾云[⑦]，决眦入归鸟[⑧]。
会当凌绝顶[⑨]，一览众山小。

［注释］

①这是杜甫早年作品。玄宗开元二十四年（736），杜甫举进士不第，在齐赵（今河南、河北、山东等地）漫游，该诗正写于此时。这时正当“开元盛世”，他对前途充满信心。诗正体现出不怕困难，敢于攀登绝顶，藐视一切的壮志豪情。《杜甫集》中有《望岳》诗三首，分咏东岳、南岳、西岳。本篇咏的是东岳。东岳泰山，在今山东省泰安县北。

②杜甫（712—770）：字子美，自号少陵野老，生于河南巩县（今河南巩县）。杜甫青年时，正逢“开元盛世”，曾漫游吴、越、齐、赵，有“致君尧舜上，再使风俗淳”的远大政治抱负。二十四岁在洛阳举进士落第，后至长安寻求引荐，却进取无门，困居十载。四十四岁才获右卫率府胄曹参军之职。不久安史乱起，为叛军所虏，耳闻目睹胡人的残酷屠掠。后逃往凤翔，谒肃宗，任为左拾遗，不久，贬为华州司功参军。乾元二年（759）弃官，辗转入蜀，得友人严武相助，在成都西郊筑一草堂。一度在严武幕中任职检校工部员外郎，世称杜工部。严武死后，杜甫于大历三年（768）春，携眷南下出蜀，漂泊在湘鄂一带，五十九岁时，病逝于一小舟中。杜甫是我国古代最负盛名的现实主义诗人。他一生坎坷，饱受战乱之苦，写下了大量现实主义的诗篇。这些诗广泛而真实地反映了唐代社会由盛转衰过程的面貌，关心祖国命运，同情人民疾苦，大胆揭露和抨击统治集团的腐朽，被誉为“诗史”。杜甫的诗各体兼备，富于变化，风格沉郁顿挫。有《杜少陵集》。

③岱宗：即泰山。因泰山为五岳之首，故尊为岱宗。夫：语助词，无义。如何：怎么样？

④齐鲁：齐鲁原是春秋时两个国名，在今山东省内。这里借“齐鲁”指这一地域。未了：不尽。

⑤造化：即大自然。钟：聚集。

⑥阴阳：山向日一面为阳，背日一面为阴。割：分割。此句意为泰山很高，把山南山北分割成一昏一晓。

⑦曾：同“层”。这里是说云气叠起，令人心胸荡漾。

⑧决眦：形容极力张大眼睛。决：裂开。眦（zì）：眼眶。

⑨会当：应当，一定要。凌：登上，登临。

蜀　相①

杜　甫

丞相祠堂何处寻，锦官城外柏森森②。
映阶碧草自春色③，隔叶黄鹂空好音④。
三顾频烦天下计，两朝开济老臣心⑤。
出师未捷身先死，长使英雄泪满襟。

［注释］

①此诗是作者初到成都时谒访诸葛亮庙所作。蜀相：三国时蜀国的丞相孔明。作者谒拜的这座庙，是晋时李雄在成都称王时所建，今名武侯祠，在成都市南郊公园内。

②锦官城：成都的别称。古锦官城是成都的少城，毁于晋桓温平蜀时。汉时，成都织锦发达，曾设锦官于此，故称。

③自春色：徒自呈现出一派春色。指映阶春草自生自灭，暗寓今昔之感。下句的“空好音”含义相仿。

④黄鹂（lí）：黄莺。

⑤两朝：指刘备、刘禅两代。开济：开创大业，匡渡难关。

登　　高[1]

杜　甫

风急天高猿啸哀，渚清沙白鸟飞回[2]。
无边落木萧萧下[3]，不尽长江滚滚来。
万里悲秋常作客[4]，百年多病独登台[5]。
艰难苦恨繁霜鬓，潦倒新停浊酒杯[6]。

［注释］

①这首诗是杜甫大历二年（767）秋在夔州时所作。夔州在长江之滨。诗题含有登高抒怀之意。

②渚（zhǔ）：水中的小块陆地。鸟飞回：鸟儿盘旋飞翔。

③落木：落叶。萧萧：象声词，风吹树叶和树叶飘落的声音。

④常作客：长久客居异地。

⑤百年：犹言一生。

⑥新停浊酒杯：时杜甫因肺病严重而不得不戒酒，故云。

长恨歌[1]

白居易[2]

汉皇重色思倾国，御宇多年求不得[3]。
杨家有女初长成[4]，养在深闺人未识。
天生丽质难自弃，一朝选在君王侧。
回眸一笑百媚生，六宫粉黛无颜色[5]。
春寒赐浴华清池，温泉水滑洗凝脂[6]。
侍儿扶起娇无力，始是新承恩泽时[7]。
云鬓花颜金步摇，芙蓉帐暖度春宵[8]。
春宵苦短日高起，从此君王不早朝。
承欢侍宴无闲暇，春从春游夜专夜[9]。
后宫佳丽三千人，三千宠爱在一身。
金屋妆成娇侍夜[10]，玉楼宴罢醉和春[11]。
姊妹弟兄皆列土[12]，可怜光彩生门户[13]。
遂令天下父母心，不重生男重生女。
骊宫高处入青云[14]，仙乐风飘处处闻；
缓歌慢舞凝丝竹[15]，尽日君王看不足。
渔阳鼙鼓动地来[16]，惊破霓裳羽衣曲[17]。
九重城阙烟尘生[18]，千乘万骑西南行[19]。
翠华摇摇行复止，西出都门百馀里。
六军不发无奈何，宛转蛾眉马前死[20]。
花钿委地无人收[21]，翠翘金雀玉搔头[22]。
君王掩面救不得，回看血泪相和流！
黄埃散漫风萧索，云栈萦纡登剑阁[23]。
峨嵋山下少人行，旌旗无光日色薄[24]。
蜀江水碧蜀山青，圣主朝朝暮暮情。
行宫见月伤心色[25]，夜雨闻铃肠断声[26]。

天旋日转回龙驭[27]，到此踌躇不能去；
马嵬坡下泥土中，不见玉颜空死处[28]。
君臣相顾尽沾衣[29]，东望都门信马归[30]。
归来池苑皆依旧，太液芙蓉未央柳[31]；
芙蓉如面柳如眉，对此如何不泪垂？
春风桃李花开日，秋雨梧桐叶落时。
西宫南内多秋草[32]，落叶满阶红不扫。
梨园弟子白发新[33]，椒房阿监青娥老[34]。
夕殿萤飞思悄然，孤灯挑尽未成眠；
迟迟钟鼓初长夜[35]，耿耿星河欲曙天[36]。
鸳鸯瓦冷霜华重[37]，翡翠衾寒谁与共[38]。
悠悠生死别经年，魂魄不曾来入梦。
临邛道士鸿都客[39]，能以精诚致魂魄[40]。
为感君王展转思，遂教方士殷勤觅[41]。
排空驭气奔如电，升天入地求之遍。
上穷碧落下黄泉，两处茫茫皆不见。
忽闻海上有仙山，山在虚无缥缈间。
楼阁玲珑五云起[42]，其中绰约多仙子。
中有一人字太真[43]，雪肤花貌参差是[44]。
金阙西厢叩玉扃[45]，转教小玉报双成[46]。
闻道汉家天子使，九华帐里梦魂惊[47]。
揽衣推枕起徘徊，珠箔银屏迤逦开[48]。
云髻半偏新睡觉[49]，花冠不整下堂来。
风吹仙袂飘飖举[50]，犹似霓裳羽衣舞。
玉容寂寞泪阑干[51]，梨花一枝春带雨。
含情凝睇谢君王[52]，一别音容两渺茫；
昭阳殿里恩爱绝[53]，蓬莱宫中日月长。
回头下望人寰处[54]，不见长安见尘雾。
唯将旧物表深情，钿合金钗寄将去[55]。
钗留一股合一扇，钗擘黄金合分钿[56]。
但令心似金钿坚，天上人间会相见。
临别殷勤重寄词，词中有誓两心知。

七月七日长生殿[57]，夜半无人私语时：
“在天愿作比翼鸟，在地愿为连理枝。”
天长地久有时尽，此恨绵绵无绝期。

[注释]

①此诗是白居易著名的代表作，作于元和元年（806）。其时诗人在盩厔（zhōu zhì）县（今陕西周至）任县尉，在与友人陈鸿、王质夫游仙游寺时，谈及50多年前的“天宝遗事”，有感而发，创作了这首诗。诗人没有拘泥于历史真实，而主要是根据传说，构思出一个关于唐明皇和杨贵妃婉转悲戚而又动人的爱情故事，使其历代传诵不衰。这是一首抒情成分很浓的叙事诗，艺术成就众口一词，深得赞誉，而对诗歌的主题，历来有争议。

②白居易（772—846）：字乐天，号香山居士，下邽（今陕西省渭南县）人。二十九岁举进士，三十六岁为翰林学士，累迁左拾遗、左赞善大夫。元和十年（815）多次上疏奏请缉拿凶手，得罪权贵，受到排挤，贬为江州（今江西九江）司马。后历任忠州、杭州、苏州刺史。晚年任刑部尚书，人又称其为白尚书。白居易是中唐新乐府运动的倡导者和领导者。他旗帜鲜明地强调文学的社会作用，提出了“文章合为时而著，歌诗合为事而作”的主张，认为诗歌应“唯歌生民病”。他的讽喻诗，敢于大胆揭露弊政，反映中唐社会的种种矛盾，斥责朝中权贵和地方官吏，同情人民疾苦。他的诗以通俗易懂、语言浅白、富于形象而广泛流行于世。有《白氏长庆集》。

③汉皇：指唐皇，唐人写诗往往以汉喻唐。这里实指唐玄宗李隆基。御宇：统治天下。指皇帝登帝位。

④杨家有女：这里指杨玉环。杨本是蜀司户杨玄琰之女，开元二十三年（735）被册封为寿王李瑁（玄宗之子）妃，后被玄宗看中而被召入宫。

⑤六宫：皇帝后妃居住的宫苑。粉黛：脂粉和画眉的颜料。这里用以借指后宫妃子和宫女。

⑥凝脂：指杨贵妃白嫩的皮肤。

⑦承恩泽：受到皇帝的宠爱。

⑧芙蓉帐：绣着荷花的帐子。芙蓉：荷花。

⑨夜专夜：指杨贵妃每夜独得唐玄宗的恩宠。

⑩金屋：汉武帝幼时，其姑母指着自己女儿陈阿娇问他愿不愿娶其为妻，武帝说：“若得阿娇作妇，当作金屋贮之。”这里指杨贵妃住处。娇：娇媚。

⑪醉和春：醉态中带着娇媚。

⑫列土：分封土地，这里指加官晋爵。列，原作裂，此据《全唐诗》。杨玉环被封为贵妃后，三个姐姐皆封为夫人，族兄杨铦为鸿胪卿，杨锜为侍御史，杨钊（国忠）为右丞相。

⑬可怜：可羡，可叹。

⑭骊宫：骊山上的华清宫。李、杨常在此作乐。

⑮凝丝竹：意为配合着管弦乐声的旋律。丝竹：管弦乐器。

⑯渔阳：郡名，在今天津蓟县一带，这里指安禄山叛军起兵处。鞞鼓：骑兵用的小鼓。

⑰霓裳羽衣曲：唐著名舞曲，本西域乐曲，传入唐后经玄宗改编而成。

⑱九重城阙：指长安。烟尘生：指发生战祸。

⑲西南行：天宝十五年六月，潼关失守，玄宗带着贵妃和侍卫军向西南的四川逃亡。

⑳宛转：凄恻难忍的样子。蛾眉：这里指杨贵妃。

㉑花钿：一种镶金花的首饰。委地：丢弃在地。

㉒翠翘：一种状如翠鸟的钗。金雀：雀形的金钗。玉搔头：玉簪。这句是说各种各样的头饰及花钿都丢在地上。实则说明贵妃死了。

㉓云栈：高入云端的栈道。萦纡：盘绕弯曲。剑阁：一名剑门关。故址在今四川剑阁县北。

㉔日色薄：天色昏暗。

㉕行宫：供皇帝出行在外居住的宫所。

㉖夜雨闻铃：《明皇杂录》载：明皇（即玄宗）初入斜谷，久雨不晴，在栈道雨中闻铃声，隔山相应，玄宗怀念贵妃，因制《雨霖铃曲》。

㉗天旋日转：指战局变化，唐军收复长安。日，原作地，此据《全唐诗》。回龙驭：指皇帝车驾回宫。

㉘空死处：空见死处。

㉙沾衣：指哭泣，落泪而湿衣襟。

㉚信马：由着马儿随便走。信：听凭，任由。

㉛太液：汉宫池名，在建章宫北。未央：宫名。太液、未央本是汉代的宫池，这里指唐宫池苑。

㉜西宫：即“西内”，亦称太极宫。南内：一作南苑，指兴庆宫。玄宗返京后先住于此，后被逼迁入太极宫。

㉝梨园弟子：唐玄宗当年培养出来的乐工。梨园：玄宗教习乐工的地方。

㉞椒房：指宫妃所住的地方。用花椒粉和泥涂壁，有温暖而芳香的作用，故名。阿监：宫中侍从女官。青蛾：指年轻貌美的宫女。

㉟钟鼓：指报更的鼓声。初长夜：指秋夜，秋夜时最长。

㊱欲曙天：天将亮。

㊲鸳鸯瓦：一俯一仰相互成对的瓦。霜华：即霜花。

㊳翡翠衾：绣着翡翠鸟的被子。

㊴临邛（qióng）：古县名，今四川邛崃。鸿都：指京城长安。

㊵致：招致。

㊶展转：即辗转。方士：有法术之人。即上文的道士。

㊷五云：五彩的祥云。

㊸太真：开元二十八年杨贵妃作道士时，曾用此道号。

㊹参差：仿佛，差不多。

㊺金阙：黄金制成的宫城城殿，神仙居住的地方。玉扃（jiǒng）：玉石做的门。

㊻小玉：吴王夫差的小女。双成：董姓，传说中西王母侍女。这里借小玉、双成作为杨太真在仙山上的侍婢之名。

㊼九华帐：彩色华丽的帐子。一说“九华”为一种图案。

㊽迤逦：连接不断。此句描写神仙洞府一重重门户先后打开的情景。

㊾新睡觉：刚刚睡醒。此句写杨太真来不及梳妆打扮。

㊿袂（mèi）：袖子，衣袖。

51泪阑干：眼泪纵横交错地流，满脸泪痕。

52谢：告诉，转告。

53昭阳殿：汉宫名，汉成帝皇后赵飞燕所居之处。这里指杨贵妃住过的宫室。

54人寰：人世间。

55钿合：镶着珠宝的盒子。合，同“盒”。

56擘（bāi）：分开，折断。同掰。

57长生殿：华清宫内一个殿，平时用于祭神。据说为天宝元年建。

轻　肥[1]

白居易

意气骄满路，鞍马光照尘[2]。
借问何为者？人称是内臣[3]。
朱绂皆大夫[4]，紫绶悉将军。
夸赴军中宴[5]，走马去如云。
尊罍溢九酝[6]，水陆罗八珍。
果擘洞庭橘，脍切天池鳞[7]。
食饱心自若，酒酣气益振[8]。
是岁江南旱，衢州人食人[9]。

［注释］

①这是白居易讽谕诗类《秦中吟》十首中的第七首。“轻肥”是取《论语·雍也》的：“乘肥马，衣轻裘”之意。

②光照尘：指马及马身上饰品异常名贵，光彩照人。

③内臣：指宦官。

④朱绂（fú）：红色系官印的丝带。下句的紫绶义同。这两句意思是宦官们都是朝中掌握军政大权的大臣。

⑤夸：夸耀。

⑥尊罍（léi）：名贵的盛酒器皿。九酝：美酒。

⑦天池鳞：天池即海，指海产的鱼。

⑧气益振：意气越发骄横。

⑨衢州：今浙江衢县。

锦　　瑟[①]

李商隐[②]

锦瑟无端五十弦[③]，一弦一柱思华年[④]。
庄生晓梦迷蝴蝶[⑤]，望帝春心托杜鹃[⑥]。
沧海月明珠有泪[⑦]，蓝田日暖玉生烟[⑧]。
此情可待成追忆，只是当时已惘然[⑨]。

[注释]

①《锦瑟》是李商隐的代表作。本诗选自《玉谿生诗集笺注》，上海古籍出版社 1979 年版。诗题取自首句头两个字，有认为这是一首咏物诗；也有认为与瑟事无关，是一篇借瑟以隐题的“无题”之作。诗中写何事，自宋元以来，揣测纷纭，莫衷一是。据民国张采田《玉谿生年谱会笺》卷四，编年为唐宣宗大中十二年（858）作。

②李商隐（813—858）：字义山，号玉谿生，怀州河内（今河南沁阳）人。早年为天平军节度使令狐楚赏识，得中进士，后入泾原节度使王茂元幕府，王以女妻之。当时“牛李党争”激烈。令狐楚与王茂元是政敌，王属李党。李商隐因此被牛党忌恨，在朋党倾轧的漩涡中备受排挤和打击，仕途一直不得志，心情抑郁，四十六岁时死于郑州。李商隐生当晚唐，当时社会危机四伏，藩镇割据，宦官专权，党争激烈。李商隐尽管有建功立业的宏愿，但深感唐朝大势已去，故作品难免流露感伤情调。李是晚唐诗坛上风格独树的名家。其诗文采华美，构思巧妙，想象丰富，情致婉曲。特别是他的无题诗，词意隐约，意境朦胧，曾引起历代论者和爱好者的争议和关注。有《李义山诗集》和《樊南文集》。

③锦瑟：瑟上绘有如锦花纹。瑟是一种乐器，相传古瑟有五十根弦，后代的弦数不一，一般是二十五弦。

④华年：指青春年少时代。

⑤庄生：庄子。《庄子·内篇·齐物论》：“昔者庄周梦为蝴蝶，栩栩然蝴蝶也。”

⑥望帝：周末蜀国一个君主称号，名字叫杜宇。相传死后魂魄化为杜鹃。春心：犹伤春之心。这里似是说望帝化为杜鹃鸟，他的伤春之心，只能借杜鹃的嘴叫出来。比喻自己不尽的忧愤无法明言。

⑦沧海句：古人有海里的蚌珠与月帝相感应之传说，月满珠就圆，月亏珠就缺。还传说海中鲛人，哭泣时眼泪会变成珠子。这句似是写遭时不遇而自悲。

⑧蓝田：山名，在今陕西蓝田县东南，盛产美玉。司空图《与极浦谈诗书》引戴叔伦语云：“诗家之景如蓝田日暖、良玉生烟，可望而不可置于眉睫之前也。”

⑨惘然：怅然失意的样子。

马　　嵬[①]（其二）

李商隐

海外徒闻更九州[②]，他生未卜此生休[③]。
空闻虎旅鸣宵柝[④]，无复鸡人报晓筹[⑤]。
此日六军同驻马[⑥]，当时七夕笑牵牛[⑦]。
如何四纪为天子[⑧]，不及卢家有莫愁[⑨]？

［注释］

①马嵬事件，唐人题咏的诗不少，以后历代诗人更是不绝，艺术表现上虽然都各有特色，由于传统偏见，大多数都把责任归咎于杨贵妃，而为唐玄宗辩护。李商隐这首七律，却把批判的矛头指向唐玄宗，因而显得别开生面，思想胜人一筹。原有两首，这是第二首。本诗选于《玉谿生诗集笺注》，上海古籍出版社1979年版。据民国张采田著《玉谿生年谱会笺》卷四，本诗编在“不编年诗”内。

②更（gèng）：再。九州，原注：“邹衍云：九州之外复有九州。”战国时齐人邹衍创“大九州”说，说中国名赤县神州，中国之外如赤县神州这样大的地方还有九个。

③休：完了。这句意为来生怎样还不可知，但今生里夫妇关系却是已经完结了。

④虎旅：指护卫唐玄宗逃亡入蜀的军队。宵柝（tuò）：夜中报更的刁斗声。

⑤鸡人：宫中负责报时的卫士。宫中不得养鸡，故以卫士代替公鸡司晨，称鸡人。筹：漏壶中标记时间的更筹。

⑥同驻马：指马嵬兵变，士兵们不肯继续前行。

⑦笑牵牛：谓当年七月七日玄宗与贵妃在长生殿，曾笑牵牛织女一年才相聚一次，不及他们永远在一起。

⑧四纪：四十八年。一纪为十二年，玄宗在位四十五年，约近“四纪”。

⑨莫愁：古时洛阳女子。南朝乐府歌辞《河东之水歌》有：“莫愁十三能织绮，十四采桑南陌头，十五嫁为卢家妇，十六生儿字阿侯。”这里诗人嘲笑玄宗连自己心爱的妃子也庇护不了，至令杨贵妃死于马嵬坡，其最终命运还不如普通人家的妇女。

明　妃　曲（其一）[1]

王安石[2]

明妃初出汉宫时，泪湿春风鬓脚垂[3]。
低徊顾影无颜色，尚得君王不自持[4]。
归来却怪丹青手[5]，入眼平生几曾有？
意态由来画不成，当时枉杀毛延寿[6]。
一去心知更不归，可怜着尽汉宫衣[7]。
寄声欲问塞南事[8]，只有年年鸿雁飞。
家人万里传消息，好在毡城莫相忆[9]。
君不见咫尺长门闭阿娇[10]，人生失意无南北。

［注释］

①本诗选自《唐宋诗举要》（上），上海古籍出版社 1978 年版。《明妃曲》：此诗王安石作于嘉祐四年（1059），原作两首，这是其一。明妃：即王嫱，字昭君，西汉南郡秭归（今湖北兴山县）人。晋时因避司马昭讳，故改称明妃。明妃本是汉元帝的一个宫女，竟宁六年（公元前 33 年），远嫁匈奴和亲，终老匈奴。作者以传神之笔，通过明妃出宫时汉元帝的反常神态，从侧面写出这位绝代佳人的动人。借明妃令人同情的不幸遭遇，抒发诗人感慨。该诗一扫历代诗人写王昭君恋君恩、怨而不怒的传统见解，尤显其卓见。

②王安石（1021—1086）：字介甫，号半山。抚州临川（今江西抚州）人。北宋著名政治家、文学家。宋神宗时曾为参政知事，两度为相，并主持变法，遭保守派强烈反对而失败。列宁对他的变法评价很高，称他为“中国十一世纪的改革家”。王安石的诗、文、词都有较高的成就。尤其是散文，这些作品大多针砭时弊，分析透辟，且结构严谨，语言简练。王安石被列为“唐宋八大家”之一。著有《临川集》等。

③春风：指昭君的容颜。杜甫在《咏怀古迹》第三首咏昭君，有“画图省识春风面”句。

④不自持：禁不住心动，不能自已。这句意思是汉元帝被昭君的容貌深深打动了。

⑤丹青手：丹青，就是画，丹青手是指画师毛延寿。

⑥枉杀：无辜被杀。据吴均的《西京杂记》载：汉元帝要按图召见宫女，昭君不肯贿赂画师，结果被毛延寿故意画丑，未能被元帝召见。后来昭君被遣去和亲，出汉宫时，元帝才发现昭君的美貌，但悔之已晚，于是追究其事，把毛延寿杀了。

⑦汉宫衣：汉朝的服装。这句是说昭君尽管远去了匈奴，但始终没忘汉朝，还一直穿着汉朝的服装。

⑧塞南：指汉朝。

⑨毡城：匈奴人住的帐篷。

⑩阿娇：汉武帝刘彻的皇后陈阿娇，后失宠被禁闭在长门宫。

寄黄几复[①]

黄庭坚[②]

我居北海君南海[③]，寄雁传书谢不能[④]。
桃李春风一杯酒，江湖夜雨十年灯。
持家但有四立壁[⑤]，治病不蕲三折肱[⑥]。
想见读书头已白，隔溪猿哭瘴溪藤。

［注释］

①本诗选自《宋诗三百首》，上海古籍出版社 1986 年版。此诗原注“乙丑年德平镇作”。推算即为神宗元丰八年（1085），其时诗人监德州（今属山东）德平镇。黄几复，名介，南昌（今属江西）人，儿时便是诗人挚友，此时知四会县（今属广东）。

②黄庭坚（1045—1105）：字鲁直，号山谷道人，晚号涪翁，洪州分宁（今属江西修水县）人。宋英宗治平四年（1067）中进士，任过国子监教授、国史编修、涪州别驾等职，一生仕途坎坷。徽宗时流放宜州（今广西宜山县），死于住所。黄庭坚出于苏轼门下，是“苏门四学士”之一。他又是江西诗派的开山大师，其诗谨守格律，主张无一字无来历，风格疏宕拗硬，影响颇大。与苏轼并称“苏黄”。有《山谷集》。

③“北海”、“南海”：作者原跋云：“几复在广州四会，予在德州德平镇，皆海滨也。”这里有相隔遥远之意。

④谢不能：因路途遥远而拒绝传递。谢：谢绝。

⑤四立壁：形容穷困之极。《史记·司马相如列传》：“相如驰归成都，家徒四壁立。”

⑥不蕲三折肱：蕲（qí）：通祈，祈求。三折肱：《左传·定公十三年》：“三折肱，知为良医。”意思是一个人如果三次跌断胳膊，便可成为一名好医生了。这里是说黄几复善治国之病，但并不需要“三折肱”。

关　山　月①

陆　游②

和戎诏下十五年③，将军不战空临边。
朱门沉沉按歌舞④，厩马肥死弓断弦。
戍楼刁斗催落月⑤，三十从军今白发。
笛里谁知壮士心⑥？沙头空照征人骨。
中原干戈古亦闻，岂有逆胡传子孙⑦？
遗民忍死望恢复⑧，几处今宵垂泪痕。

［注释］

①本诗选自《陆游诗选》，人民文学出版社 1957 年版。“关山月”：原为汉乐府“横吹曲”名，后多用以写戍边生活。该诗是陆游于淳熙四年（1177）在成都时所写。诗中流露出诗人忧国伤时及对当权者投降卖国、苟且偷安的悲愤情怀。是陆游诗歌的代表作之一。

②陆游（1125—1210）：字务观，号放翁，越州山阴（今浙江绍兴）人。他生处民族矛盾尖锐、国势日危的南宋，从小就受到家庭爱国思想教育，年轻时曾有过“上马击狂胡，下马草军书”的壮志，尽管一生屡受投降派的排挤打击，但“恢复神州”的信念至死不渝。

陆游是我国文学史上的大诗人。他写作勤奋，今存诗近万首。其诗作洋溢着强烈的爱国主义精神，有抒发抗敌御侮的豪情壮志；有对投降派罪恶的抨击；有对官府豪强鱼肉百姓的义愤；有对人民的关切与同情；更有对自己壮志未酬的悲愤。陆游诗风格多样，以激昂悲壮、雄浑奔放为主。陆游的词和散文也有很高的成就。有《剑南诗稿》、《渭南文集》传世。

③和戎诏：和戎即与敌人媾和。这里的和戎是南宋对女真族的屈服。宋孝宗隆兴二年（1164）下诏与金人议和。签订“隆兴和议”。到陆游写这首诗时，已有十四年多，说十五年是取整数。

④朱门：古代贵族豪门的宅第，因其门多漆为朱红色。沉沉：屋宇庭院深邃貌。

⑤戍楼：边关的岗楼，用以守望、警戒。刁斗：古代一种军用锅，铜制，有柄，白天用以烧饭，晚上可用作巡更报时。

⑥笛：竹制的管乐器。这里指笛子吹奏出《关山月》曲调。

⑦逆胡：指女真族。金人侵占领中原，已历完颜晟、亶、亮、雍四朝三代。

⑧遗民：指女真贵族统治下中原地区人民。

圆　圆　曲[1]

吴伟业[2]

鼎湖当日弃人间[3]，破敌收京下玉关。
恸哭六军俱缟素[4]，冲冠一怒为红颜[5]。
红颜流落非吾恋，逆贼天亡自荒宴[6]；
电扫黄巾定黑山[7]，哭罢君亲再相见。
相见初经田窦家[8]，侯门歌舞出如花。
许将戚里箜篌伎[9]，等取将军油壁车[10]。
家本姑苏浣花里[11]，圆圆小字娇罗绮；
梦向夫差苑里游[12]，宫娥拥入君王起；
前身合是采莲人[13]，门前一片横塘水。
横塘双桨去如飞，何处豪家强载归[14]？
此际岂知非薄命，此时惟有泪沾衣。
熏天意气连宫掖[15]，明眸皓齿无人惜；
夺归永巷闭良家[16]，教就新声倾坐客。
坐客飞觞红日暮，一曲哀弦向谁诉；
白皙通侯最少年[17]，拣取花枝屡回顾。
早携娇鸟出樊笼，待得银河几时渡；
恨杀军书抵死催，苦留后约将人误。
相约恩深相见难，一朝蚁贼满长安。
可怜思妇楼头柳，认作天边粉絮看[18]。
遍索绿珠围内第[19]，强呼绛树出雕栏[20]。
若非壮士全师胜，争得蛾眉匹马还。
蛾眉马上传呼进，云鬟不整惊魂定。
蜡炬迎来在战场[21]，啼妆满面残红印。
专征箫鼓向秦川[22]，金牛道上车千乘[23]。
斜谷云深起画楼[24]，散关月落开妆镜[25]。

传来消息满江乡，乌桕红经十度霜[26]。
教曲妓师怜尚在，浣纱女伴忆同行[27]。
旧巢共是衔泥燕，飞上枝头变凤凰。
长向尊前悲老大，有人夫婿擅侯王[28]。
当时只受声名累，贵戚名豪竞延致；
一斛珠连万斛愁[29]，关山漂泊腰肢细。
错怨狂风飏落花，无边春色来天地。
尝闻倾国与倾城，翻使周郎受重名[30]。
妻子岂应关大计，英雄无奈是多情。
全家白骨成灰土[31]，一代红妆照汗青。
君不见，馆娃初起鸳鸯宿[32]，越女如花看不足。
香径尘生鸟自啼，屧廊人去苔空绿[33]。
换羽移宫万里愁[34]，珠歌翠舞古梁州[35]。
为君别唱吴宫曲，汉水东南日夜流。

［注释］

①《圆圆曲》是明末清初诗人吴伟业的七言歌行体长诗。圆圆，明末清初苏州的名妓陈圆圆。本篇选自《吴梅村全集》，上海古籍出版社 1990 年版。

②吴伟业（1609—1671）：字骏公，号梅村，江苏太仓人。明崇祯四年进士，授翰林院编修，官至左庶子。明亡后，曾隐居不仕，后出任秘书院侍讲，国子监祭酒。一年后借母丧归家。其作品，较为正视现实，反映面广泛，时代气息较强烈。其诗风清丽婉转，又不失沉郁悲凉之慨。各种诗体均极工致，尤擅长七言歌行。有《梅村家藏稿》等传世。

③鼎湖：据《史记·封禅书》载：黄帝铸鼎于荆山，鼎成，黄帝便骑龙离开人间。后来称黄帝升天（逝世）为鼎湖。这里是指崇祯帝在煤山上吊自杀事。

④俱缟素：吴三桂的军队都因崇祯的死而痛哭，全都穿上白色的孝服。

⑤红颜：美女。这里指陈圆圆。

⑥逆贼：这里是指李自成领导的农民起义军。下文的“蚁贼”义同。

⑦电扫：迅速消灭。黄巾：东汉末年张角领导的农民起义军，这里指李自成的起义军。

⑧田窦：西汉外戚武安侯田蚡；魏其侯窦婴。这里喻指崇祯帝宠妃田贵妃的父亲田畹。

⑨箜篌伎：箜篌，古乐器。伎，同妓。箜篌伎，卖唱的歌伎，这里指陈圆圆。

⑩油壁车：古代妇女乘坐的用油涂饰篷壁的车子。

⑪浣花里：在今四川成都市西南，唐代名妓薛涛曾居此。陈圆圆与薛涛身份相似，故这里以“浣花里”喻陈之所居。

⑫夫差苑：春秋时，吴王夫差专为西施修筑姑苏台供其居住，夫差苑即指此。

⑬采莲人：指西施。西施幼年生活在浙江诸暨湖边，常下湖采莲。

⑭豪家：这里指田畹。

⑮宫掖：即皇宫。

⑯永巷：皇宫中妃嫔的住所。泛指后宫。这句指崇祯并不欣赏陈圆圆，把她幽闭在后宫里，之后又把她遣送回田畹家。

⑰白皙通侯：白皙，肤色白嫩；通侯，古代一种很高的爵位。这里是指吴三桂。吴曾很受崇祯的重视，封其为平西伯。

⑱天边粉絮：指妓女。这两句是说：陈圆圆本是闺中思妇，却被看作仍未从良的妓女。

⑲绿珠：西晋时石崇的爱妾。这里指陈圆圆。

⑳绛树：汉末著名舞伎。这里也是代指陈圆圆。“遍索”、“强呼”二句是说李自成的部下抢走了陈圆圆的事。

㉑蜡炬：红烛。《拾遗记》：灵芸送到京师时，魏文帝曹丕于城外数十里，高烧红烛相迎。据说李自成战败退出北京，吴三桂追李自成至山西，还不知陈圆圆下落，后其部将寻得，飞骑送来，吴在帐外张灯结彩相迎。

㉒专征：指军事独当一面者。

㉓金牛道：由陕西入四川的必经栈道。吴三桂由陕入川，从此经过。

㉔斜谷：由陕西往四川的要道。南口称谷，在褒城县；北口称斜，在郿县。总名叫斜谷。

㉕散关：即大散关，在陕西宝鸡大散岭上，也是川陕交通要道。

㉖十度霜：十年。“传来消息”二句是说陈圆圆的消息传到家乡时，已经过了十个年头。

㉗浣纱女伴：当年与陈圆圆一起学艺的伎伴。

㉘擅侯王：称羡陈圆圆有了侯王的丈夫。

㉙万斛愁：唐明皇思念梅妃，赐她珍珠一斛，以示宠爱。这里借梅妃之事，说陈圆圆虽再度受吴三桂的宠爱，却反而增加她的愁怀。

㉚周郎：三国时吴国的周瑜。这里借指吴三桂，因陈圆圆的美貌，反而使吴三桂出了名。

㉛成灰土：指被杀害。指李自成因吴三桂引清兵入关，而怒杀吴父亲吴骧一家三十余口之事。

㉜馆娃：馆娃宫，吴王夫差专为西施建的宫馆。其址在今吴县西南灵岩山上。

㉝屧（xiè）廊：吴王专为西施所建，据说以锌板铺地，脚踏屧走其上，发出特别声音。夫差借此以听西施的足音。屧：古代鞋的木底。

㉞换羽移宫：“羽”、“宫”为中国古代五音之两音。另还有：“商”、“角”、“徵”。这里是指沉迷歌舞。

㉟古梁州：指昆明。《晋书·地理志》：“益州即《禹贡》梁州之域。”所以昆明又叫梁州。陈圆圆随吴三桂驻扎云南昆明。

炉　中　煤[1]

——眷念祖国的情绪

郭沫若[2]

啊，我年青的女郎！
我不辜负你的殷勤，
你也不要辜负了我的思量。
我为我心爱的人儿，
燃到了这般模样！

啊，我年青的女郎！
你该知道了我的前身？
你该不嫌我黑奴卤莽？
要我这黑奴的胸中，
才有火一样的心肠。

啊，我年青的女郎！
我想我的前身，
原本是有用的栋梁，
我活埋在地底多年，
到今朝总得重见天光。

啊，我年青的女郎！
我自从重见天光，
我常常思念我的故乡，
我为我心爱的人儿，
燃到了这般模样！

一九二〇年一二月间作

［注释］

①此诗选自《女神》，人民文学出版社 1953 年版，是郭沫若身在异邦日本时所写，最初发表于 1920 年 2 月 3 日《时事新报》“学灯”副刊，后收在诗集《女神》。

②郭沫若（1892—1978）：原名开贞，曾用名郭鼎堂、麦克昂等。四川乐山人。著名诗人、学者、文化战士。青年时代即积极参加反帝爱国运动。1914 年赴日本留学，五四运动前后，弃医从文，积极投身文化活动，1921 年在日本与成仿吾、郁达夫等组织文学团体“创造社”。于同年出版了在中国诗歌史上开拓了一个新时代的诗集《女神》。1923 年回国后，编辑《创造周报》，并写了大量的诗，后来结集成《星空》、《前茅》、《瓶》、《恢复》等。1926 年参加北伐战争，任国民革命军总政治部副主任。1927 年参加南昌起义。1928 年郭沫若离开白色恐怖笼罩的祖国，再东渡日本，从事古文字和古代历史的研究。“七七”事变后回国，积极从事抗日救亡运动，写下了《屈原》、《虎符》等历史剧和《甲申三百年祭》、《十批判书》、《天地玄黄》、《今昔蒲剑》以及《战声集》、《蜩螗集》等诗文。新中国成立后，参加人民政府的领导工作。在极其繁忙的工作和社会活动之余，写下了不少作品。诗集有《新华集》、《百花齐放》、《长春集》；历史剧有《蔡文姬》、《武则天》等。

死　　水[①]

闻一多[②]

这是一沟绝望的死水，
清风吹不起半点漪沦。
不如多扔些破铜烂铁，
爽性泼你的剩菜残羹。

也许铜的要绿成翡翠，
铁罐上锈出几瓣桃花；
再让油腻织一层罗绮，
霉菌给他蒸出些云霞。

让死水酵成一沟绿酒，
飘满了珍珠似的白沫；
小珠笑一声变成大珠，
又被偷酒的花蚊咬破。

那么一沟绝望的死水，
也就夸得上几分鲜明。
如果青蛙耐不住寂寞，
又算死水叫出了歌声。

这是一沟绝望的死水，
这里断不是美的所在，
不如让给丑恶来开垦，
看他造出个什么世界。

［注释］

①此诗选自《闻一多诗全编·死水》，浙江文艺出版社 1995 年版。据其编者称，文本

已据诗人自选诗订正。诗写成于1925年4月。诗人采取以美写丑的手法，抒发了对军阀统治下旧中国黑暗现实而引发的悲愤心情。

②闻一多（1899—1946）：原名闻家骅，又名亦多。湖北浠水人。著名诗人、学者和民主战士。1913年考入北京清华学校。1922年赴美留学，研习美术和文学，受西方唯美主义文艺思潮的影响。1923年出版了第一部诗集《红烛》。1925年回国，历任北京艺术专科学校、武汉大学、青岛大学、清华大学等校教授。1928年与徐志摩等人创办《新月》杂志。同年出版诗集《死水》。这是闻一多的第二部诗集，无论在思想深度和艺术表现技巧方面都较《红烛》更前进了一步。闻一多的诗继承了中外诗歌的优良传统，精炼、严谨，富有创造性。抗日战争时期，闻一多任西南联合大学中文系主任，在中国共产党的教育影响下，积极参加反对独裁、争取民主的斗争。1946年7月15日，在昆明被国民党特务暗杀。有《闻一多全集》。

再别康桥[①]

徐志摩[②]

轻轻的我走了，
　正如我轻轻的来；
我轻轻的招手，
　作别西天的云彩。

那河畔的金柳，
　是夕阳中的新娘；
波光里的艳影，
　在我的心头荡漾。

软泥上的青荇[③]，
　油油的在水底招摇；
在康河的柔波里，
　我甘心做一条水草！

那榆荫下的一潭，
　不是清泉，是天上虹
揉碎在浮藻间，
　沉淀着彩虹似的梦。

寻梦？撑着一支长篙，
　向青草更青处漫溯，
满载一船星辉，
　在星辉斑斓里放歌。

但我不能放歌，

悄悄是别离的笙箫；

夏虫也为我沉默，

沉默是今晚的康桥！

悄悄的我走了，

正如我悄悄的来；

我挥一挥衣袖，

不带走一片云彩。

十一月六日中国海上

［注释］

①康桥：即剑桥。本篇作于1928年11月6日，发表于1928年12月《新月》月刊第一卷第10号上，后收入诗集《猛虎集》。作者1921年就读于剑桥大学，1928年秋，作者出国讲学时重游剑桥，在返国途中的南中国海上创作了这首诗，故名《再别康桥》。诗以缠绵轻婉的笔调，抒发了对康桥无限留恋和依依惜别之情。本诗选自《徐志摩诗全集》，学林出版社1992年版。

②徐志摩（1896—1931）：浙江海宁人，曾留学欧美。1922年回国，先后在北京大学、光华大学等校任教，并以诗作闻名于诗坛。1925年主编《晨报副镌·诗刊》，与闻一多等提出新诗格律化的主张，并致力于新格律诗创作的实践和理论探讨，是当时文学社会团体"新月社"的主要成员，也是"新月诗派"的代表诗人。1931年因飞机失事遇难。

徐志摩早期诗歌多表现对资产阶级理想的向往与追求，也有同情下层人民痛苦生活和不满黑暗现实的，后期则多表现理想破灭后的彷徨、感伤、空虚和颓废情绪。他的诗形象性强，比喻贴切，音节和谐，语音清新，形式多样。著有诗集《志摩的诗》、《翡冷翠的一夜》、《猛虎集》等。

③青荇（xìng）：一种水生植物。

雨　巷[1]

戴望舒[2]

撑着油纸伞，独自
彷徨在悠长，悠长
又寂寥的雨巷，
我希望逢着
一个丁香一样地
结着愁怨的姑娘。

她是有
丁香一样的颜色，
丁香一样的芬芳，
丁香一样的忧愁，
在雨中哀怨，
哀怨又彷徨。

她彷徨在这寂寥的雨巷，
撑着油纸伞，
像我一样，
像我一样地
默默彳亍着[3]，
冷漠、凄清，又惆怅。

她静默地走近
走近，又投出
太息一般的眼光，
她飘过
像梦一般地，
像梦一般地凄婉迷茫。

像梦中飘过
一枝丁香地，
我身旁飘过这女郎；
她静默地远了，远了，
到了颓圮的篱墙[④]，
走尽这雨巷。

在雨的哀曲里，
消了她的颜色，
散了她的芬芳，
消散了，甚至她的
太息般的眼光，
丁香般的惆怅。

撑着油纸伞，独自
彷徨在悠长，悠长
又寂寥的雨巷，
我希望飘过
一个丁香一样地
结着愁怨的姑娘。

［注释］

①本诗选自《戴望舒诗全编》，浙江文艺出版社 1989 年版。这是戴望舒的成名之作。最初发表于1928 年8 月《小说月报》第19 卷第8 号，后收入诗集《我的记忆》。诗中创造了一个“梦一般地凄婉迷茫”的意境，把哀怨、彷徨、迷惘、惆怅等难以把握的情感，转化成清晰的视觉形象，准确地表达出来。

②戴望舒（1905—1950）：浙江杭州人，在大学读书时开始诗歌创作。曾留学法国、西班牙。他是三十年代“现代派”的代表诗人。受欧洲象征派诗歌影响，追求意象的朦胧，爱用比喻及古词古字。早期诗歌多写个人哀怨，感伤气息浓重。抗日战争后思想转向积极，在香港主编一报纸副刊，积极宣传抗日。1941 年日军占领香港，被日军逮捕，在狱中备受酷刑，他坚贞不屈，写下了《狱中题壁》、《我用残损的手掌》等一批抗日爱国诗篇。1949 年，他由香港回到北京，1950 年 2 月病逝。诗集有《我的记忆》、《望舒草》、《灾难岁月》等。

③彳亍（chì chù）：慢步走，走走停停。

④颓圮（pǐ）：倒塌。

乡　　愁[1]

余光中[2]

小时候
乡愁是一枚小小的邮票
我在这头
母亲在那头

长大后
乡愁是一张窄窄的船票
我在这头
新娘在那头

后来啊
乡愁是一方矮矮的坟墓
我在外头
母亲在里头

而现在
乡愁是一湾浅浅的海峡
我在这头
大陆在那头

一九七二年一月二十一日

［注释］

①本诗选自余光中《白玉苦瓜》，大地出版社 1974 年版。此诗发表于 1972 年。

②余光中（1928—　）：祖籍福建永春，生于江苏南京，1947 年入金陵大学外语系（后转入厦门大学），1948 年随父母迁香港，次年赴台，就读于台湾大学外文系。1953 年，与覃子豪、钟鼎文等共创“蓝星”诗社。后赴美进修，获爱荷华大学艺术硕士学位。返台后任师大、政大、台大及香港中文大学教授，台湾中山大学文学院院长。著集有《舟子的悲歌》、《蓝色的羽毛》、《钟乳石》、《万圣节》、《白玉苦瓜》等。

神　女　峰[①]

舒　婷[②]

在向你挥舞的各色花帕中
是谁的手突然收回
紧紧捂住自己的眼睛
当人们四散离去，谁
还站在船尾
衣裙漫飞，如翻涌不息的云
江涛
高一声
低一声

美丽的梦留下美丽的忧伤
人间天上，代代相传
但是，心
真能变成石头吗

沿着江岸
金光菊和女贞子的洪流
正煽动新的背叛
与其在悬崖上展览千年
不如在爱人肩头痛哭一晚

1981 年 6 月于长江

［注释］

①本诗选自《舒婷诗文自选集》，漓江出版社 1997 年版。神女峰：位于长江三峡，是巫峡十二峰中最为秀丽挺拔的胜景。传说神女是王母娘娘幼女瑶姬的化身。因助大禹斩石疏流有功于世，后人为之立神女庙，并以之命名山峰。

②舒婷（1952—　）：原名龚佩瑜，福建漳州人。当代“朦胧诗派”的代表诗人之一。曾到农村插队劳动。1971 年开始诗歌创作。出版诗集有《双桅船》、《舒婷顾城诗选》、《会唱歌的鸢尾花》、《始祖鸟》等。著有《舒婷文集》三卷。

菩 萨 蛮[1]

无名氏[2]

枕前发尽千般愿[3]，要休且待青山烂[4]，水面上秤锤浮。直待黄河彻底枯。

白日参辰现[5]，北斗回南面[6]。休即未能休，且待三更见日头。

［注释］

①“菩萨蛮”：唐教坊曲名，后用为词牌。也做“菩萨鬘”。相传唐宣宗时，女蛮国入贡，高髻金冠，缨络被体，号为“菩萨蛮队”，当时优人遂作《菩萨蛮》曲。但据开元时人崔令钦《教坊记》所载，开元年间已有此曲名。则或唐玄宗时已有这种舞队。“菩萨蛮”定格为双调四十四字，前后阙均两仄韵转两平韵。原先在民间流行时字数略有出入。这首词选自夏承焘《唐宋词欣赏·敦煌曲子词》，天津百花文艺出版社1980年版。

②无名氏：此词流行民间，作者未详。

③愿：愿望。此处犹“誓”。发愿，即发誓，唐代俗语。

④休：休弃，离弃。封建时代丈夫离弃妻子，称休。

⑤参（shēn）辰：同“参商”。即参、商二星，此出则彼没，互不相见。

⑥北斗：即“北斗七星”，位于天空北方排列成斗（或杓）形的七颗亮星。

忆 秦 娥[1]

李 白

箫声咽，秦娥梦断秦楼月[2]。秦楼月，年年柳色，灞陵伤别[3]。　乐游原上清秋节[4]，咸阳古道音尘绝。音尘绝，西风残照，汉家陵阙[5]。

[注释]

①“忆秦娥”：词牌名，又名“秦楼月”、“双荷叶”、“碧云深”。相传为李白首制，因词中有“秦娥梦断秦楼月”句，故名。双调四十六字，有平韵、仄韵两体，均一迭韵。选自《白香词谱笺》，广东人民出版社 1981 年版。

②秦娥：指京都长安美女。长安古属秦地。娥：好，秦地称“好”曰“娥”。秦楼：相传弄玉、萧史夫妇居住之楼。《列仙传》载：萧史善吹箫，秦穆公以女弄玉妻之，日教弄玉吹箫作凤鸣。有凤凰来止，穆公为筑凤台。一日萧史乘龙，弄玉乘凤，共飞去。

③灞（bà）陵：汉文帝刘恒的陵墓，在今西安市东北。附近有灞桥，于灞水上。汉唐时长安人送客东行，多至此折柳赠别。灞，本作“霸”。

④乐游原：今西安市城南、大雁塔东北。原秦宜春苑，西汉宣帝建乐游苑于此，故名。唐时为游览胜地。清秋节：指农历九月九日重阳节。

⑤汉家陵阙：指汉代帝王的陵墓。

望 江 南[①]

温庭筠[②]

梳洗罢，独倚望江楼。过尽千帆皆不是，斜晖脉脉水悠悠。肠断白蘋洲[③]！

［注释］

①“望江南”：一作“梦江南”，唐教坊曲名，后用为词牌，又名“忆江南”、“江南好”等。分单调、双调两体，单调二十七字，双调五十四字，皆平韵。选自华钟彦《花间集注》，中州书画社 1983 年版。

②温庭筠（约 812—约 870）：本名岐，字飞卿，太原（今属山西）人。唐宣宗大中初（约 850）应进士试，屡不第。仅任过县尉、国子监助教，或称“温助教”。温才思敏捷，精通音律，是晚唐著名诗人和词家，其诗与李商隐齐名，世称“温李”，有《温飞卿诗集》；词则与韦庄并称“温韦”，现存词多收入《花间集》、《金奁集》。温庭筠在词的创作成就上超过晚唐诸词人，开五代、宋词之盛，对婉约词派影响较为深远。王士祯称之为“花间鼻祖”（《花草蒙拾》）。

③白蘋洲：长满蘋草的水中陆地。蘋：水草，叶浮水面，夏秋开小花，故称“白蘋”。

谒 金 门[①]

冯延巳[②]

风乍起，吹皱一池春水。闲引鸳鸯香径里，手挼红杏蕊[③]。　　斗鸭阑干独倚[④]，碧玉搔头斜坠[⑤]。终日望君君不至，举头闻鹊喜。

［注释］

①“谒金门”：唐教坊曲名，后用为词牌。又名“空相忆”、“醉花春”等。双调四十五字，仄韵。选自清舒梦兰辑，谢朝徵笺《白香词谱笺》，广东人民出版社 1981 年版。

②冯延巳（904—960）：又名延嗣，字正中，广陵（今江苏扬州）人。南唐中主李璟时，任过宰相。有辞学，多伎艺，善辩说。为南唐存词最多的词家。今传《阳春集》。其词对北宋词人尤以晏殊、欧阳修等颇有影响。

③挼（ruó）：揉搓，捻搓。又读“挪”（nuó）。

④斗鸭：古时贵人家有圈栏蓄鸭，使鸭相斗为戏的风尚。此处泛指鸭相斗戏耍。阑干：亦作“栏杆”，指养鸭池塘遮拦用的栏杆。

⑤碧玉搔头：一种用玉做的簪子。坠：下垂，垂挂。

浪　淘　沙[1]

李　煜[2]

帘外雨潺潺[8]，春意阑珊[4]，罗衾不耐五更寒[5]。梦里不知身是客，一晌贪欢[6]。　　独自莫凭栏！无限江山，别时容易见时难。流水落花春去也，天上人间！

［注释］

①“浪淘沙”：唐教坊曲，后用为词牌。又名“浪淘沙令”、“卖花声”、“过龙门”等。原为小曲，单调二十八字，四句，三平韵，亦即七言绝句。南唐李煜始作《浪淘沙令》，另创新声，双调五十四字，平韵。这首词是作者为赵宋俘虏后的作品，抒写对故国灭亡的悲苦愤恨的心情。选自詹安泰编注，《李璟李煜词》，人民文学出版社 1982 年版。后面李煜词出处同此。

②李煜（937—978）：初名从嘉，字重光，号钟隐、莲峰居士等。五代南唐最后一个君主，世称李后主。975 年，宋灭南唐，李煜出降被俘囚于汴京，过了两年多屈辱的囚徒生活，相传于七夕被宋太宗派人毒死。李煜治国无方，却通晓音律，擅书画，最长于词。早期词多写宫廷享乐生活，亡国后多追思往昔，抒发亡国之痛，词作哀伤凄苦，感情深沉，形象鲜明，对后来的词有较大影响。后人把他和其父李璟（中主）词作合辑为《南唐二主词》。

③潺潺（chán）：雨声。

④阑珊：衰残、将尽。一作“将阑”。

⑤罗衾：丝绸被子。耐：一作“暖”。

⑥晌：一会儿；片刻。

破　阵　子[1]

李　煜

四十年来家国[2]，三千里地山河[3]。凤阁龙楼连霄汉[4]，玉树琼枝作烟萝[5]，几曾识干戈？　　一旦归为臣虏，沈腰潘鬓销磨[6]。最是仓皇辞庙日[7]，教坊犹奏别离歌[8]，垂泪对宫娥！

［注释］

①“破阵子”：唐教坊曲名，出自“破阵乐”，后用为词牌。双调六十二字，平韵。这首词是作者于亡国后含悲饮恨轸怀故国所作。

②“四十年”句：南唐自937年开国至975年为宋所灭，历近四十年。

③“三千里”句：马令《南唐书·建国谱》载：南唐“共三十五州之地，号为大国”。

④凤阁龙楼：指帝王所居宫殿楼阁。

⑤烟萝：草树茂密，烟聚萝缠。

⑥沈腰：《南史·沈约传》载：沈约怀才不遇，以书陈情于好友陈勉，“言己老病，百日数旬，革带常应移孔，以手握臂，率计月小半分。欲谢事求归老之秩”。后因以“沈腰”作为腰肢瘦减的代词。潘鬓：潘岳《秋兴赋》：“斑鬓发以承弁兮。”后因以“潘鬓”作为鬓发斑白的代词。

⑦辞庙：到太庙辞别祖先，也指离开故国。庙：古代帝王供奉自己祖先的庙堂。

⑧教坊：古代管理宫廷音乐的官署。唐代开始设置。

望 海 潮[①]

柳　永[②]

东南形胜[③]，三吴都会[④]，钱塘自古繁华[⑤]。烟柳画桥[⑥]，风帘翠幕[⑦]，参差十万人家。云树绕堤沙，怒涛卷霜雪，天堑无涯[⑧]。市列珠玑[⑨]，户盈罗绮，竞豪奢。　　重湖叠巘清嘉[⑩]，有三秋桂子，十里荷花。羌管弄晴[⑪]，菱歌泛夜[⑫]，嬉嬉钓叟莲娃。千骑拥高牙[⑬]，乘醉听箫鼓，吟赏烟霞。异日图将好景[⑭]，归去凤池夸[⑮]。

［注释］

①“望海潮”：词牌名，双调一百零七字，平韵。据宋代罗大经《鹤林玉露》的说法：“孙何帅钱塘，柳耆卿作《望海潮》词赠之。”此词调始于柳永。选自胡云翼选注《宋词选》，上海古籍出版社 1962 年第 1 版，1978 年 3 月新 1 版。以下各首宋词出处同。

②柳永（987？—1053？）：原名三变，字耆卿，崇安（今福建崇安）人。宋仁宗景祐元年进士，做过屯田员外郎等小官，世称柳七、柳屯田。柳永是北宋第一个专力写词的作家，他的词多写都市繁华景象及下层市民的生活，扩大了词的题材。柳永常和城市乐工合作，制作新词，语言通俗，流传很广。他是北宋婉约派词人的代表，多作慢词，擅长铺叙。有《乐章集》传世。

③形胜：地理形势优胜。

④三吴：古时称吴兴（在今浙江省）、吴郡（今江苏苏州）、会稽（今浙江绍兴）为三吴，见《水经注·浙江水》。都会：人口集中的城市。

⑤钱塘：即杭州。

⑥画桥：桥的栏杆有彩画装饰。

⑦风帘翠幕：古时窗用布为帘，室用布为幕，这里指挡风的帘子和翠绿色的帷幕。

⑧天堑：天然的大壕沟，古称长江为天堑，这里借指钱塘江。

⑨珠玑：珍珠宝石。圆的称珠，有棱角的称玑。

⑩重湖：西湖以白堤为界，分为外湖、里湖，所以称为重湖。叠巘（yǎn）：重叠的山峦。

⑪羌管：笛子，相传羌（古代西北少数民族名）人最先制作笛子，所以古称笛子为“羌管”、“羌笛”。弄：吹奏。

⑫泛：漂浮，这句写夜晚采菱船上歌声飞扬。

⑬千骑（jì）：形容州郡长官出行时随从众多。骑，是一人一马的合称。高牙：牙，牙

旗。古代行军用象牙装饰旗杆的大旗，因其形较高大，所以称高牙。这里借指势位高的官员。

⑭图：动词，绘画。

⑮凤池：即凤凰池，旧指中书省衙门所在地，这里借指朝廷。“归去凤池”意指高升入朝。

八声甘州[①]

柳　永

对潇潇暮雨洒江天[②]，一番洗清秋。渐霜风凄紧，关河冷落，残照当楼。是处红衰翠减，苒苒物华休[③]。惟有长江水，无语东流。　　不忍登高临远，望故乡渺邈[④]，归思难收。叹年来踪迹，何事苦淹留？想佳人妆楼颙望[⑤]，误几回，天际识归舟。争知我[⑥]、倚阑干处，正恁凝愁[⑦]！

［注释］

①“八声甘州”：唐代曲名，后用为词牌。又名“甘州”、“潇潇雨”等。因上下阕八韵，故名“八声”，属慢词。双调九十七字，平韵。这首词是柳永抒写羁旅行役和怀念故乡、思恋情人的代表作品。

②潇潇：形容雨势急骤。

③苒苒（rǎn）：也作“冉冉”，渐渐地，慢慢地。物华：美好的景物。

④渺邈（miǎo）：遥远渺茫。

⑤颙（yóng）望：犹凝望，呆望。颙：仰着头不转动的样子。

⑥争：怎。

⑦恁（nèn）：如此，这样。

渔　家　傲[1]

范仲淹[2]

塞下秋来风景异[3]，衡阳雁去无留意[4]。四面边声连角起[5]，千嶂里，长烟落日孤城闭。　　浊酒一杯家万里，燕然未勒归无计[6]。羌管悠悠霜满地，人不寐，将军白发征夫泪。

［注释］

①“渔家傲”：词牌名。双调六十二字，仄韵。这首词为范仲淹于1040—1043年任陕西经略副使期间在西北军中所作。宋·魏泰《东轩笔录》卷十一载：“范文正公守边日，作《渔家傲》乐歌数阙，皆以‘塞下秋来’为首句，颇述镇边之劳苦。”

②范仲淹（989—1052）：北宋政治家、文学家，字希文，吴县（今江苏省苏州市）人。宋真宗大中祥符八年（1015）进士。仁宗天圣中任西溪盐官，泰州知州张纶从其议，修建捍海堰，使大量土地免除海潮之患。宝元三年（1040）西夏攻延州，他与韩琦同任陕西经略副使（边防军事副长官），改革军事，巩固了西北边防。其守边数年，羌人亲爱，呼为“龙图老子”，西夏以他“胸中自有数万甲兵”，不敢辄犯，有民歌赞他“西贼闻之惊破胆”。庆历三年（1043）任参知政事（副宰相），力主“厚农桑，减徭役，明黜陟”等革新主张，因守旧派吕夷简等人反对，未能实现。出为陕西四路宣抚使，后卒于赴颍州途中，谥文正。其诗词散文均有相当成就。词传世仅五首，但善写边塞风光，意境拓新，风格明健，对苏、辛豪放词派有一定影响。有《范文正公集》。

③塞下：边境要塞。此指西北边境。

④衡阳：今湖南省衡阳市，旧城南有回雁峰，峰形似雁回旋，相传雁至此不再南飞。

⑤边声：边地悲凉之意。李陵《答苏武书》：“侧耳远听，胡笳互动，牧马悲鸣，吟啸成群，边声四起。”

⑥燕然未勒：东汉车骑将军窦宪于和帝永元元年（89）率兵击败北匈奴单于，登燕然山，刻石纪功而还。事见《后汉书·窦宪传》。燕然：山名，即杭爱山，在今蒙古人民共和国境内。勒：刻。

江 城 子[①]

密州出猎

苏 轼[②]

老夫聊发少年狂[③]，左牵黄[④]，右擎苍[⑤]。锦帽貂裘[⑥]，千骑卷平冈[⑦]。为报倾城随太守[⑧]，亲射虎，看孙郎[⑨]。　酒酣胸胆尚开张[⑩]，鬓微霜[⑪]，又何妨！持节云中，何日遣冯唐[⑫]？会挽雕弓如满月[⑬]，西北望，射天狼[⑭]。

［注释］

①“江城子”：词牌名。双调70字，有平韵、仄韵两体。这首词写于宋神宗熙宁八年（1075）冬天，当时苏轼在密州（今山东诸城县）任知州。《东坡纪年录》云：“乙卯（1075）冬，祭常山回，与同僚习射放鹰作。”事后，便写下这首词。四年前，苏轼因与变法派意见不合，请求到外地任官。当时，辽和西夏骚扰北部边疆，胁迫宋王朝割让土地。作者仕途虽不得意，但关注政事，“虽废弃未忘为国家虑也”（《与滕达道书》）。写这首词表达自己愿赴边疆，保卫领土，打击敌人的爱国热情。此是苏轼最早的一首豪放词，开拓了词的题材。

②苏轼（1037—1101）：字子瞻，号东坡居士，眉州眉山（今四川眉山县）人。宋代著名文学家。先后任翰林学士、礼部侍郎等京官及杭州、密州等地方官。中年被贬黄州，又远谪惠州（今广东惠州市），晚年更贬儋州（今海南儋县）。宋徽宗即位，被赦北往，次年病逝于常州。苏轼博学多才，在诗、词、文、赋及书法、绘画等方面均有杰出的成就。他与父亲苏洵、弟弟苏辙，被后人称为“三苏”，都列入“唐宋八大家”。苏轼为豪放词派的创始人，对后世文学影响极深。有《东坡全集》、《东坡乐府》等。

③老夫：作者自称，他当时四十岁。聊：姑且，暂且。狂：狂放，此指少年的豪情壮志。

④黄：黄狗，猎狗。

⑤擎：托举着。苍：苍鹰，打猎用的猎鹰。《梁书·张充传》：“值充出猎，左手臂鹰，右手牵狗。”

⑥锦帽：锦缎帽子。貂裘：貂鼠皮衣。

⑦千骑（jì）：形容众多的骑马随从。这句写出猎队伍奔驰，其势如狂风卷地。

⑧为报：为我报知。倾城：全城的人。太守：作者自指。宋时知州的职权相当于汉时的太守，故称。

⑨孙郎：三国时吴国的孙权。据《三国志·吴志·孙权传》：“（建安）二十三年十月，

权将如吴，亲乘马射虎于庱亭（今江苏丹阳），马为虎所伤，权投以双戟，虎却废。”作者以孙权事自喻。

⑩酣：畅快。胸胆尚开张：胸怀更加开阔，胆气更加豪壮。

⑪霜：比喻头发变白。

⑫“持节”二句：据《史记·张释之冯唐列传》记载，汉文帝时，魏尚为云中太守。他爱惜士卒，优待军吏，一度匈奴进犯，魏尚亲自率车骑阻击，所杀甚众。因报功的文书上所载杀敌数与实际不符（多上报了六人），被削职。后经冯唐代为辩白，文帝即派冯唐持节前往赦免魏尚的罪，仍令担任云中太守。苏轼这时政治上不得意，故以魏尚自许，希望仍然得到朝廷的信任。节：符节。古代朝廷的使者所持的凭证。云中：汉郡名，包括今内蒙古自治区托克托县和山西省西北部分地区。

⑬会：含有要的意思。雕弓：雕有花纹的弓。如满月：弓形如半月，射时把弦尽量拉开，便成满月形。

⑭天狼：星宿名，古人认为此星主侵犯，如《楚辞·九歌·东君》：“举长矢兮射天狼。”这里比喻侵犯北宋的辽国与西夏。“射天狼”，表露出作者渴望卫国杀敌的壮志和决心。

江 城 子

乙卯正月二十日夜记梦[1]

苏 轼

十年生死两茫茫[2]。不思量，自难忘。千里孤坟[3]，无处话凄凉。纵使相逢应不识，尘满面，鬓如霜。　夜来幽梦忽还乡。小轩窗[4]，正梳妆。相顾无言，惟有泪千行。料得年年肠断处，明月夜，短松冈。

[注释]

①乙卯：宋神宗熙宁八年（1075）。苏轼时年四十岁，任密州知州，此词为悼念亡妻王弗所作。

②十年：苏轼的妻子王弗于宋英宗治平二年乙巳（1065）五月在开封去世。至作者作此词时刚好十年。

③孤坟：王弗去世次年归葬故乡四川眉山。

④轩：有窗槛的廊室。

水 龙 吟

次韵章质夫杨花词①

苏　轼

似花还似非花，也无人惜从教坠②。抛家傍路③，思量却是，无情有思④。萦损柔肠⑤，困酣娇眼⑥，欲开还闭。梦随风万里，寻郎去处，又还被莺呼起⑦。　　不恨此花飞尽，恨西园落红难缀。晓来雨过，遗踪何在？一池萍碎⑧。春色三分：二分尘土，一分流水⑨。细看来，不是杨花，点点是离人泪。

［注释］

①“水龙吟”：词牌名，又名“龙吟曲”、“小楼连苑”，双调一百零二字，仄韵。次韵：依照所和诗词的原韵及用韵的先后次序作诗填词，也称步韵。章质夫：章楶（jié），字质夫，与苏轼同在京师为官。杨花词：章质夫咏杨花（即柳絮）的词《水龙吟》，为当时名作。

②从：任，听凭。教：使，让。坠：飘零坠落。

③抛家傍路：喻杨花飘离枝头，坠落路边。

④思（sì）：思绪，意蕴。

⑤萦：缠绕，牵挂。

⑥眼：柳眼，即初生柳叶。

⑦“梦随”三句：化用唐人金昌绪《春怨》：“打起黄莺儿，莫教枝上啼。啼时惊妾梦，不得到辽西。”

⑧萍碎：作者原注：“杨花落水为浮萍，验之信然。”

⑨“春色”三句：春色，指杨花。意谓杨花原本占有三分春色，现大部分化作尘泥，小部分随水漂走。

附：

水龙吟

章质夫

燕忙莺懒芳残，正堤上柳花飘坠。轻飞乱舞，点画青林，全无才思。闲趁游丝，静临深院，日长门闭。傍珠帘散漫，垂垂欲下，依前被风扶起。

兰帐玉人睡觉，怪春衣雪沾琼缀。绣床渐满，香球无数，才圆却碎。时见蜂儿，仰粘轻粉，鱼吞池水。望章台路杳，金鞍游荡，有盈盈泪。

满 庭 芳①

秦 观②

山抹微云，天粘衰草③，画角声断谯门④。暂停征棹，聊共引离尊⑤。多少蓬莱旧事⑥，空回首、烟霭纷纷。斜阳外，寒鸦数点，流水绕孤村⑦。销魂⑧，当此际，香囊暗解⑨，罗带轻分⑩。谩赢得青楼，薄倖名存⑪。此去何时见也？襟袖上、空惹啼痕⑫。伤情处，高城望断，灯火已黄昏。

［注释］

①“满庭芳”：词牌名，又名“满庭霜”、“锁阳台”等，双调九十五字，平韵。秦观少负才气，诗文享誉，但入仕乏路，三十七岁始中进士。他漂游汴京、扬州、越州，曾与歌伎来往。这首词是作者于元丰二年（1079）作客会稽时为他眷恋的歌伎所作。

②秦观（1049—1100）：字少游，号淮海居士。扬州高邮（今属江苏）人。元丰八年（1085）进士。宋哲宗元祐年间，任秘书省正字兼国史院编修官等职。绍圣间历贬处州、郴州、雷州等地。宋徽宗立，复宣德郎，放还而卒于滕州途中。秦观为苏门四学士，深受苏轼赏识。其诗词多写恋情及身世之感，以词为胜，属婉约一派。有《淮海集》。

③粘：一作“连”，粘接，粘连。

④谯门：城上望远的楼。

⑤引：持，端。一作“饮”。尊：古代酒器。

⑥蓬莱旧事：指过往的恋情。宋代胡仔《苕溪渔隐丛话》引严有翼《艺苑雌黄》：“程公辟守会稽，少游客焉，馆之蓬莱阁。一日，席上有所悦，自尔眷眷不能忘情，因赋长短句。所谓‘多少蓬莱旧事，空回首、烟霭纷纷’也。”蓬莱阁：旧址在今绍兴市龙山下。一说秦观借东汉人习称洛阳东观（国家图书馆）为“蓬莱”之意，此处也指汴京的秘阁（宋代国家图书馆）。

⑦“寒鸦”二句：袭用隋炀帝杨广诗：“寒鸦飞数点，流水绕孤村。”数点：一作“万点”。

⑧销魂：也作“消魂”。形容离别时悲伤愁苦、神思茫然的情状。

⑨香囊：古时男子身上的装饰品。

⑩罗带：丝带。古人以结带象征相爱。

⑪“谩赢得”二句：谩：空。青楼：妓馆。薄倖：薄情。杜牧《遣怀》诗：“十年一觉扬州梦，赢得青楼薄倖名。”

⑫惹：一作“染”。

苏　幕　遮[1]

周邦彦[2]

燎沉香[3]，消溽暑[4]。鸟雀呼晴，侵晓窥檐语[5]。叶上初阳干宿雨[6]，水面清圆，一一风荷举。　　故乡遥，何日去？家住吴门[7]，久作长安旅[8]。五月渔郎相忆否？小楫轻舟，梦入芙蓉浦[9]。

[注释]

①“苏幕遮”：唐教坊曲名，后用为词牌，双调六十二字，仄韵。此词为周邦彦久客汴京夏日思乡念故所作。

②周邦彦（1056—1121）：字美成，号清真居士，钱塘（今浙江杭州）人。博涉群书，精通音律。宋神宗元丰初，游京师，因献《汴都赋》万余言，被擢为太学正。后长期任州县官职。至徽宗时为徽猷阁待制，提举大晟府，为朝廷制礼作乐。在审订、创新词调方面有所作为。其词多写艳情、羁旅，或感时、咏物，格律谨严，注重章法变化，追求典丽精工，流于雕琢。为后来格律派词人所宗。有《清真集》（又名《片玉词》）传世。

③燎：焚烧，燃烧。沉香：名贵熏香料。

④溽暑：潮湿炎热，指盛夏天气。

⑤侵：渐近。

⑥宿：隔夜，昨夜。

⑦吴门：苏州的别称，这里借指故乡。

⑧长安：汉唐时的京城，这里借指宋都汴京。

⑨芙蓉：莲（荷）的别称。浦：通溪、河、湖泊的水渠、水荡。

西　河[1]

金陵怀古

周邦彦

佳丽地[2]，南朝盛事谁记[3]？山围故国[4]，绕清江、髻鬟对起。怒涛寂寞打孤城，风樯遥度天际。　断崖树[5]，犹倒倚，莫愁艇子曾系[6]。空余旧迹，郁苍苍、雾沉半垒。夜深月过女墙来[7]，伤心东望淮水[8]。　酒旗戏鼓甚处市？[9]想依稀、王谢邻里，燕子不知何世，向寻常巷陌人家，相对如说兴亡，斜阳里[10]。

［**注释**］

①西河：《教坊记》曲名有《西河狮子》。三叠，一百零五字，仄韵。

②佳丽地：指金陵，今江苏南京市。谢朓《入朝曲》："江南佳丽地，金陵帝王州。"

③南朝：指建都金陵的吴、东晋、宋、齐、梁、陈。

④故国：指南朝故都金陵。

⑤断崖：临水的山崖。

⑥莫愁艇子：古乐府《莫愁乐》："莫愁在何处？莫愁石城西。艇子打两桨，催送莫愁来。"今南京水西门外有莫愁湖。

⑦女墙：城上的小墙。带有垛口或射孔，俗称城墙垛。

⑧淮水：指秦淮河。伤心：一作"赏心"，指赏心亭。《景定建康志》：赏心亭在城西下水门城上，下临秦淮，尽观览之胜。

⑨酒旗戏鼓：指酒楼、戏馆及繁华场所。

⑩王谢：指王导、谢安东晋时期的豪门大族。此二句化用刘禹锡《乌衣巷》："朱雀桥边野草花，乌衣巷口夕阳斜。旧时王谢堂前燕，飞入寻常百姓家。"

凤凰台上忆吹箫[①]

李清照[②]

香冷金猊[③]，被翻红浪，起来慵自梳头。任宝奁尘满[④]，日上帘钩。生怕离怀别苦，多少事、欲说还休。新来瘦，非干病酒[⑤]，不是悲秋。　休休[⑥]！这回去也，千万遍阳关[⑦]，也则难留。念武陵人远[⑧]，烟锁秦楼[⑨]。惟有楼前流水，应念我、终日凝眸[⑩]。凝眸处，从今又添，一段新愁。

[注释]

①“凤凰台上忆吹箫”：词牌名，又名“忆吹箫”，取萧史与弄玉吹箫引凤的传说为名。双调，九十五字，平韵。这首词是作者与丈夫赵明诚离别时所作，为前期词代表作之一。

②李清照（1084—约1151）：号易安居士，山东济南人，南北宋之交著名女作家。她工诗善文，尤长于词。其词以靖康之难为界分为前后期，前期词多写闺情相思，后期词表现国破家亡后的故土之思与身世之感。李清照词风婉约，工于造语，善于创意，有“易安体”之称。后人辑有《漱玉集》、《漱玉词》。

③金猊（ní）：狮形铜香炉。猊，即狻猊，狮子。

④宝奁：华贵的梳妆镜匣。

⑤非干：不关。

⑥休休：罢了，完了。

⑦阳关：原为地名，在今甘肃敦煌西南。这里指别离之曲。王维诗《送元二使安西》：“渭城朝雨浥轻尘，客舍青青柳色新。劝君更尽一杯酒，西出阳关无故人。”后人将此诗谱成离别的曲子，称《阳关曲》或《阳关三叠》。

⑧武陵人：用陶渊明《桃花源记》武陵（今湖南常德市）渔人误入桃花源的典故，借指远行的丈夫赵明诚。据作者《金石录后序》：赵曾“屏居乡里十年”，故有此喻。

⑨秦楼：相传萧史、弄玉居所。此指自己的住处。

⑩凝眸：凝神注视。

声 声 慢[1]

李清照

寻寻觅觅，冷冷清清，凄凄惨惨戚戚。乍暖还寒时候[2]，最难将息[3]。三杯两盏淡酒，怎敌他、晚来风急？雁过也，正伤心，却是旧时相识。　满地黄花堆积，憔悴损，如今有谁堪摘？守着窗儿，独自怎生得黑[4]？梧桐更兼细雨，到黄昏、点点滴滴。这次第[5]，怎一个愁字了得！

［注释］

①“声声慢”：词牌名，又名“胜胜慢”。双调九十七字或九十九字，有平韵、仄韵两体，仄韵例用入声。这首词是作者晚年流落江南时所作名篇之一。

②还（xuán）：迅速，立即。

③将息：调养，休息。

④怎生得黑：怎样挨到天黑。

⑤次第：当时的口语，意为情形，景况。

渔　家　傲[①]

李清照

天接云涛连晓雾，星河欲转千帆舞。仿佛梦魂归帝所[②]，闻天语[③]，殷勤问我归何处。　我报路长嗟日暮[④]，学诗谩有惊人句[⑤]。九万里风鹏正举[⑥]，风休住，蓬舟吹取三山去[⑦]。

［注释］

①“渔家傲”：词牌名，双调六十二字，仄韵。宋代黄昇《花庵词选》题作《记梦》。

②帝所：天帝的住所，犹天宫。

③天：指天帝。

④报：回答。嗟：感叹，叹息。《楚辞·离骚》：“欲少留此灵琐兮，日忽忽其将暮。……路曼曼其修远兮，吾将上下而求索。”

⑤谩：空，徒然。

⑥“九万里”句：喻指自己要像大鹏鸟乘风展翅高飞九万里。《庄子·逍遥游》：“鹏之背，不知其几千里也。怒而飞，其翼若垂天之云。……鹏之徙于南冥也，水击三千里，抟扶摇而上者九万里。”

⑦蓬舟：像蓬草一样轻快的小舟。三山：传说中东海有三神山，名曰蓬莱、方丈、瀛洲，仙人居之。

夜 游 宫[①]

记梦寄师伯浑[②]

陆 游

雪晓清笳乱起[③]。梦游处，不知何地。铁骑无声望似水[④]。想关河，雁门西[⑤]，青海际[⑥]。　　睡觉寒灯里[⑦]。漏声断[⑧]，月斜窗纸。自许封侯在万里[⑨]。有谁知，鬓虽残，心未死！

［注释］

①夜游宫：又名《新念别》，双调，五十七字，仄韵。为陆游从汉中回到四川后所作。

②师伯浑：名浑浦，字伯浑，四川眉山人，是陆游在蜀地结识的朋友，互有诗文寄赠。

③清笳：胡笳为古代军中的乐器，此指胡笳之声。

④无声：指骑兵衔枚前行。

⑤雁门：即雁门关，今山西省代县西北，为古代边防重地。

⑥青海：指青海湖，今青海省东北。

⑦睡觉（jué）：睡醒。

⑧漏声断：漏指漏壶，古代计时的器具。此句意为夜深。

⑨“封侯”句：《后汉书·班超传》载班超在西域立功被封为定远侯之事。陆游以班超自比。

钗头凤①

陆游

红酥手②，黄縢酒③，满城春色宫墙柳④。东风恶，欢情薄。一怀愁绪，几年离索⑤。错，错，错！　　春如旧，人空瘦，泪痕红浥鲛绡透⑥。桃花落，闲池阁。山盟虽在⑦，锦书难托⑧。莫，莫，莫⑨！

［注释］

①“钗头凤”：词牌名，相传原名“撷芳词”，因北宋政和年间宫中有撷芳园而名。至陆游因无名氏词有“可怜孤似钗头凤”句，改名“钗头凤”。又名“惜分钗”、“折红英”、“玉珑璁”等。双调六十字，仄韵，上下阕的末句各用三叠字。陆游初娶唐琬，彼此相爱，却因母亲逼迫而休弃。后陆游另娶，唐琬也改嫁赵士程。一次春游于绍兴禹迹寺南的沈园不期而遇。唐琬以酒款待，陆游不胜伤感，于园壁上题了这首词。

②酥：嫩滑，柔软。

③黄縢（téng）酒：一说即黄封酒，一种用黄纸封口的官酒；一说縢黄酒，“縢黄”指酒色。

④宫墙：绍兴原古代越国都城，宋高宗也曾以此为行都，故称“宫墙”。

⑤离索：离散，分居。

⑥红：指胭脂颜色。浥：湿。鲛绡：传说中鲛人所织的绡丝。也泛指薄纱、丝绸制的手帕。

⑦山盟：如山不可动摇的盟誓。

⑧锦书：对书信的雅称。

⑨莫：罢了，表示绝望、无奈。

摸　鱼　儿[1]

淳熙己亥自湖北漕移湖南，同官王正之置酒小山亭，为赋。

辛弃疾[2]

更能消几番风雨[3]，匆匆春又归去。惜春长怕花开早[4]，何况落红无数。春且住，见说道、天涯芳草无归路。怨春不语，算只有殷勤，画檐蛛网，尽日惹飞絮。　　长门事[5]，准拟佳期又误[6]。蛾眉曾有人妒[7]。千金纵买相如赋[8]，脉脉此情谁诉？君莫舞，君不见、玉环飞燕皆尘土[9]！闲愁最苦。休去倚危栏，斜阳正在、烟柳断肠处。

［注释］

①“摸鱼儿”：唐教坊曲名，后用为词牌，又名“摸鱼子”、“买陂塘”、“陂塘柳”等。双调一百一十六字，仄韵。淳熙己亥：宋孝宗淳熙六年（1179）。漕（cáo）：宋代称转运使为漕司，掌管财赋。移：调任。时作者由湖北转运副使调任湖南转运副使。同官：作者调任后由王正之接替其职，故称同官。王正之：名正己，字正之，明州（今浙江宁波）人。

这首词也题作《暮春》、《晚春》。作者四十岁时作。借对晚春的感慨曲折地表达了由于国势衰残难以恢复的时局和遭谗受贬、壮志未酬的个人厄运，内心充满幽怨激愤之情。

②辛弃疾（1140—1207）：字幼安，号稼轩，历城（今山东济南）人。出生于宋朝南渡之后，从小经受金人铁蹄蹂躏的痛苦，立志抗金报国。二十二岁参加耿京领导的抗金义军。后渡江归宋，长期不受信任和重用，屡遭排斥，先后被迫闲居达二十年之久，但他始终不改北伐中原、复国雪耻的壮志。后致力于词作，继承苏轼的豪放词风并加以开拓，世称“苏辛”。现存词作六百二十多首，尤以爱国词为佳。他是南宋伟大的爱国词人。有《稼轩长短句》。

③消：经受，消受。

④长怕：常怕，总怕。

⑤长门事：指汉武帝时陈皇后遭嫉失宠，幽居长门宫的故事。长门：汉宫殿名。

⑥准拟佳期：指汉武帝预先约定与陈皇后相见的好日子。

⑦蛾眉：泛指美女，此指陈皇后。《楚辞·离骚》：“众女嫉余之蛾眉兮，谣诼谓余以善淫。”

⑧“千金”句：陈皇后听说司马相如善写辞赋，就奉送黄金百斤，请司马相如写了长赋献给汉武帝，希望重得宠幸。

⑨玉环：指唐玄宗宠妃杨玉环，安史之乱中在马嵬坡被赐死。飞燕：汉成帝宠爱的赵皇后，后被废为庶人，自杀身亡。

青 玉 案①

元 夕

辛弃疾

东风夜放花千树②，更吹落，星如雨③。宝马雕车香满路④。凤箫声动⑤，玉壶光转⑥，一夜鱼龙舞⑦。　　蛾儿雪柳黄金缕⑧，笑语盈盈暗香去⑨。众里寻他千百度，蓦然回首⑩，那人却在、灯火阑珊处⑪。

［注释］

①“青玉案”：词牌名。取义于东汉张衡《四愁诗》“何以报之青玉案”句。双调六十七字，仄韵。宋词此调常依贺铸《青玉案》（凌波不过横塘路）一首，字数句法稍有参差，又名“横塘路”。元夕：元宵节之夜。

这首词大约写于宋孝宗乾道六年至八年（1170—1172）或淳熙二年（1175）作者在临安（今杭州）任职期间。其时，南宋朝廷偏安一隅，临安已自繁华。元宵灯节，倾城冶游。词中描写这种表面繁华、歌舞升平的盛况，突出了“灯火阑珊处”、“那人”的孤寂独立的形象。梁启超称此词：“自怜幽独，伤心中别有怀抱。”（清·梁令娴《艺蘅馆词选》引语）

②花千树：灯火繁多如千树花开。

③星如雨：满天焰火如下流星雨。一说以星比喻灯。吴自牧《梦粱录·元宵》：“诸营班院于法不得与夜游，各以竹竿出灯球于半空，远睹若飞星。”

④宝马雕车：装饰华美的骏马和彩车。

⑤凤箫：箫的美称。相传萧史和弄玉住凤台，善吹箫引凤，故称。

⑥玉壶：指一种精美的灯。周密《武林旧事·元夕》：“灯之品极多，每以苏灯为最。……其后福建所进，则纯用白玉，晃耀夺目，如清冰玉壶，爽彻心目。”又一说“玉壶”比喻月亮，与“光转”喻时间的推移。

⑦鱼龙：指鱼形、龙形的灯。鱼龙舞：指百戏节目表演。

⑧蛾儿、雪柳、黄金缕：皆其时妇女佩戴的装饰品。周密《武林旧事·元夕》：“元夕节物，妇人皆戴珠翠、闹蛾、玉梅、雪柳……”

⑨盈盈：仪态美好貌。暗香：幽香。

⑩蓦（mò）然：忽然。

⑪阑珊：稀疏、冷落；将残、将尽。

贺　新　郎①

同父见和，再用韵答之。

辛弃疾

老大那堪说。似而今，元龙臭味②，孟公瓜葛③。我病君来高歌饮，惊散楼头飞雪。笑富贵千钧如发④。硬语盘空谁来听⑤？记当时，只有西窗月。重进酒，换鸣瑟。　　事无两样人心别。问渠侬⑥：神州毕竟，几番离合？汗血盐车无人顾⑦，千里空收骏骨⑧。正目断、关河路绝⑨。我最怜君中宵舞⑩，道男儿到死心如铁。看试手，补天裂⑪。

[注释]

①“贺新郎”：词牌名，又名“贺新凉”、“乳燕飞”、“金缕曲”等。双调一百一十六字，仄韵。同父：即陈亮，字同甫，也作“同父”。南宋思想家、文学家。为人才气超迈，却终未为官。力主抗金，反对“和议”。为辛弃疾挚友。宋孝宗淳熙十五年（1188）冬，辛弃疾落职闲居上饶，陈亮到访十日。两人“憩鹅湖（山名，在今江西省铅山东北）之清阴，酌瓢泉而共饮，长歌相答，极论世事”。（见辛弃疾《祭陈同甫文》）别后稼轩作《贺新郎》（把酒长亭说）一首寄陈亮，不久收到陈亮的答和词《贺新郎·寄辛幼安和见怀韵》。第二年春天，作者又用前韵写了这首词答赠陈亮，再次抒写了与陈亮志同道合，坚持抗敌、恢复与统一祖国的坚定信念。

②元龙：陈登，字元龙，三国下邳（今江苏邳州）人，为人性格豪爽。臭（xiù）味：气味，气质。

③孟公：陈遵，字孟公，西汉杜陵（今陕西西安东南）人，为人放纵好客。瓜葛：喻关系，牵连。

④“笑富贵”一句：意思是，可笑世人将富贵荣华看作千钧之重，而我辈看来不过一根毛发罢了。钧：古代重量单位，三十斤为一钧。

⑤硬语：指不合时宜的言论文章。韩愈《荐士》诗：“横空盘硬语，妥贴力排奡。”

⑥渠侬：吴方言，即他。《通俗编·称谓》：“吴俗自称我侬，指他人亦曰渠侬。”

⑦汗血盐车：良马被用来拉笨重的盐车。汗血：西域大宛产的一种良马。相传日行千里，其汗颜色如血，从前肩膊流出，故名。

⑧“千里句”：《战国策·燕策》载有古之国君重金买骏骨求贤的故事。此处反用其意，谓眼下骏马被折磨或弃置都不予顾惜，而不远千里去收买骏马的尸骨，实属徒劳。

⑨目断：望断，看不见。关河：山河。

⑩怜：爱。中宵舞：《晋书·祖逖传》："逖与司空刘琨俱为司州主簿，情好绸缪，共被同寝。中夜，闻荒鸡鸣，蹴琨觉曰：'此非恶声也'，因起舞。"中宵：半夜，中夜。

⑪补天裂：古代传说中有女娲氏炼石补天的故事。

附：

贺新郎·寄辛幼安和见怀韵

陈亮

老去凭谁说？看几番，神奇臭腐，夏裘冬葛。父老长安今馀几，后死无仇可雪。犹未燥当时生发。二十五弦多少恨，算世间，那有平分月！胡妇弄，汉宫瑟。　树犹如此堪重别，只使君，从来与我，话头多合。行矣置之无足问，谁换妍皮痴骨。但莫使伯牙弦绝。九转丹砂牢拾取，管精金，只是寻常铁。龙共虎，应声裂。

暗　香[①]

姜　夔[②]

旧时月色，算几番照我，梅边吹笛。唤起玉人[③]，不管清寒与攀摘[④]。何逊而今渐老[⑤]，都忘却春风词笔。但怪得竹外疏花，香冷入瑶席[⑥]。　　江国[⑦]，正寂寂。叹寄与路遥，夜雪初积。翠尊易泣[⑧]，红萼无言耿相忆[⑨]。长记曾携手处，千树压、西湖寒碧[⑩]。又片片吹尽也，几时见得？

［注释］

①“暗香”：词牌名，与“疏影”均为南宋姜夔新创的词牌。姜夔自制曲，于宋光宗绍熙二年（1191）作了二首新词曲赠范成大（即石湖居士），范令歌伎习唱，词调则并名“暗香”、“疏影”。两首皆为咏梅之作。“暗香”原有小序：“辛亥之冬，予载雪诣石湖。止既月，授简索句，且征新声。作此两曲。石湖把玩不已，使工妓隶习之，音节谐婉，乃名之曰‘暗香’、‘疏影’。”即记上述情事。

②姜夔（约1155—约1221）：字尧章，号白石道人，鄱阳（今江西鄱阳县）人。一生布衣，寓居、客游于鄂、湘、赣、皖、苏、浙之间，常与诗人词客交往，漂泊困顿。姜夔多才多艺，是诗人、词人兼音乐家、书法家，以词尤佳，成为南宋词坛上“清空”词派的代表。词集有《白石道人歌曲》，其中十七首自注明工尺谱，是研究宋词乐谱的重要文献。另有《白石道人诗集》、《诗说》、《绛帖平》、《续书谱》等。

③玉人：美丽的女子。贺铸《浣溪沙》：“玉人和月摘梅花。”

④与：相与，一起。

⑤何逊：字仲言，南朝梁代诗人。有《何水部集》。早年为南平王萧伟的记室，在扬州有《咏早梅》诗。故杜甫《和裴迪登蜀州东亭送客逢早梅相忆见寄》诗中有“东阁官梅动诗兴，还如何逊在扬州”句。

⑥瑶席：席坐的美称。

⑦江国：江水的一方。国：此指一个地域，犹“方”。如王维《相思》诗：“红豆生南国”。

⑧翠尊：翠绿色的酒杯，也指酒。易：止不住。

⑨耿：耿耿。形容不能忘情，心绪不宁。

⑩“千树”句：意谓千万株梅花满山开放，紧连着西湖清寒碧绿的水边。千树：宋时杭州西湖的孤山梅花成林，故言“千树”。压：迫近，贴紧。形容满山梅花盛开临接湖水的气势。

虞 美 人[①]

听 雨

蒋 捷[②]

少年听雨歌楼上，红烛昏罗帐。壮年听雨客舟中，江阔云低，断雁叫西风[③]。 而今听雨僧庐下，鬓已星星也[④]。悲欢离合总无情[⑤]，一任阶前点滴到天明。[⑥]

[注释]

①“虞美人”：唐教坊曲名，后用为词牌。取名于项羽宠姬虞美人。又名“玉壶冰”、“一江春水”等。双调五十六字，上下阙均两仄韵转两平韵。这首词形象地概括了作者的生活历程，抒写忧患余生的感慨。

②蒋捷：南宋词人，生卒年不详。字胜欲，号竹山，阳羡（今江苏宜兴）人。宋末进士。宋亡，隐居竹山，终不出仕。有《竹山词》传世，存词九十多首。

③断雁：离群的孤雁。

④星星：形容鬓发花白。西晋左思的《白发赋》：“星星白发，生于鬓垂。”

⑤情：王闿运《湘绮楼词选》：“‘情’亦作‘凭’，较胜。”

⑥“一任”句：化用温庭筠《更漏子》：“梧桐树，三更雨。不道离情正苦。一叶叶，一声声，空阶滴到明。”

摸 鱼 儿

元好问①

乙丑岁，赴并州②，道逢捕雁者云："今旦获一雁，杀之矣。其脱网者悲鸣不能去，竟自投地死。"予因买得之，葬之汾水之上，累石为识③，号曰雁丘。时同行者多为赋诗，予亦有《雁丘辞》。旧所作无宫商④，今改定之。

问世间情是何物，直教生死相许？天南地北双飞客⑤，老翅几回寒暑。欢乐趣，离别苦、就中更有痴儿女。君应有语，渺万里层云，千山暮雪，只影向谁去？　　横汾路，寂寞当年箫鼓⑥，荒烟依旧平楚⑦。招魂楚些何嗟及⑧，山鬼暗啼风雨⑨。天也妒，未信与、莺儿燕子俱黄土。千秋万古，为留待骚人，狂歌痛饮，来访雁丘处。

［注释］

①元好问（1190—1257）：字裕之，自号遗山山人，太原秀容（今山西忻县）人。长于诗文辞章。赵翼《题遗山诗》："国家不幸诗家幸，赋到沧桑句便工。"他的诗反映金元之际的社会现实，堪称"诗史"，诗风沉郁遒劲，雄奇奔放；词追苏辛，以豪放为主，也不乏刚柔相济之作；散文也有较高的成就，为金一代文学宗匠。今存《元遗山诗文集》、《元遗山乐府》、《中州集》、《续夷坚志》等著作。

②乙丑岁：指金章宗泰和五年（1205）；并州：古十二州之一，即今山西太原一带。

③为识：作标志。

④无宫商：不协音律。

⑤客：指雁。

⑥汾路：指葬雁处；横汾：横渡汾水。汉武帝《秋风辞》有"箫鼓鸣兮发棹歌"，"泛楼船兮济汾河，横中流兮扬素波"之句。

⑦平楚：大片树林。杨慎《升庵诗话》卷二云："楚，丛木也，登高望远，见木杪如平地，故云平楚，犹《诗》所谓平林也。"

⑧"招魂"句：招魂楚些：《楚辞·招魂》篇句尾用"些"（音 suò），楚地旧俗，凡禁咒的句尾用"些"字。"些"，语助词。何嗟及：即嗟何及。

⑨化用《楚辞·九歌·山鬼》："杳冥冥兮羌昼晦，东风飘兮神灵雨"之句。

点 绛 唇[①]

春日风雨有感

陈子龙[②]

满眼韶华[③]，东风惯是吹红去。几番烟雾[④]，只有花难护。　梦里相思，故国王孙路。春无主[⑤]，杜鹃啼处，泪染胭脂雨。

[注释]

①点绛唇：又名《点樱桃》、《沙头雨》、《寻瑶草》等，双调，四十一字，仄韵。

②陈子龙（1608—1647）：字卧子，松江华亭（今上海市松江）人。明末著名文学家，诗赋文辞俱佳。龙渝生《近三百年名家词选》："词学衰于明代，到子龙出，宗风大振，遂开三百年来词学中兴之盛。"有《陈忠裕全集》，后附"诗余一卷"。

③韶华：美好的时光，此指春色。

④烟雾：春雨之景。

⑤春无主：象征国家灭亡。

临　江　仙[①]

杨　慎[②]

《廿一史弹词》第三段说秦汉开场词[③]

滚滚长江东逝水，浪花淘尽英雄[④]。是非成败转头空，青山依旧在，几度夕阳红。　　白发渔樵江渚上[⑤]，惯看秋月春风。一壶浊酒喜相逢，古今多少事，都付笑谈中。

[注释]

①临江仙：又称《雁后归》、《鸳鸯梦》、《庭院深深》，双调，六十字，平韵。

②杨慎（1488—1559）：字用修，号升庵，明朝新都（今属四川）人。能诗、文、词及散曲，有《升庵集》传世。

③《廿一史弹词》：杨慎作的长篇弹词，取材于正史所记的事迹，以浅近的文言写成。唱文均十字句，后再系以诗、词或曲。

④“滚滚”句：化用杜甫诗“不尽长江滚滚来”及苏轼词“大江东去，浪淘尽，千古风流人物”。

⑤江渚：江边。渚：水中的陆地。

蝶恋花[①]

纳兰性德[②]

辛苦最怜天上月。一昔如环[③]，昔昔长成玦[④]。若似月轮终皎洁，不辞冰雪为卿热。　　无那尘缘容易绝[⑤]，燕子依然，软踏帘钩说。唱罢秋坟愁未歇[⑥]，春丛认取双栖蝶。[⑦]

［注释］

①蝶恋花，又称《思越人》、《思佳客》、《剪朝霞》、《醉梅花》，双调，五十五字。这是一首悼念亡妻的词，作者在《沁园春》一词序中写："丁巳重阳前三日，梦亡妇淡妆素服，执手哽咽，语多不复能记，但临别有云：'衔恨愿为天上月，年年犹得向郎圆。'"词的开篇由此引出。

②纳兰性德（1654—1685）：原名成德，字容若，号楞伽山人，清满洲正黄旗人，善骑射，好读书，性善侠。作词主情致，工小令。词风清新婉丽，真挚自然。有《通志堂集》、《纳兰词》，存词近350首。

③昔：同"夕"。

④玦（jué）：玉器，半环形，有缺口。

⑤无那：无奈。尘缘："尘"，尘世；"缘"，缘分。此指生命。

⑥唱罢秋坟：见李贺《秋来》："秋坟鬼唱鲍家诗，恨血千年土中碧。"

⑦"春丛"句，化用梁山伯、祝英台死后化蝶，韩凭夫妇化为相思树上向鸣的鸳鸯的故事。

鹧 鸪 天[1]

秋 瑾[2]

祖国沉沦感不禁，闲来海外觅知音[3]。金瓯已缺总须补[4]，为国牺牲敢惜身？　嗟险阻，叹飘零。关山万里作雄行。休言女子非英物，夜夜龙泉壁上鸣。[5]

［注释］

①鹧鸪天：又名《思越人》、《剪朝霞》、《醉梅花》。双调，五十五字，平韵。

②秋瑾（1877—1907）：字璿卿，别号竞雄，又号鉴湖女侠。浙江山阴（今绍兴）人。1904年东渡日本留学，次年加入光复会和同盟会。1906年回国任教，1907年组织光复军，与徐锡麟等谋划起义，事泄被捕，英勇就义。工诗词，多感怀家国，格调慷慨豪壮。有《秋瑾集》。

③海外：指日本。

④金瓯：原指盛酒的器皿，此借指国土。

⑤龙泉：宝剑名，晋王嘉《拾遗记》读及颛顼帝之剑常于匣中作龙虎吟。

蝶恋花

王国维[①]

百尺朱楼临大道，楼外轻雷[②]，不问昏和晓。独倚阑干人窈窕，闲中数尽行人小。　　一霎车尘生树杪[③]，陌上楼头，都向尘中老。薄晚西风吹雨到[④]，明朝又是伤流潦[⑤]。

[注释]

①王国维（1877—1927）：字静安，又一字伯隅，号观堂，浙江海宁人。早年向往西学，深受叔本华及尼采哲学思想的影响。在词曲、史学、文字学、音韵学等领域均有极高的造诣，著有《宋元戏曲考》、《人间词话》、《观堂长短句》、《海宁王静安先生遗书》等。

②轻雷：指车声。

③树杪（miǎo）：树梢。

④薄晚：时近傍晚。

⑤流潦：路上的水。

虞　美　人

枕　上①

毛泽东

一九二一年

堆来枕上愁何状，江海翻波浪。夜长天色总难明，寂寞披衣起坐数寒星。

晓来百念都灰烬，剩有离人影②。一钩残月向西流，对此不抛泪眼也无由。

［注释］

①虞美人，词牌名，又名《虞美人令》、《玉壶冰》、《忆柳曲》、《一江春水》，双调，五十六字；《枕上》，取首句中词为题。

此词发表于 1994 年 12 月 26 日《人民日报》。编者按："为纪念毛泽东同志诞辰 101 周年，特首次正式发表由中共中央文献研究室编辑校定的毛泽东诗词《虞美人 · 枕上》、《七律 · 洪都》。"选自公木《毛泽东诗词鉴赏》，长春出版社 1994 年版 1995 年 5 月第 4 次印刷《卜算子 · 咏梅》同。

②离人，指杨开慧。杨开慧（1901—1930），湖南长沙人，1920 年冬同毛泽东结婚，1921 年加入中国共产党，1930 年 11 月被反动派杀害。

卜 算 子[1]

咏 梅

毛泽东

一九六一年十二月

读陆游咏梅词，反其意而用之。

风雨送春归，飞雪迎春到。已是悬崖百丈冰，犹有花枝俏。　俏也不争春，只把春来报。待到山花烂漫时，她在丛中笑。

［注释］

①“卜算子”：词牌名，又名“百尺楼”、“眉峰碧”等，双调四十四字，仄韵。

附：

卜 算 子

咏 梅

陆 游

驿外断桥边，寂寞开无主。已是黄昏独自愁，更著风和雨。　无意苦争春，一任群芳妒。零落成泥碾作尘，只有香如故。

金　缕　曲[1]

周总理逝世周年感赋

赵朴初[2]

转瞬周年矣。念年前、伤心情景，谁能忘记？缓缓灵车经过路，万众号呼总理。泪尽也、赎公无计。人似川流花似海，天安门，尽足观民意。愁鬼蜮，喜魑魅。　　自古相业谁堪比？为人民、鞠躬尽瘁，死而后已。雪侮霜欺香益烈，功德长留天地。却身与、云飞无际。乱眼妖氛今净扫，笑蚍蜉、撼树谈何易。迎日出，看霞起。

［注释］

①金缕曲，本调原名《贺新郎》、《贺新凉》，双调，一百一十六字，仄韵。本词选自席金友《诗词基本知识》，内蒙古人民出版社，1980 年版。

②赵朴初（1907—2000）：汉族，安徽省安庆市太湖县人，诗人、作家、书法家、著名社会活动家、佛教人士。

双调·沉醉东风

秋　景[1]

卢　挚[2]

挂绝壁松枯倒倚[3]，落残霞孤鹜齐飞[4]。四围不尽山，一望无穷水，散西风满天秋意，夜静云帆月影低，载我在潇湘画里[5]。

[注释]

①这是元曲小令。“双调”为宫调名；“沉醉东风”为曲牌；“秋景”为曲题。选自任中敏、卢前编，陈龄彬注析《元曲三百首》，湖北人民出版社，1994 年版。乔吉的《水仙子·寻梅》同。

②卢挚（约 1241—1318 后）：字处道，一字莘老，号疏斋，河南颍州人。能诗善文，而真正确立他在文学史上地位的则是散曲。现存作品全为小令，隋树森《金元散曲》收录 120 首。

③“挂绝壁”句：化用李白《蜀道难》的“枯松倒挂倚绝壁”句。

④“落残霞”句：化用王勃《滕王阁序》的“落霞与孤鹜齐飞，秋水共长天一色”之意。

⑤潇湘画：宋代画家宋迪绘有《潇湘八景图》平远山水组画。

双调·水仙子

寻　梅

乔　吉[①]

冬前冬后几村庄，溪北溪南两履霜，树头树底孤山上[②]。冷风来何处香？忽相逢缟袂绡裳[③]。酒醒寒惊梦[④]，笛凄春断肠[⑤]，淡月昏黄[⑥]。

［注释］

①乔吉（1280？—1345），一名乔甫吉，字梦符，号笙鹤翁、惺惺道人。太原人。元代散曲家、杂剧作家。《全元散曲》录其小令209首，套数十套，是仅次于张可久的多产作家，现存杂剧有《两世姻缘》、《金钱记》、《扬州梦》三种。

②孤山：杭州西湖，山多梅花。

③缟袂绡裳：白绢衣袖，薄绸下衣，喻梅花。

④“酒醒”句：形容见梅花如痴如醉的情状。《龙城录》载：隋代赵师雄冬天傍晚经罗浮山，林舍中一淡妆素衣美女出迎，二人同到酒店饮酒，大醉醒来发现自己睡在白梅树下。原来所遇者是梅花仙子。

⑤“笛凄”句：化用宋连静女《武陵春》“笛里声声不忍听，浑是断肠声”。

⑥“淡月”句：化用宋林逋的“暗香浮动月昏黄”咏梅名句。

双调·夜行船[①]

秋　思

马致远[②]

【夜行船】百岁光阴一梦蝶[③]，重回首往事堪嗟。今日春来，明朝花谢。急罚盏夜阑灯灭[④]。

【乔木查】想秦宫汉阙，都做了衰草牛羊野。不恁么渔樵无话说[⑤]。纵荒坟横断碑，不辨龙蛇[⑥]。

【庆宣和】投至狐踪与兔穴，多少豪杰[⑦]。鼎足三分半腰里折[⑧]，知他是魏耶？晋耶？

【落梅风】天教你富，莫太奢。没多少好天良夜[⑨]。富家儿更做道你心似铁，争辜负了锦堂风月[⑩]。

【风入松】眼前红日又西斜，疾似下坡车。不争镜里添白雪[⑪]，上床与鞋履相别。休笑鸠巢计拙[⑫]，葫芦提一向装呆[⑬]。

【拨不断】利名竭，是非绝。红尘不向门前惹，绿树偏宜屋角遮，青山正补墙头缺，更那堪竹篱茅舍。

【离亭宴煞】蛩吟罢一觉才宁贴[⑭]，鸡鸣时万事无休歇。争名利何年是彻[⑮]？看密匝匝蚁排兵，乱纷纷蜂酿蜜，闹攘攘蝇争血。裴公绿野堂[⑯]，陶令白莲社[⑰]。爱秋来那些：和露摘黄花，带霜烹紫蟹，煮酒烧红叶。想人生有限杯，浑几个重阳节[⑱]？人问我顽童记者[⑲]：便北海探吾来，道东篱醉了也[⑳]。

［注释］

①［双调］夜行船：这是元曲套数。宫调属于双调，以【夜行船】这一曲牌为第一支曲子。本文是马致远套曲的代表作，被誉为“元人第一”。

②马致远，生卒年不详，号东篱，大都（今北京）人。早年曾热衷功名，但仕途不遇。中年漂泊20余年后，才做江浙行省务官。50多岁辞官隐居。他是“元曲四大家”之一。著有杂剧《汉宫秋》等15种。散曲内容多为写景、叹世、咏史、言情，思想倾向较为复杂，语言清俊，风格豪放，有“曲状元”之称。现存散曲约130余首，近人辑为《东篱乐府》一卷。

③“百岁”句：人生虚幻。《庄子·齐物论》：“昔者庄周梦为胡蝶，栩栩然胡蝶也，……俄然觉，则蘧蘧然周也。不知周之梦为胡蝶与，胡蝶之梦为周与？”

④“急罚”句：赶快行令罚酒，直到夜深灯残。罚盏：罚酒。夜阑：夜深，夜尽。

⑤“不恁（nèn）”句：如果历史上的朝代没有由盛到衰的变化，渔人樵夫就没有说话的材料了。不恁么：不这样。

⑥龙蛇：指碑上所刻的文字。

⑦“投至”二句：等到坟墓成为狐兔出没之所的时候，已不知消磨了多少豪杰。投至：等到。

⑧“鼎足”句：鼎足：魏、蜀、吴国并立，如鼎足三分。

⑨“没多”句：盛况难久，好景不常。此句一本作“不多时好天良夜”。

⑩“富家”二句：富人无论怎样精于算计，也难保终生宝贵，怎好辜负了眼前的生活享受？更做道：即使。锦堂：即锦昼堂，北宋宰相韩琦建于故乡安阳的建筑，取《汉书·项籍传》“富贵不归故乡，如衣锦夜行”之意。

⑪“不争”句：不只是鬓边添了白发。争：怎。“不争”句一本作“晓来清镜添白雪”。

⑫鸠巢计拙：相传斑鸠性拙，不会筑巢，借喜鹊巢产卵。因此“鸠占鹊巢”成为成语。

⑬葫芦提：糊涂之义。此为元曲中常用语。

⑭蛩（qióng）：蟋蟀。宁贴：舒服，惬意。

⑮彻：了结，到头。

⑯裴公绿野堂：裴度所建的绿野草堂。裴度在唐宪宗时官至宰相，并被封为晋国公。后因不满宦官擅权，退居洛阳午桥筑别墅“绿野草堂”，寄情山水，不问政事。

⑰陶令白莲社：指陶渊明隐居庐山之麓，与白莲社高贤交往。陶令：陶渊明曾仕为彭泽令。白莲社：东晋时，庐山东林寺高僧慧远发起组织，曾邀陶渊明参加，陶未去。

⑱浑：还有。重阳节：农历九月九日，有登高及饮酒赏菊的风俗。古以九为阳数，九月九，故称重阳。

⑲记者：记着。者，语助词。此句又作“嘱咐你个顽童记者”。

⑳“便北海”二句：北海：东汉末的北海太守孔融，生性好客。曾说：“座上客常满，樽中酒不空，平生愿足。”

南吕·一枝花[1]

湖上晚归

张可久[2]

【一枝花】长天落彩霞，远水涵秋镜[3]。花如人面红[4]，山似佛头青。生色围屏[5]。翠冷松云径，嫣然眉黛横[6]。但携将旖旎浓香，何必赋横斜疏影[7]。

【梁州】挽玉手留连锦英，据胡床指点银瓶[8]。素娥不嫁伤孤另[9]。想当年小小，问何处卿卿[10]？东坡才调，西子娉婷，总相宜千古留名[11]。吾二人此地私行，六一泉亭上诗成，三五夜花前月明[12]，十四弦指下风生。可憎，有情，捧红牙合和伊州令[13]。万籁寂，四山静，幽咽泉流水下声[14]。鹤怨猿惊。

【尾】岩阿禅窟鸣金磬，波底龙宫漾水晶[15]。夜气清，酒力醒，宝篆销，玉漏鸣[16]。笑归来仿佛二更，煞强似踏雪寻梅灞桥冷[17]。

［注释］

①［南吕］一枝花：南吕为宫调名，此为以南吕为宫调的套数："一枝花"为第一支曲子的曲牌。沈德符《顾曲杂言》："若散套，虽诸人皆有之，惟马东篱'百岁光阴'，张小山'长天落彩霞'为一时绝唱，其余皆不及也。"

② 张可久（约1274—约1348）：字伯远，号小山，庆元（今浙江宁波）人。张可久是元后期散曲的代表人物，风格典雅清丽，与前期的马致远并誉为"元曲双璧"。今本《小山乐府》收小令约850首，套数九套，散曲数量之多终元一代无出其右。

③"长天"句：化用初唐王勃《滕王阁序》："落霞与孤鹜齐飞，秋水共长天一色。"

④人面红：唐代崔护《题都城南庄》有"人面桃花相映红"之句。

⑤生色围屏：指图案色彩艳丽的屏风。生色：色彩鲜明有生气。唐李贺《秦宫诗》："内屋深屏生色画。"

⑥嫣然：美好。

⑦旖旎：本形容旗随风飘扬，此引申为体态婀娜。疏影：指梅花。林逋《梅花》："疏影横斜水清浅。"

⑧锦英：花团锦簇。据：依、靠。胡床：一种可以折叠的轻便坐具。银瓶：酒瓶。杜甫《少年行》：指点银瓶索酒尝。

⑨素娥：嫦娥的别称，也泛指月宫中的仙女。

⑩小小：苏小小，南齐时钱塘名妓。杭州有苏小小墓。白居易诗有"若能多情寻小

小”之句。卿卿：夫妻间的爱称，这里是对苏小小的昵称。

⑪才调：才情。西子：西施，喻比西湖。苏轼《饮湖上初晴后雨》：“欲把西湖比西子，淡妆浓抹总相宜。”

⑫三五夜：阴历十五夜晚。

⑬可憎：对恋人的昵称。元曲中常以“可憎”为“可爱”。红牙：歌唱时用来板眼节拍的牙板，用檀木制成，故称“红牙”。合和：齐唱。伊州令：词牌名。

⑭“幽咽泉”句：歌伎弹唱的动听乐曲。白居易《琵琶行》有“幽咽泉流水下滩”句。

⑮岩阿禅窟：山中僧人参禅的场所，泛指山中寺庙。金磬（qìng）：僧人参禅诵经时敲击的法器。漾水晶：月光映照的湖如同水晶般澄澈明净。

⑯宝篆：比喻熏香盘曲如同篆体字。

⑰煞强似：远胜似。寻梅：用孟浩然灞桥踏雪寻梅故事。

西厢记

拷红[1]

王实甫[2]

（夫人引徕[3]上，云）这几日窃见莺莺语言恍惚，神思加倍，腰肢体态，比向日不同。莫不做下来了么[4]？（徕云）前日晚夕，奶奶睡了，我见姐姐和红娘去后花园烧香，半晌不回来。我家去睡了。（夫人云）这桩事都在红娘身上。唤红娘来！（徕唤红科）（红云）哥哥，唤我怎么？（徕云）奶奶知道你和姐姐去花园里去，如今要打你哩！（红云）呀！小姐，你带累我也！小哥哥，你先去，我便来也。（红唤旦科）（红云）姐姐，事发了也。老夫人唤我哩，却怎了？（旦云）好姐姐遮盖咱！（红云）娘呵，你做的隐秀者[5]，我道你做下来也。（旦念）月圆便有阴云蔽，花发偏教急雨催。（红唱）

【越调】【斗鹌鹑】[6]则著你夜去明来，倒有个天长地久；不争你握雨携云，常使我提心在口[7]。你只合带月披星，谁着你停眠整宿？老夫人心数多，情性㑇[8]；使不着我巧语花言，将没做有。

【紫花儿序】老夫人猜那穷酸做了新婿，小姐做了娇妻，这小贱人做了牵头。俺小姐这些时春山低翠，秋水凝眸。别样的都休，试把你裙带儿拴，纽门儿扣，比着你旧时肥瘦；出落得精神，别样的风流。

（旦云）红娘，你到那里小心回话者！（红云）我到夫人处，必问："小贱人！（唱）

【金蕉叶】我着你但去处行监坐守，谁着你迤逗的胡行乱走？"若问着此一节呵如何诉休？我便索与他个"知情"的犯由[9]。

（红云）姐姐，你受责理当，我图什么来？（唱）

【调笑令】你绣帏里效绸缪，倒凤颠鸾百事有。我在窗儿外几曾轻咳嗽，立苍苔将绣鞋儿冰透。今日个嫩皮肤倒将粗棍抽，姐姐呵，俺这通殷勤的著甚来由？

（红云）姐姐在这里等者，我过去。说过呵，休欢喜；说不过，休烦恼[10]。（红见夫人科）（夫人云）小贱人，为甚么不跪下！你知罪么？（红跪云）红娘不知罪。（夫人云）你故自口强哩。若实说呵，饶你；若不实说呵，我直打死你这个贱人！谁着你和小姐花园里去来？（红云）不曾去，谁见来？（夫人云）欢郎见你去来，尚故自推哩。（打科）（红云）夫人休闪了手，且息怒停嗔，听红娘说：（唱）

【鬼三台】夜坐时停了针绣，共姐姐闲穷究，说张生哥哥病久。咱两个背着夫人，向书房问候。（夫人云）问候呵，他说什么？（红云）他说来，（唱）道"老夫人事已休，将恩变为仇，着小生半途喜变做忧。"他道："红娘你且先行，教小姐权时落后。"[11]

（夫人云）他是个女孩儿家，着他落后怎么！（红唱）

【秃厮儿】我只道神针法灸，谁承望燕侣莺俦。他两个经今月余则是一处宿，何须你一一问缘由！

【圣药王】他每不识忧[12]，不识愁，一双心意两相投。夫人得好休，便好休，这其间何必苦追求？常言道"女大不中留"。

（夫人云）这端事都是你个贱人。（红云）非是张生、小姐、红娘之罪，乃夫人之过也。（夫人云）这贱人倒指下我来，怎么是我之过？（红云）信者人之根本，"人而无信，不知其可也。大车无輗，小车无軏，其何以行之哉？"[13]当日军围普救，夫人所许退军者，以女妻之。张生非慕小姐颜色，岂肯区区建退军之策？兵退身安，夫人悔却前言，岂得不为失信乎？既然不肯成其事，只合酬之以金帛，令张生舍此而去。却不当留请张生于书院，使怨女旷夫[14]，各相早晚窥视，所以夫人有此一端。目下老夫人若不息其事，一来辱没相国家谱；二来张生日后名重天下，施恩于人，忍令反受其辱哉？使至官司，夫人亦得治家不严之罪。官司若推其详，亦知老夫人背义而忘恩，岂得为贤哉？红娘不敢自专，乞望夫人台鉴：莫若恕其小过，成就大事，捆之以去其污[15]，岂不为长便乎？（唱）

【麻郎儿】秀才是文章魁首，姐姐是仕女班头，一个通彻三教九流，一个晓尽描鸾刺绣。

【幺篇】世有、便休、罢手，大恩人怎做敌头？[16]起白马将军故友，斩飞虎叛贼草寇。

【络丝娘】不争和张解元参辰卯酉，便是与崔相国出乖弄丑。到底干连著自己骨肉，夫人索穷究。

（夫人云）这小贱人也道的是。我不合养了这个不肖之女。待经官呵，玷辱家门。罢罢！俺家无犯法之男，再婚之女，与了这厮罢。红娘，唤那贱人来！（红见旦云）且喜——姐姐！那棍子只是滴溜溜在我身上，吃我直说过了。我也怕不得许多。夫人如今唤你来，待成合亲事。（旦云）羞人答答的，怎么见夫人？（红云）娘跟前有甚么羞？（唱）

【小桃红】当日个月明才上柳梢头，却早人约黄昏后[17]。羞的我脑背后将牙儿衬着衫儿袖。猛凝眸，看时节只见鞋底尖儿瘦。一个恣情的不休，一个哑声儿厮耨[18]。呸！那其间可怎生不害半星儿羞？

（旦见夫人科）（夫人云）莺莺，我怎生抬举你来？今日做这等的勾当。则是我的孽障，待怨谁的是！我待经官来，辱没了你父亲，这等事不是俺相国人家的勾当。罢罢罢！谁似俺养女的不长进！红娘，书房里唤将那禽兽来！（红唤末科）（末云）小娘子，唤小生做什么？（红云）你的事发了也。如今夫人唤你来，将小姐配与你哩。小姐先招了也，你过去。（末云）小生惶恐，如何见老夫人？当初谁在老夫人行说来？（红云）休佯小心，过去便了。（唱）

【小桃红】既然泄漏怎干休？是我相投首[19]。俺家里陪酒陪茶倒搁就。你休愁，何须约定通媒媾？我弃了部署不收[20]，你原来"苗而不秀"。呸，你是个银样镴枪头[21]。

（末见夫人科）（夫人云）好秀才呵，岂不闻"非先王之德行不敢行。"[22]我待送你去官司里去来，恐辱没了俺家谱。我如今将莺莺与你为妻，只是俺三辈儿不招白衣女婿。你明日便上朝取应去，我与你养着媳妇。得官呵，来见我；驳落呵，休来见我。（红云）张生早则喜也。（唱）

【东原乐】相思事，一笔勾，早则展放从前眉儿皱，美爱幽欢恰动头。既能够，张生，你觑兀的般可喜娘庞儿也要人消受[23]。

（夫人云）明日收拾行装，安排果酒，请长老一同送张生到十里长亭去。（旦念）寄语西河堤畔柳，安排青眼[24]送行人。（同夫人下）（红唱）

【收尾】来时节画堂箫鼓鸣春昼，列著一对儿鸾交凤友。那其间才受你说媒红，方吃你谢亲酒。[25]

（并下）

［注释］

①《西厢记》：元代王实甫作。全剧故事原出于唐代元稹《莺莺传》，金代董解元改编为《西厢记诸宫调》，后才经王氏创作为杂剧。剧情写上京赶考书生张珙经河中府（今山西永济蒲州城），游普救寺，遇见正守丧的相国小姐崔莺莺后所发生的爱情故事。课文选自《中国戏剧选》（上），王起主编，人民文学出版社 1985 年版。此为第四本第二折，写夫人得知张、崔相爱而拷问红娘的情节，故示名"拷红"。

②王实甫：元代著名杂剧家，生卒年及行实未详。据元人钟嗣成《录鬼簿》等记载推知，其生活于元至顺元年（1330）以前。名信德，大都（今北京市）人。所作杂剧被著录的十三种，今存《西厢记》、《丽堂春》，另散见散曲和杂剧片断若干。

③徕：宋元俗语，指儿童、少年、哥儿。此为杂剧角色名，指莺莺的弟弟欢郎。

④做下来：指崔夫人猜想莺莺与张珙背地里欢会。

⑤隐秀：南朝梁·刘勰著《文心雕龙》卷八有《隐秀》篇，原指一种含蓄的美。此借指隐秘的事情。

⑥越调：古代戏曲音乐名词，宫调之一。古代七声为宫、商、角、徵（zhǐ）、羽、变徵、变宫，凡以宫为主构成的调式称宫，以其余六声之一为主构成的调式称调，统称宫调。据周德清《中原音韵》载，元北曲有十七宫调，越调即为其一。“斗鹌鹑”：曲牌名。以下各均为越调曲。元杂剧中每折戏联曲成套必须宫调相同，方式亦相对固定。这折戏全部唱段均由红娘主唱。

⑦则著：只叫，只让。倒：倒是。不争：表示只为或如果语气。在元杂剧中，以当时口语俗语入曲很常见。

⑧心数：心计。㑳（chōu）：固执，凶狠。

⑨迤（tuō）逗：勾引。索与：须与。犯由：罪过，罪状。

⑩说过：说赢。指到崔夫人处说理。

⑪权时：暂且。

⑫他每：他们。

⑬“人而无信”一段引文，见《论语·为政篇》。前面套牲口在车辕上的横木两端用以固定用的活动插销，分别叫輗（ní）和軏（yuè）。

⑭旷夫：鳏夫，男性老而无妻者。

⑮挼（ruó）：原义搓揉，宋元俗语，此指迁就，成就。挼之，迁就莺莺和张珙的婚姻。元曲中多挼就连用。污：指崔夫人不讲信用所致的坏名声。

⑯幺（yāo）篇：元杂剧术语。北曲中后面重复使用前一曲调，后面曲子不再标出所重复的曲调名，也类似于宋词中下阕音乐重复上阕所奏的乐曲的情形。世有：既然出现此事。世有、便休、罢手，六字三韵，被称为短柱体。此体式成为《麻郎儿·幺篇》定格。

⑰“月到柳梢头，人约黄昏后”为欧阳修词《生查子》句。此词又见朱淑真《断肠词》集。

⑱厮耨（nòu）：男女间调情之状。

⑲投首：投案自首，指已向崔夫人说过事情真相。

⑳部署：宋元时民间拳师。红娘自比拳师，不承担责任。

㉑镴（là）：铝铅合金，不坚硬，可供焊接金属用。

㉒“非先王之德”句：语见《孝经·卿、大夫章第四》。这一章强调封建社会里的高级官员必须穿戴合乎礼法规定的服饰，言论合乎礼法要求，日常行为符合封建礼法规范，才真正达到“法服、法言、德行”三者皆备，而“守其宗庙”的“孝”的标准。

㉓觑（qù）：窥看，小看。这里红娘以俏皮语打趣张生。兀的般：语气词，亦作兀的不。

㉔青眼：对喜爱的人所用的眼色。典出《晋书·阮籍传》。此借河堤畔的柳色送别张生。

㉕说媒红：宋元时习俗，成亲时酬谢媒人的花红钱钞。谢亲酒：婚后男方第三朝设宴敬岳父母和媒人。

牡 丹 亭

游 园[1]

汤显祖[2]

【商调引子】【绕地游】[3]（旦上）梦回莺啭，乱煞年光遍[4]。人立小庭深院。（贴）炷尽沉烟[5]，抛残绣线，恁今春关情似去年[6]？

【乌夜啼】（旦）晓来望断梅关，宿妆残[7]。（贴）你侧着宜春髻子[8]，恰凭栏。（旦）剪不断，理还乱[9]，闷无端。（贴）已吩咐催花莺燕借春看。（旦）春香，可曾叫人扫除花径？（贴）吩咐了。（旦）取镜台衣服来。（贴取镜台衣服上）云髻罢梳还对镜，罗衣欲换更添香。镜台衣服在此。（旦）好天气也。

【步步娇】（旦）袅晴丝吹来闲庭院，摇漾春如线[10]。停半晌，整花钿[11]，没揣菱花，偷人半面，迤逗的彩云偏[12]。（行介）步香闺怎便把全身现？

（贴）今日穿插的好。[13]

【醉扶归】（旦）你道翠生生出落的裙衫儿茜，艳晶晶花簪八宝填[14]，可知我常一生儿爱好是天然，恰三春好处无人见[15]。不提防沉鱼落雁鸟惊喧，则怕的羞花闭月花愁颤[16]。

（贴）早茶时了，请行。（行介[17]）你看：画廊金粉半零星，池馆苍苔一片青。踏草怕泥新绣袜，惜花疼煞小金铃[18]。

（旦）不到园林，怎知春色如许！

【皂罗袍】原来姹紫嫣红开遍，似这般都付与断井颓垣[19]。良辰美景奈何天，赏心乐事谁家院[20]！恁般景致，我老爷和奶奶再不提起。（合）朝飞暮卷，云霞翠轩；雨丝风片，烟波画船——锦屏人忒看的这韶光贱[21]！

（贴）是花都放了[22]，那牡丹还早。

【好姐姐】（旦）遍青山啼红了杜鹃[23]，荼蘼外烟丝醉软[24]。春香呵，牡丹虽好，他春归怎占的先！（贴）成对儿莺燕呵。（合）闲凝眄[25]，生生燕语明如剪，呖呖莺歌溜的圆[26]。

（旦）去罢。（贴）这园子委是观之不足也。（旦）提他怎的！（行介）

【隔尾】观之不足由他缱[27]，便赏遍了十二亭台是枉然。倒不如兴尽回家闲过遣[28]。

（作到介）（贴）开我西阁门，展我东阁床。瓶插映山紫，炉添沉水香[29]。小姐，你歇息片时，俺瞧老夫人去也。（下）（旦叹介）默地游春转，小试宜春面[30]。春呵，得和你两留连，春去如何遣？咳，恁般天气，好困人也。春香那里？（作左右瞧介）（又低首沉吟介）天呵，春色恼人，信有之乎？[31]常观诗词乐府，古之女子，因春感情，遇秋成恨，诚不谬矣。吾今年已二八，未逢折桂之夫[32]。忽慕春情，怎得蟾宫之客[33]？昔日韩夫人得遇于郎，张生偶逢崔氏[34]，曾有《题红记》、《崔徽传》二书[35]。此佳人才子，前以密约偷期，后皆得成秦晋[36]。（长叹介）吾生于宦族，长在名门，年已及笄[37]，不得早成佳配，诚为虚度青春。光阴如过隙耳，（泪介）可惜妾身颜色如花，岂料命如一叶乎！

【山坡羊】没乱里春情难遣[38]，蓦地里怀人幽怨。则为俺生小婵娟[39]，拣名门一例、一例里神仙眷。甚良缘，把青春抛的远！俺的睡情谁见？则索因循腼腆[40]，想幽梦谁边，和春光暗流转[41]。迁延，[42]这衷怀那处言！淹煎[43]，泼残生除问天[44]！

身子困乏了，且自隐几而眠[45]。（睡介）（以下写杜丽娘在梦中和书生柳梦梅于后花园幽会，后被母亲叫醒，是为“惊梦”，略）

［注释］

①“游园”：选自《牡丹亭》第十出前半部分，连同后半部分称为“游园惊梦”。《牡丹亭》全剧共五十五出，写杜丽娘和柳梦梅的爱情故事。主要情节：南安太守杜宝之女杜丽娘长期被父母关在房里，从师陈最良读书。有天在侍女春香陪同下私自来到后花园游玩，这才发现外面原来风光如此美好，不禁引起她虚度青春的伤春寂寞之感和对封建礼教束缚的强烈不满之情。游园后，睡梦中与书生柳梦梅幽会，此后就朝思暮想，一病不起，忧郁而终。其母按照她的遗愿，将她葬在后花园梅树之下，在她墓地修建梅花观。三年后，柳梦梅赴京赶考，借住在梅花观，梦中见到杜丽娘，丽娘嘱咐柳梦梅掘墓开棺。丽娘死而复生，两人结为夫妇。本文选自汤显祖《牡丹亭》，人民文学出版社，1963 年版。

②汤显祖（1550—1616）：字义仍，号若士，亦号海若，又称清远道人，明代中叶著名的戏剧家。江西临川（今江西抚州）人。中进士后，曾任南京太常寺博士、礼部主事等职。后因上书抨击朝政，触怒皇帝和权贵，被贬为广东徐闻县典史，两年后调任浙江遂昌知县。47 岁辞官归乡，从此隐居在家，潜心于戏剧创作，取得杰出成就。汤显祖在思想上崇尚真性情，反对假道学，反对对人性的束缚。在戏曲创作上，他主张以意趣神色为主，强调形式要为内容服务，着意于人物性格的刻画和情感的抒发。他创作的《牡丹亭》、《紫钗记》、《邯郸记》、《南柯记》合称“临川四梦”，其中以《牡丹亭》（又称《还魂记》）成就最高。有《玉茗堂全集》传世。

③［商调引子］：商调，戏曲宫调名。引子：南曲专用曲调，分为引子、过曲、尾声

三大类。凡生、旦等角色上场，一般先唱引子。

④乱煞年光遍：到处是撩动人心的春光。

⑤贴：贴旦的简称，次要的女角色，这里指杜丽娘的侍女春香。炷尽沉烟：香料烧尽。炷（zhù）：焚烧。沉烟：沉香，香料名。

⑥“恁今”句：恁（nèn）：如此，这么。关情：牵动人的情怀。

⑦“晓来”二句：望断：望尽，远望。梅关：江西靠近广东处有大庾岭，从宋代始，设有梅关。《牡丹亭》的故事发生地南安府，就在梅关附近。

⑧宜春髻子：相传古代女子在立春那天，剪彩绸作燕子形状，戴在发髻上，上写“宜春”二字。

⑨“剪不断”二句：形容空虚、寂寞、苦闷的心情。原语见南唐后主李煜《相见欢》词。

⑩“袅晴丝”二句：袅（niǎo）：形容细长柔软的东西随风飘动。晴丝：游丝，虫类吐出的丝缕在晴空中飘荡。摇漾：摇动荡漾（指春风）。

⑪花钿（diàn）：古代妇女两鬓边的装饰物。

⑫“没揣”三句：没揣：不在意。菱花：古时铜镜，背面铸有菱花，所以称菱花镜，常用菱花代指镜子。偷人半面：指（不在意）在镜子中照见了自己半个面容，有见容含羞的意思。迤（tuō）逗：挑逗。彩云：指女子美丽的头发。

⑬穿插：穿戴。

⑭“你道”二句：翠生生：色彩鲜艳。出落：显出，衬托。茜（qiàn）：红色。艳晶晶：光彩明亮。花簪八宝填：镶嵌着各种各样宝石的簪子。八宝：多种宝石。填：镶嵌。

⑮三春好处：比喻自己青春美貌。

⑯“不提防”二句：沉鱼落雁：形容女子美貌。典出《庄子·齐物论》：“毛嫱、丽姬，人之所美也；鱼见之深入，鸟见之高飞。”意指美貌女子使鱼、鸟自愧不如。羞花闭月：意同“沉鱼落雁”。

⑰介：戏曲术语，表示动作。

⑱“惜花”句：据《开元天宝遗事》记载，唐玄宗之兄宁王很爱花，春天花开时怕被鸟雀啄坏，便用红丝绳将小金铃系在花枝上，有鸟雀飞来，牵动小金铃发出响声，把鸟雀驱赶走。

⑲“原来”二句：姹（chà）紫嫣（yān）红：形容鲜花盛开，万紫千红，绚丽娇艳美景。断井颓垣：枯竭的废井，倒塌的院墙。

⑳“良辰”二句：是写杜丽娘感叹这大好春光，美丽景色却无人欣赏，而赏心悦目的乐事自己却得不到，因此觉得怅惘若失。语出谢灵运《拟魏太子邺中集诗序》：“天下良辰美景，赏心乐事，四者难并。”

㉑“朝飞”五句：朝飞暮卷，化用唐代王勃《滕王阁诗》：“画栋朝飞南浦云，珠帘暮卷西山雨”，“云霞翠轩”，均用来形容花园里楼台亭阁高而华丽。雨丝风片：细雨微风。锦屏人：被隔绝、隔离人间置身于画屏里的人，指幽居深闺中的女子。忒（tuī）：太。韶光：春光。

㉒是花：所有的花。

㉓啼红了杜鹃：杜鹃花盛开。借用民间传说杜鹃鸟为古蜀国帝王杜宇魂魄所化，每到春天，昼夜悲啼不止，直至口中滴血，也称子规鸟。

㉔荼蘼（túmí）：蔷薇科落木灌木，晚春开花，花白色。

㉕凝眄（miǎn）：凝视，注视。

㉖“生生”二句：生生：是形容燕子飞时轻快灵活的样子。剪：燕子羽毛张开像剪刀一样。“语”字似应为“羽”的假借。此句写鸟的形态与下句写鸟的声音相对，这样便可解通。如果将此句的“语”字直解为鸟儿鸣叫，则与下句意思重复。呖呖：形容莺的柔美叫声。溜的圆：形容叫声圆润婉转。

㉗缱（qiǎn）：留恋，缠绵。

㉘过遣：打发时光。

㉙“瓶插”二句：映山紫：形似杜鹃花，但花开较迟，花色红紫。沉水香：即沉香，一种香料。

㉚默地：指背着长辈。宜春面：指新妆，头上梳起宜春髻。

㉛信：确实。

㉜折桂：比喻科举及第。

㉝蟾宫：月宫。传说月中有蟾蜍有桂树。此句和上句意思相同，“蟾宫折桂”代指科举及第之士。

㉞“昔日”二句：韩夫人得遇于郎：唐人传奇小说《流红记》说唐僖宗时，宫女韩氏以红叶题诗，从御沟中流出，被书生于祐拾到，于祐也以红叶题诗，投于御沟上游，流入宫中，恰为韩氏拾到。两人终结为夫妇。张生偶逢崔氏：唐传奇小说《会真记》说张生和崔莺莺的故事，后来改编成元杂剧《西厢记》。

㉟《题红记》：明代传奇，王骥德根据唐传奇《流红记》故事写成。《崔徽传》疑为《会真记》或《西厢记》之误。《崔徽传》写妓女崔徽与斐敬中相爱的故事，似与本篇上、下文无关。

㊱“前以”二句：偷期：幽会。秦晋：原来春秋时，秦、晋两国世代联姻，后来即用秦晋代指联姻。

㊲及笄（jī）：古代女子15岁开始以笄（簪子）束发，叫及笄，表示已经到了婚配的年龄。

㊳没（mò）乱里：形容心情烦乱。

㊴婵娟：形容姿容美好。

㊵腼腆（miǎntiǎn）：因害羞而神情不自然。索：须，要。

㊶流转：消逝。

㊷迁延：时光慢慢流逝。

㊸淹煎：受熬煎、遭折磨的意思。

㊹泼：表示厌恶的语气。

㊺隐几：靠着几案。

郑伯克段于鄢[1]

《左传》[2]

初，郑武公娶于申，曰武姜[3]，生庄公及共叔段[4]。庄公寤生[5]，惊姜氏，故名曰寤生。遂恶之。爱共叔段，欲立之。亟请于武公，公弗许。

及庄公即位，为之请制[6]。公曰："制，岩邑也[7]。虢叔死焉，他邑唯命[8]。"请京[9]，使居之，谓之京城大叔。

祭仲曰[10]："都城过百雉，国之害也。[11]先王之制，大都不过参国之一，中五之一，小九之一[12]。今京不度[13]，非制也。君将不堪。"公曰："姜氏欲之，焉辟害[14]！"对曰："姜氏何厌之有！不如早为之所。无使滋蔓。蔓，难图也。蔓草犹不可除，况君之宠弟乎！"[15]公曰："多行不义必自毙[16]。子姑待之。"

既而大叔命西鄙、北鄙贰于己[17]。公子吕曰[18]："国不堪贰，君将若之何？欲与大叔，臣请事之；若弗与，则请除之。无生民心。"公曰："无庸，将自及[19]。"大叔又收贰以为己邑，至于廪延[20]。子封曰："可矣，厚将得众[21]。"公曰："不义不昵，厚将崩[22]。"

大叔完聚，缮甲兵，具卒乘，将袭郑。[23]夫人将启之[24]。公闻其期，曰："可矣！"命子封帅车二百乘以伐京。京叛大叔段。段入于鄢[25]。公伐诸鄢。五月辛丑[26]，大叔出奔共。

书曰："郑伯克段于鄢。"[27]段不弟，故不言弟[28]；如二君，故曰克；称郑伯，讥失教也；谓之郑志，不言出奔，难之也。[29]

遂寘姜氏于城颍[30]，而誓之曰："不及黄泉，无相见也。"既而悔之。颍考叔[31]为颍谷封人，闻之，有献于公。公赐之食，食舍肉。公问之。对曰："小人有母，皆尝小人之食矣，未尝君之羹，请以遗之[32]。"公曰："尔有母遗，繄我独无[33]！"颍考叔曰："敢问何谓也？"公语之故，且告之悔。对曰："君何患焉！若阙地及泉，隧而相见，其谁曰不然？"公从之。公入而赋："大隧之中，其乐也融融！"姜出而赋："大隧之外，其乐也泄泄[34]！"遂为母子如初。

君子曰[35]：颍考叔，纯孝也。爱其母，施及庄公[36]。《诗》曰："孝子不匮，永锡尔类。"[37]其是之谓乎！

［注释］

①本文选自《十三经注疏·春秋左传正义·隐公元年》，阮元校刻，中华书局 1980 年

影印本。

②《左传》：又称《春秋左氏传》，是我国早期一部编年纪事体历史著作。全书的记载是从鲁隐公元年（前722）开始，终于鲁哀公十六年（前479），大约二百五十年间的历史。相传为鲁国史官左丘明所作。其中记叙了春秋时期各国间政治、经济、军事、外交和文化等史实，对此后我国文化传播和发展影响巨大。传世版本有《春秋左传正义》，晋杜预注，唐孔颖达疏。《左传》中传录了相传曾为孔子整理过的《春秋》一书的内容。课文内容即是对《春秋》卷一鲁隐公元年中“夏五月，郑伯克段于鄢”的史料的补充。

③郑武公：名掘突，在位二十六年（前770—前744）。郑为姬姓国，封地在今河南新郑一带。武是死后的谥号。申：姜姓国，约今河南南阳。武姜：武公夫人。

④庄公：继郑武公登位，在位四十三年（前743—前701）。共叔段：名段，庄公弟，称叔段。共：旧音gōng，平声。今河南辉县。

⑤寤：难产。

⑥制：古代军事要塞，原属东虢国，为郑武公所灭。又名成皋，或名虎牢，今河南汜水西。

⑦岩邑：聚居山岩地带的城邑。这里说的意思，制是坚固而险要的城邑，易守难攻的重镇。

⑧虢叔：东虢亡国前的国君。唯命：是“唯命是从”的省称。

⑨请：武姜为共叔段请求封地。京：当时郑国邑名，位今河南荥阳县。

⑩祭仲：名足。又称祭足、祭仲足，是郑伯属下一名将领。祭，音zhài。

⑪都：国内其他都城，后面说到的国是国都。都城：指都城的城墙。雉：古城墙计量单位，即高一丈，宽一丈，长三丈。百雉是周长，即三百丈的城墙。害：祸害。

⑫参国之一：国都城墙的周长的三分之一。参：同叁。

⑬不度：不符合先王和制度。

⑭辟：同避。

⑮厌（yàn）：满足。所：处所。宠弟：指庄公的亲弟叔段。

⑯毙：仆倒，败倒。

⑰既而：不久。鄙：边区，边地的都邑。贰：两属。

⑱公子吕：郑国的大夫，名子封。

⑲庸，同用。及：接近，达到。

⑳廪（lǐn）延：今河南延津县。

㉑厚：多，指土地广大。

㉒义：对国君忠心。昵：对兄弟亲爱。

㉓完：修治城郭使之完好。聚：聚集兵力。具：准备好。乘：兵车。照春秋兵制是，战车一辆，应部署甲士三人，另配备御者一人，或另有指挥长，叫一乘，按编制应于后面随步卒七十二人。袭：不宣而战。

㉔启：打开城门，指内应。

㉕鄢：今河南鄢陵县北。

㉖五月辛丑：该年五月二十三日。

㉗“书曰”以下一段为议论文字。书：写。指《春秋》一书上写着的内容。

㉘弟：第一个为意动词，像个弟弟的样。第二个弟为名词，弟弟。

㉙郑志：郑伯的原意。不言：指《春秋》经文未写出。奔：主动出走。难：责难。

㉚寘（zhì）：安置。城颍：今河南临颍县。

㉛颍考叔：受封于颍谷，今河南临颍县。

㉜遗（wèi）：馈赠。

㉝繄（yī）：句首语气词，表示疑问语气。

㉞泄泄（yìyì）：快乐的样子。

㉟君子曰：末段是本文作者的直接议论。

㊱施（yì）：延及，影响到。

㊲孝子不匮，永锡尔类：诗句引自《诗经·大雅·既醉》。匮（kuì）：匮乏，指孝子的孝道，此借喻为郑伯终于为母亲尽了孝道。锡：同赐，上天的赐予。

《论语》十则[1]

孔　子[2]

樊迟问仁[3]。子曰："爱人。"问知[4]，子曰："知人[5]。"樊迟未达[6]。子曰："举直错诸枉，能使枉者直。"[7]樊迟退，见子夏曰："向也吾见於夫子而问知，[8]子曰：'举直错诸枉，能使枉者直'，何谓也？"子夏曰："富哉言乎！舜有天下[9]，选于众，举皋陶[10]，不仁者远矣。汤有天下，选于众，举伊尹，不仁者远矣。[11]"（《颜渊》篇）

子贡问曰[12]："有一言而可以终身行之者乎？"子曰："其恕乎[13]？己所不欲，勿施于人。"（《卫灵公》篇）

子贡曰："如有博施于民而能济众，何如？可谓仁乎？"子曰："何事于仁[14]，必也圣乎！尧舜其犹病诸[15]；夫仁者己欲立而立人，己欲达而达人[16]。能近取譬，可谓仁之方也。"（《雍也》篇）

子曰："君子成人之美[17]，不成人之恶。小人反是。"（《颜渊》篇）

子曰："学而时习之，不亦说乎[18]？有朋自远方来，不亦说乎？人不知而不愠，不亦君子乎？"（《学而》篇）

子曰："君子食无求饱，居无求安，敏于事而慎于言，就有道而正焉，可谓好学也已。"（《学而》篇）

子曰："饭疏食，饮水，曲肱而枕之，乐亦在其中矣。[19]不义而富且贵，于我如浮云。"（《述而》篇）

子曰："德之不修，学之不讲，闻义不能徙[20]，不善不能改[21]，是吾忧也。"（《述而》篇）

子曰："富与贵，是人之所欲也；不以其道得之，不处也[22]。贫与贱，是人所恶也[23]；不以其道得之[24]，不去也。君子去仁[25]，恶乎成名[26]？君子无终食之间违仁[27]，造次必于是[28]，颠沛必于是[29]。"（《里仁》篇）

子曰："其身正，不令而行[30]；其身不正，虽令不从[31]。"（《子路》篇）

［注释］

①该十则语录选自《十三经注疏·论语注疏》，阮元校刻，中华书局1982年影印版。《论语》是一部将孔子生平重要言论编纂而成的语录体的散文著作，其中还有其门下弟子的言行记载。编辑成书约于春秋末期至战国初年。现存二十篇，主要内容论及哲学、政治、

教育、礼仪、文化制度等，集中体现孔子思想和儒家学说等。传世《论语注疏》魏何晏集解，宋代邢昺疏，清代阮元将其收入《十三经注疏》；和宋代朱熹集注，清人刘宝楠注疏和近人杨伯峻译注等。现存通行本各篇以开篇的重要词语为篇名。

②孔子（前551—前479）：名丘，字仲尼，鲁国陬邑（今山东曲阜）人。生活于春秋后期，开创了平民教育，创立儒家学派。《论语》中关于“仁”和礼制思想以及伦理、教育等论述，对秦汉以后历代封建王朝的社会文化影响深远。

③樊迟（前515—?）：姓樊，名须，字子迟，孔子弟子。仁：孔子提出的道德标准。

④知：同智。

⑤知人：了解别人，理解人。

⑥达：理解，明了。

⑦直：正直、率直的人。枉：邪恶的人。错：同措，安放，置于。

⑧子夏（前507—?）：姓卜，名商，字子夏，孔子门人。夫子：弟子门人对孔子的尊称。

⑨舜：名重华，字都君，传说中的上古时代的圣君，尧、舜是孔子理想中的治世楷模。

⑩皋陶（yáo）：舜的臣僚，以正直著称。

⑪汤：名履，庙号天乙，商开国之君，称武王，伐夏桀而平天下。伊尹：名阿衡，或名挚，任事持正，被汤举任国政。

⑫子贡（前520—?）：姓端木，名赐，字子贡。孔子弟子。

⑬恕：这是孔子思想中重要的理念，与“忠”相对，不以自己的意欲强加于人。

⑭事：只，仅仅是。

⑮病：以之为病，或不足。诸：“之乎”合音，作兼词用法。

⑯立：站得住，在社会上为人有建树。达：通达，办事行得通。孔子在回答子张问达时回答说：“夫达也者，质直而好义，察言而观色，虑以下人。在邦必达，在家必达。”（《颜渊》篇第十二）

⑰君子：有道德的人。

⑱说：同“悦”。

⑲疏食：粗粮。水：冷水。古代言“汤”指热水。曲肱（gōng）：弯起手臂。

⑳义：这里指正义的，合乎道理义理的事。徙：本义是迁移，这里指徙而从之，使自己的所作所为靠近义。

㉑不善：不好，指缺点、错误。

㉒处：接受。

㉓恶：厌恶，不喜欢。

㉔不以其道得之：意为不是因为本来贫贱而遭受贫贱。

㉕去：去掉。仁：仁爱。

㉖恶乎：何以能。

㉗终食之间：吃一顿饭的工夫。违：离开，离别。

㉘造次必于是：匆忙之间一定怀着仁德。造次：紧迫，匆忙。

㉙颠沛：跌倒，挫折。

㉚身：自身，指自身品德，行为。正：端正。行：施行。

㉛虽：即使。

有为神农之言者许行[1]

孟　子[2]

有为神农之言者许行，自楚之滕[3]，踵门而告文公曰："远方之人，闻君行仁政，愿受一廛而为氓。"[4]文公与之处。其徒数十人，皆衣褐，捆屦织席以为食。[5]

陈良[6]之徒陈相与其弟辛，负耒耜而自宋之滕，曰："闻君行圣人之政，是亦圣人也，愿为圣人氓。"

陈相见许行而大悦，尽弃其学而学焉。

陈相见孟子，道许行之言曰："滕君，则诚贤君也；虽然，未闻道也。贤者与民并耕而食，饔飧而治[7]。今也，滕有仓廪府库，则是厉民而以自养也[8]，恶得贤？"

孟子曰："许子必种粟而后食乎？"

曰："然。"

"许子必织布然后衣乎？"

曰："否，许子衣褐。"

"许子冠乎？"

曰："冠。"

曰："奚冠？"

曰："冠素。"[9]

曰："自织之与？"

曰："否，以粟易之。"

曰："许子奚为不自织？"

曰："害于耕。"

曰："许子以釜甑爨[10]，以铁耕乎？"

曰："然。"

"自为之与？"

曰："否，以粟易之。"

"以粟易械器者，不为厉陶冶；陶冶亦以其械器易粟者，岂为厉农夫哉？且许子何不为陶冶，舍皆取诸其宫中而用之[11]？何为纷纷然与百工交易？[12]何许子之不惮烦?”

曰:“百工之事,固不可耕且为也。”

“然则治天下独可耕且为与?有大人之事,有小人之事[13]。且一人之身而百工之所为备,如必自为而后用之,是率天下而路也[14]。故曰:或劳心,或劳力。劳心者治人,劳力者治于人;治于人者食人,治人者食于人:天下之通义也。

“当尧之时,天下犹未平,洪水横流,泛滥于天下;草木畅茂,禽兽繁殖,五谷不登,禽兽偪人,兽蹄鸟迹之道,交于中国。[15]尧独忧之,举舜而敷治焉[16]。舜使益掌火[17],益烈山泽而焚之,禽兽逃匿。禹疏九河,瀹济、漯,而注诸海;决汝、汉,排淮、泗,而注之江。[18]然后中国可得而食也。当是时也,禹八年于外,三过其门而不入,虽欲耕,得乎?

“后稷教民稼穑,树艺五谷,五谷熟而民人育。[19]人之有道也,饱食煖衣,逸居而无教,则近于禽兽。[20]圣人有忧之,使契为司徒,教以人伦[21]:父子有亲,君臣有义,夫妇有别,长幼有叙,朋友有信。放勋日劳之来之,匡之直之,辅之翼之,使自得之,又从而振德之。[22]圣人之忧民如此,而暇耕乎?

“尧以不得舜为己忧,舜以不得禹、皋陶为己忧。夫以百亩之不易为己忧者,农夫也。[23]分人以财谓之惠,教人以善谓之忠,为天下得人者谓之仁。是故以天下与人易,为天下得人难。孔子曰:‘大哉尧之为君!惟天为大,惟尧则之[24],荡荡乎民无能名焉。君哉舜也!巍巍乎有天下而不与焉!’尧、舜之治天下,岂无所用其心哉?亦不用于耕耳。

“吾闻用夏变夷者,未闻变于夷者也。[25]陈良,楚产也,悦周公、仲尼之道,北学于中国,北方之学者,未能或之先也[26]。彼所谓豪杰之士也。子之兄弟事之数十年,师死而遂倍之[27]。昔者孔子没,三年之外,门人治任将归[28]。入揖于子贡,相向而哭,皆失声,然后归。[29]子贡反,筑室于场,独居三年,然后归。[30]他日,子夏、子张、子游以有若似圣人,欲以所事孔子事之,强曾子。[31]曾子曰:‘不可,江、汉以濯之,秋阳以暴之,皓皓乎不可尚已!’[32]今也,南蛮鴃舌之人,非先王之道,子倍子之师而学之,亦异于曾子矣。[33]吾闻‘出于幽谷,迁于乔木’[34]者,未闻下乔木而入于幽谷者。《鲁颂》曰:‘戎狄是膺,荆舒是惩。’[35]周公方且膺之,子是之学,亦为不善变矣。”

“从许子之道,则市贾不贰[36],国中无伪;虽使五尺之童适市,莫之或欺。布帛长短同,则贾相若;麻缕、丝絮轻重同,则贾相若;五谷多寡同,则贾相若;屦大小同,则贾相若。”[37]

曰:“夫物之不齐,物之情也:或相倍蓰,或相什百,或相千万。[38]子比而同之,是乱天下也。巨屦小屦同,贾人岂为之哉?从许子之道,相率而为伪者也,恶能治国家?”

[注释]

①本文选自《十三经注疏·孟子注疏（滕文公章句上）》，阮元校刻，中华书局1980年影印版。

②孟子（约前372—前289）：名轲，战国时邹（今山东邹县）人，是鲁国贵族孟孙氏后人，受业于子思的门人，主张行王道，施仁政。曾先后离开邹游说于多个诸侯国，推行王道政治理想而不受任用。晚年聚徒讲学，与门人万章、公孙丑等著《孟子》七篇传世，成为孔子《论语》后儒家最重要的经典著作。

③为：研究。神农：上古以伏羲、神农、燧氏为三皇。神农以教民农耕，农家学派奉之为宗。许行：生平未详，战国时期研究和崇尚神农之学者。滕：诸侯国，今山东滕县西南。

④踵门：走上门来。文公：名宏，继承父滕定公登位。廛（chán）：古代一氓之家居地。

⑤褐（hè）：麻织的衣裳。捆（kǔn）：织布。屦（jù）：草鞋。

⑥陈良：楚国儒学家，生平未详。

⑦饔飧（yōng sūn）：早饭和晚饭。

⑧厉民：损害民众。厉：剥削。

⑨素：白色的绢，指未染色的生绢。

⑩釜（fǔ）：锅。甑（zèng）：古代蒸饭的瓦器，类似蒸笼。爨（cuàn）：烧火煮饭。

⑪舍：疑问词。

⑫百工：各种工匠。

⑬大人之事：统治者即劳心者所要做的事情。小人之事：指被统治者的农工商劳力者所要做的事情。

⑭率：带领。路：名词作动词，失其居而奔命于路上。

⑮尧：虞尧，相传为古代的圣君。登：成熟。偪：同“逼”。中国：中原一带。

⑯舜：虞舜，相传尧之后的圣君。尧举用舜，后禅位于舜。敷治：治理。

⑰益：舜的臣子。掌火：担任焚山泽以利刀耕事。

⑱禹：夏朝开国君主。因治水成功，舜将天下禅让于禹。瀹（yuè）：疏导，治理。济：济水，东流入海，今山东境内。漯：漯水，古代黄河支流，在济水之北，东入海。汝：汝水，东流入淮河。汉：汉水。淮：淮河。泗：泗水，淮河支流，在今苏北境内。

⑲后稷：舜时主管农耕的官员。稼穑：种植和收获庄稼。树：种植木本植物。艺：种植禾本谷物。

⑳人之有道：人应该有为人的道理。逸居：生活得安逸。

㉑契（xiè）：尧时任命为司徒官。人伦：人们在社会中的等级次序。

㉒放勋：放勋是尧的号。日：每天，经常。劳（lào）：教导使之勤劳。来（lài）：抚慰来归顺者。匡：改正。直：使其正直。辅：扶助。翼：保护。振：同“赈”。德：扬明德性。

㉓易：耕种好。

㉔则：以之为准则。

㉕用夏变夷：以中原先进文化去改变夷蛮。变于夷：为夷蛮所改变。

㉖悦：喜好。周公：名旦，辅助其兄周武王平天下。武王去世后，又辅助继位的周成王治天下。或之先：有人超过他。

㉗倍：背叛。

㉘治任：整理行装。任：担，指行装担子。

㉙子贡（前520—?）：姓端木，名赐，字子贡。是守丧弟子中声望最高的。失声：放声。

㉚反：同“返”。场：冢前的神道场，古人立神道碑的处所。

㉛子夏（前507—?）：姓卜，名商，名子夏。有若（前538—?）：姓有，名若，长相最像孔子。子张（前503—?）：姓颛，名孙师，字张。子游（前506—?）：姓言，名偃，字子游。曾子（前505—?）：姓曾，名参，字子兴。强：强迫。

㉜濯：洗。暴（pù）：同“曝”，晒过。皓皓：元气浩瀚。不可尚：不可比拟的高尚。

㉝鴂：伯劳鸟，指许行。非：批评，以之为非。

㉞出于幽谷，迁于乔木：见于《诗经·小雅·伐木》，借喻为向往儒学高尚。

㉟戎狄是膺，荆舒是惩：见于《诗经·鲁颂·閟宫》第五章。诗中记述鲁僖公曾随齐桓公伐楚，以千乘公车讨伐荆楚之战事。膺：讨伐。惩：惩治。

㊱市贾：市上交易的商品价格。不贰：只有一种价格。

㊲布帛：麻织布匹和丝织品。麻缕：粗麻线和细线。丝絮：丝线和棉絮。屦（jù）：当时的鞋之一。

㊳不齐：不相同，不一样。蓰：五倍。

逍　遥　游[1]

庄　子[2]

北冥有鱼，其名为鲲。[3]鲲之大，不知其几千里也。化而为鸟，其名为鹏[4]。鹏之背，不知其几千里也；怒而飞[5]，其翼若垂天之云。是鸟也，海运则将徙于南冥。南冥者，天池也。《齐谐》者，志怪者也。[6]《谐》之言曰："鹏之徙于南冥也，水击三千里，抟扶摇而上者九万里，去以六月息者也[7]。"野马也，尘埃也，生物之以息相吹也。[8]天之苍苍，其正色邪[9]？其远而无所至极邪？其视下也[10]，亦若是则已矣。且夫水之积也不厚，则其负大舟也无力，覆杯水于坳堂之上，则芥为之舟，置杯焉则胶[11]，水浅而舟大也，风之积也不厚，则其负大翼也无力。故九万里则风斯在下矣，而后乃今培风；背负青天而莫之夭阏者[12]，而后乃今将图南。蜩与学鸠笑之曰："我决起而飞，枪榆枋，时则不至，而控于地而已矣，奚以之九万里而南为？"[13]适莽苍者，三餐而反，腹犹果然[14]；适百里者，宿舂粮；适千里者，三月聚粮。之二虫又何知[15]？小知不及大知，小年不及大年。[16]奚以知其然也？朝菌不知晦朔，蟪蛄不知春秋，此小年也。[17]楚之南有冥灵者[18]，以五百岁为春，五百岁为秋；上古有大椿者，以八千岁为春，八千岁为秋。而彭祖乃今以久特闻，众人匹之，不亦悲乎？[19]汤之问棘也是已[20]。穷发之北有冥海者[21]，天池也。有鱼焉，其广数千里，未有知其修者，其名为鲲。有鸟焉，其名为鹏，背若泰山，翼若垂天之云，抟扶摇羊角而上者九万里，绝云气，负青天，然后图南，且适南冥也。斥鴳笑之曰[22]："彼且奚适也？我腾跃而上，不过数仞而下，翱翔蓬蒿之间，此亦飞之至也。而彼且奚适也？"此小大之辩也[23]。故夫知效一官，行比一乡，德合一君而征一国者，其自视也亦若此矣。[24]而宋荣子犹然笑之，且举世而誉之而不加劝，举世非之而不加沮，定乎内外之分，辩乎荣辱之境，斯已矣。[25]彼其于世，未数数然也[26]。虽然，犹有未树也[27]。夫列子御风而行，泠然善也，旬有五日而后反；彼于致福者，未数数然也。[28]此虽免乎行，犹有所待者也[29]。若夫乘天地之正，而御六气之辨[30]，以游无穷者，彼且恶乎待哉！故曰：至人无己，神人无功，圣人无名。[31]

尧让天下于许由[32]，曰："日月出矣而爝火不息[33]，其于光也，不亦难乎？时雨降矣，而犹浸灌，其于泽也，不亦劳乎？夫子立而天下治，而我犹尸之，吾自视缺然，请致天下[34]。”许由曰：“子治天下，天下既已治也，而我犹代子，吾将为名乎？名者，实之宾也[35]。吾将为宾乎？鹪鹩巢于深林[36]，不过一枝；偃鼠饮河[37]，不过满腹。归休乎君[38]！予无所用天下为。庖人虽不治庖，尸祝不越樽俎而代之矣[39]。”肩吾问于连叔曰[40]：“吾闻言于接舆，大而无当，往而不返。[41]吾惊怖其言，犹河汉而无极也[42]；大有径庭[43]，不近人情焉。”连叔曰：“其言谓何哉？”曰：“藐姑射之山，有神人居焉，肌肤若冰雪，绰约若处子。[44]不食五谷，吸风饮露，乘云气，御飞龙，而游乎四海之外。其神凝，使物不疵疠而年谷熟[45]。吾以是狂而不信也。”连叔曰：“然。瞽者无以与乎文章之观，聋者无以与乎钟鼓之声，岂唯形骸有聋盲哉？夫知亦有之[46]。是其言也，犹时女也。[47]之人也，之德也，将旁礴万物以为一[48]。世蕲乎乱，孰弊弊焉以天下为事！[49]之人也，物莫之伤，大浸稽天而不溺，大旱金石流，土山焦而不热。[50]是其尘垢秕糠，将犹陶铸尧舜者也[51]，孰肯以物为事！”宋人资章甫而适诸越，越人断发文身，无所用之。[52]尧治天下之民，平海内之政，往见四子藐姑射之山，汾水之阳，窅然丧其天下焉。[53]

惠子谓庄子曰[54]：“魏王贻我大瓠之种，我树之成而实五石，以盛水浆，其坚不能自举也；剖之以为瓢，则瓠落无所容[55]。非不呺然大也，吾为其无用而掊之。[56]”庄子曰：“夫子固拙于用大矣。宋人有善为不龟手之药者，世世以洴澼絖为事。[57]客闻之，请买其方百金[58]。聚族而谋曰：‘我世世为洴澼絖，不过数金；今一朝而鬻技百金[59]，请与之。’客得之，以说吴王。越有难，吴王使之将。冬，与越人水战，大败越人，裂地而封之[60]。能不龟手，一也；或以封，或不免于洴澼絖，则所用之异也。今子有五石之瓠，何不虑以为大樽而浮乎江湖[61]，而忧其瓠落无所容？则夫子犹有蓬之心也夫[62]！”惠子谓庄子曰：“吾有大树，人谓之樗[63]。其大本拥肿而不中绳墨，其小枝卷曲而不中规矩，立之涂[64]，匠者不顾。今子之言，大而无用，众所同去也。”庄子曰：“子独不见狸狌乎[65]？卑身而伏，以候敖者[66]；东西跳梁，不辟高下[67]；中于机辟，死于罔罟[68]。今夫斄牛，其大若垂天之云[69]。此能为大矣，而不能执鼠。今子有大树，患其无用，何不树之于无何有之乡[70]，广莫之野，彷徨乎无为其侧，逍遥乎寝卧其下。不夭斤斧[71]，物无害者，无所可用，安所困苦哉？”

[注释]

①本文选自《诸子集成·庄子集释》，上海书店 1986 年影印世界书局本。《逍遥游》是《庄子》第一篇。逍遥：叠韵词，表示游动的一种自由状态。

②庄子（约前 369—约前 286）：姓庄，名周，战国时期宋国蒙（今河南商丘）人。曾为蒙漆园吏，约与魏惠王齐湣王、孟子等同时人。庄子推崇道为万物本源，无所不在，听

任自然而无为。《庄子》今存三十二篇。一般认为是庄子与其门人、后学所纂辑。

③北冥：或作北溟，北海。鲲（kūn）：用为大鱼之名。

④鹏：传说中最大的鸟。

⑤怒：奋力。

⑥《齐谐》：古书名。志怪：记载怪异之闻。

⑦抟：使之旋转。扶摇：盘旋而升起的暴风。六月息：六月而息，即飞行了半年才至南海而休息。

⑧野马：指盛夏各种生物所生成的气息形成云气，如奔腾的野马。埃：尘土中细小者。

⑨正：本来，原来。

⑩视下：从天上往下看。

⑪坳（ào）堂：房屋里的平地上。胶：粘到泥土上。

⑫培：通“凭”。背负：意动词，好像大鹏背负着蓝天。夭阏（è）：遮拦，阻挡。夭：使弯曲。阏：壅塞。

⑬蜩：蝉。学鸠：斑鸠类雀鸟。决（xuè）起：突然飞起。枪：突过。

⑭适：往，到达。莽苍：野外草野丛林。三餐：一日三餐、一天之内。果然：肚子饱的样子，意为未饿。

⑮之：这，指代词。二虫：指蜩和学鸠。

⑯知：通“智”，智慧。年：年寿，指时间长度。

⑰朝菌：指湿地上朝生夕死的菌类植物。晦朔：古人天文历的概念，晦是阴历每月最后一天，朔是每月初一。一说，晦是傍晚黄昏时候，朔，平旦。蟪蛄：寒蝉。入夏才孵化出生，至秋已死。

⑱冥灵：树名，又作榠灵。

⑲彭祖：传说中的长寿者，姓篯（jiān），名铿。尧时臣子，封于彭城。年八百岁。匹：相比较。

⑳汤：殷汤、商汤，指商朝开国初的国君，又称成汤、武汤。名履，字汤，庙号天乙。夏桀无道，汤会诸侯克桀，都于亳（bó），后改国号为商。棘（jí）：又称夏革（jí），汤时贤大夫。

㉑穷发：不毛之地。发：山以草木为发。

㉒斥鴳（yàn）：小雀鸟。又，斥：小泽，则斥鴳为小泽中的小雀。

㉓辩：通“辨”，区别。

㉔知效：智力可以胜任。行：德行。比：迎合，庇护。乡：古代12500家为一乡，五等邦。而（nēng）征：能力可征信于。而：通“能”。

㉕宋荣子：宋人，荣氏，贤达之人。一说，宋钘（jiān），或宋牼（kēng），与尹文子等同拜公孙龙子为师，后被称为“宋尹学派”。犹然：油然，和悦而笑的样子。誉：称赞。劝：勉励。非：非议，批评。沮（jǔ）：沮丧。

㉖数数然：急促的样子，汲汲以求的样子。一释为“数数而见之”。

㉗树：建树。

㉘列子：姓列，名御寇，郑国人，生平行实无考。《汉书·艺文志》著通《列子》八篇，但传世《列子》一书，学界认为并非原书。泠然：轻妙的样子。旬有五日：十又五日，即半个月。致福：得成仙之福。

㉙有所待：有所依赖，有所依靠。

㉚乘：因循，顺应。正：本原。御：适应。六气：古人以阴、阳、风、雨、晦、明为六气。辨：通“变”。

㉛至人：修炼至最高境界者。无己：忘我的状态，泯灭了物我界限的人。神人：达到变化莫测之境者。无功：不追求功名。圣人：达到超脱世俗声名而达贤明境界的人。无名：不追求声誉闻达的人。

㉜尧：姓伊祁，字放勋。古帝王，继帝喾位，号陶唐氏。许由：字仲武，隐于箕山，师于啮（niè）缺。尧知其贤，欲让其帝位。许由得知后避之于箕山下颍水之滨。

㉝爝（jué）火：小火炬，尧自喻。意为在日月之光下火炬之光渺小，则以日月之光喻许由。爝：旧音 jiào。

㉞尸：上古唐虞夏商周历代祭祀时必有尸，即由死者后人或臣僚之年少者，在祭祀礼中代死者受祭礼，称为节神，至战国时期毁弃不用，改设神主。缺然：有所不足的样子。致：送还。

㉟宾：从属，附属，次要。

㊱鷦（jiāo）鷯（liáo）：小雀鸟，喜于林深处筑巢，又称巧妇鸟。

㊲偃鼠：属田中小鼠类。

㊳归休乎君：倒装句，表示加强语气。归休，语气偏于“归”。

㊴庖人：掌厨人之官职。尸祝：祝是主祭者，亦是有首领地位的人。尸祝连用，表示主祭官对尸（神主）而祝。此处是成语“越俎代庖”的出处。

㊵肩吾、连叔：二人生平失考，被称为有道之人，或为虚设人物。

㊶接舆：姓陆名通，字接舆，或作接与，楚国隐者，与孔子同时，佯狂不仕，常以躬耕为务，不受楚王以黄金百镒、车驷二乘之聘，出游山海，不知所终，是终生不追求功名的人。人：指狂狷之名声大的接舆之言。当：实在。

㊷河汉：指天上银河。

㊸径庭：门外径与庭相去甚远，差异大，引申为过激之词。

㊹藐：通“邈”，遥远。姑射（yè）山：借设为神仙所居之地。绰约：又作淖约（chuò yuē）：风姿柔美的样子。处子：待字闺中的处女。

㊺疵疠（cī lì）：病和瘟疫。

㊻知：指智力方面。之：代词，指上一句中的形体（形骸）方面。

㊼其言：接舆所说的话。时女：指若处子之神人。见陆德明《经典释文·莊子音义》。

㊽之：此。旁礴：又作磅礴。

㊾蕲（qí）：祈求。弊弊：一作蔽蔽，经营，治理。

㊿大浸稽天：洪水大浸至天上。不溺、不热：即莫之伤。

(51)陶：烧制陶瓦器具。铸：铸造金属器物。陶铸：造就出。

㉜资：以……为货物（去经商）。章甫：殷商时期冠饰。南人越人未认同华夏文化之前是剪去头发的。文身：即纹身。

㉝四子：指隐居于姑射山上的四位人士，分别为王倪、啮缺、被衣、许由。一说，四子本无其人，庄子于书中常虚拟人物以喻义。汾水之阳：汾水北面。窅（yǎo）然：望去深远的样子。

㉞惠子：姓惠，名施，任过魏相。《汉书・艺文志》载于名家，有《惠子》一卷。

㉟魏王：魏惠王。瓠（hù）：葫芦。树：种植。成：成熟为葫芦。石：十斗为一石。自举：承受住被举起来的力。瓠落：指瓠被剖开成了平而浅的样子。

㊱呺（xiāo）然：即枵然，大而虚，毫无用处。掊（pǒu）：击。

㊲龟（jūn）手：天气寒冷时手脚皲（jūn）裂。龟，同“皲”。洴（píng）：浮着。澼絖（pì kuàng）：漂洗丝絮为业。絖：同“纩”。

㊳方：药方。

㊴鬻（yù）：出售。

㊵裂地：划地，即规划出某一地方。

㊶虑：一作摅，以绳络缚于腰间。摅，又作掏空解。

㊷蓬之心：蓬蒿之心狭而曲，喻见识浅陋。

㊸樗（chū）：即臭椿树，木质粗劣，或即前面所说的木椿树。

㊹大本：树干粗大。本，树干。涂：同“途”。

㊺狸（lí）：猫。狌（shēng）：黄鼠狼。

㊻敖：通“遨”。指游走的鸡、鼠类动物。

㊼跳梁：同“跳踉”，即跳跃。辟：同“避”。

㊽机辟：暗藏捕杀机关的机弩。罔：通“网”。罟（gǔ）：网的通称。

㊾斄（lí）牛：牦牛。若：好像，似。

㊿无何有：一无所有。广莫：广漠。

(71)夭：夭折于，被击杀。

乐毅报燕惠王书[①]

《战国策》[②]

昌国君乐毅为燕昭王合五国之兵而攻齐[③]，下七十馀城，尽郡县之以属燕。三城未下[④]，而燕昭王死。惠王即位，用齐人反间，疑乐毅，而使骑劫代之将。[⑤]乐毅奔赵，赵封以为望诸君[⑥]。齐田单欺诈骑劫[⑦]，卒败燕军，复收七十馀城以复齐。燕王悔，惧赵用乐毅承燕之弊以伐燕。燕王乃使人让乐毅，且谢之曰[⑧]："先王举国而委将军，将军为燕破齐，报先王之仇，天下莫不振动，寡人岂敢一日而忘将军之功哉！会先王弃群臣，寡人新即位，左右误寡人。寡人之使骑劫代将军，为将军久暴露于外，故召将军，且休计事[⑨]。将军过听，以与寡人有隙，遂捐燕而归赵。将军自为计则可矣，而亦何以报先王之所以遇将军之意乎？"

望诸君乃使人献书报燕王曰：

"臣不佞，不能奉承先王之教，以顺左右之心，恐抵斧质之罪，以伤先王之明，而又害于足下之义，故遁逃奔赵。[⑩]自负以不肖之罪，故不敢为辞说。今王使使者数之罪，臣恐侍御者之不察先王之所以畜幸臣之理[⑪]，而又不白于臣之所以事先王之心，故敢以书对。

"臣闻贤圣之君，不以禄私其亲，功多者授之；不以官随其爱，能当之者处之。故察能而授官者，成功之君也；论行而结交者，立名之士也。臣以所学者观之，先王之举错，有高世之心[⑫]。故假节于魏王[⑬]，而以身得察于燕。先王过举，擢之乎宾客之中，而立之乎群臣之上，不谋于父兄，而使臣为亚卿。臣自以为奉令承教，可以幸无罪矣，故受命而不辞。先王命之曰：'我有积怨深怒于齐，不量轻弱，而欲以齐为事。'臣对曰：'夫齐，霸国之馀教也，而骤胜之遗事也[⑭]。闲于兵甲，习于战攻。[⑮]王若欲攻之，则必举天下而图之。举天下而图之，莫径于结赵矣。且又淮北、宋地，楚、魏之所同愿也。赵若许，约楚、魏、宋尽力，四国攻之，齐可大破也。'先王曰：'善！'臣乃口受命[⑯]，具符节，南使臣于赵。顾反命，起兵随而攻齐。[⑰]以天之道，先王之灵，河北之地，随先王举而有之于济上。济上之军，奉令击齐，大胜之。轻卒锐兵，长驱至国。齐王逃遁走莒，仅以身免。珠玉财宝，车甲珍器，尽收入燕，大吕陈于元英，故鼎返于历室，齐器设于宁台，蓟丘之植植于汶篁。[⑱]自五伯以来[⑲]，功未有及先王者也。先王以为惬其志，以臣为不顿命，故裂地而封之，使之得比乎小国诸侯。臣不佞，自以为奉令承教，可以幸无罪矣，故受命而弗辞。

“臣闻贤明之君，功立而不废，故著于《春秋》；蚤知之士，名成而不毁，故称于后世⑳。若先王之报怨雪耻，夷万乘之强国，收八百岁之蓄积㉑，及至弃群臣之日，馀令诏后嗣之遗义，执政任事之臣，所以能循法令，顺庶孽者，施及萌隶，皆可以教于后世。㉒

“臣闻善作者不必善成，善始者不必善终。昔者伍子胥说听乎阖闾，故吴王远迹至于郢㉓；夫差弗是也，赐之鸱夷而浮之江㉔。故吴王夫差不悟先论之可以立功，故沉子胥而不悔。子胥不蚤见主之不同量，故入江而不改。夫免身全功以明先王之迹者，臣之上计也；离毁辱之非，堕先王之名者，臣之所大恐也；临不测之罪，以幸为利者，义之所不敢出也。㉕

“臣闻古之君子，交绝不出恶声；忠臣之去也，不洁其名㉖。臣虽不佞，数奉教于君子矣。恐侍御者之亲左右之说，而不察疏远之行也㉗，故敢以书报，唯君之留意焉！”

[注释]

①选自《战国策·燕策》，上海古籍出版社 1985 年版。乐毅（约前 320—前 272）：战国时赵国灵寿（今河北灵寿）人。魏昭王派他为使至燕，燕昭王礼遇为亚卿，为燕向齐复仇，下七十余城，封为昌国君。燕惠王登位后，派大将骑劫替换他，因此畏而降赵。燕惠王以书责之，乐毅以书报惠王，后乐毅终于赵。

②《战国策》：相传为战国时期各国的史官或策士所辑录的史料，为西汉刘向所整理，以国为序，编三十三篇。东汉时高诱为之作注。此后流传过程中有散佚，亦经多次校补。全书所记载的主要是各诸侯国的策士、谋臣关于政治、军事斗争或外交等矛盾的主张或策略，是研究战国时期重要的史料汇编。

③五国：指燕、韩、赵、魏、楚五国。

④三城：指莒、即墨和聊城。实际上乐毅率燕军驻聊城，未下者仅莒、即墨二城。

⑤反间：指齐国田单派人散布谣言说乐毅据齐要自立为王。骑劫：燕国将领，生卒年未详。

⑥望诸：本齐地，今河南商丘、虞城间。赵以之为号封乐毅，封地在观津，今山东观城。

⑦田单：齐国名将，坚守即墨城，用火牛阵打败骑劫之军。《史记》有传，生卒年未详。

⑧让：责备。谢：以辞相告，对……说。

⑨且休：暂作休息。计：计议，商量。

⑩不佞：不聪敏，谦语。斧质：杀人的刑具。质：腰斩时所用的砧垫。害义：无罪而杀为非义。

⑪侍御者：指国君左右之人，属僚之臣。畜幸：接纳和信任。

⑫举错：举措。高世之心：超越当世平常人的见解。

⑬假节：借一个出使的机会。《史记·乐毅列传》："乐毅于是为魏昭王使于燕，燕王以客礼待之。乐毅辞让，遂质为臣，燕昭王以为亚卿。"

⑭骤胜：屡次胜利。遗事：留下战事的经验。

⑮闲：熟习，熟悉。

⑯口受命：指当面接受王命。

⑰顾：迅速，以一顾之间为喻。反：同"返"。

⑱大吕：大吕钟，齐国国宝。元英，燕国的元英殿。《括地志》："燕元英、历室二宫，皆燕宫，在幽州蓟县西四里宁台之下。"蓟丘之植：指燕国国都（蓟丘周围）所种的农作物。汶篁：齐国汶水地区的竹田。

⑲五伯：春秋五霸，即齐桓公，晋文公，秦穆公，宋襄公，楚庄王。

⑳《春秋》：泛指一般的历史著作。蚤知：有先见之明。蚤：同早。

㉑八百岁：指齐国从姜太公尚至齐湣王为止八百年来。蓄积：积累下来的财宝。

㉒顺：顺从于国君。庶孽：不是原配正室所生的子孙。萌隶：指一般民众百姓。萌：同"氓"。

㉓伍子胥：楚人，名员，字子胥，生卒年未详。其父兄为楚平王杀后，逃至吴国，助吴王阖闾破楚败越而称霸，因劝继位的夫差灭越而被赐自杀。参见《史记·伍子胥列传》。阖闾：《史记》作阖庐，周武王之后人，姬姓，名光。吴国国君于前514—前496年在位，春秋末期著名国君之一。远迹：指吴国军队攻打到楚国国都郢。

㉔夫差：阖闾之子，于前495年继位，至前473年因越王勾践灭吴而自杀。弗是：不认为伍子胥的意见是正确的。鸱夷（chīyí）：皮革制的袋子。此句所说是夫差死后被装入鸱夷抛到江中。据《史记·伍子胥列传》，吴王"使使赐伍子胥属镂之剑曰'予以此死'……（伍子胥）乃告其舍人曰：'必树吾墓上以梓，令可以为器；而抉吾眼县［悬］吴东门之上，以观越寇之入灭吴也。'乃自刭死。吴王闻之大怒，乃取子胥尸盛以鸱夷革，浮之江中"。

㉕离：罹，遭遇。不测之罪：死罪。以幸为利：企图以侥幸的举措图谋私利。

㉖交绝：断绝相交的友情。恶声：坏话。洁：洗刷。

㉗疏远：乐毅自视为被疏远者。行：德行。

谏逐客书[①]

李　斯[②]

臣闻吏议逐客，窃以为过矣[③]。

昔缪公求士，西取由余于戎，东得百里奚于宛，迎蹇叔于宋，来丕豹、公孙支于晋。[④]此五子者，不产于秦，而缪公用之，并国二十，遂霸西戎。孝公用商鞅之法，移风易俗，民以殷盛，国以富强，百姓乐用，诸侯亲服，获楚、魏之师，举地千里，至今治强。[⑤]惠王用张仪之计，拔三川之地[⑥]，西并巴、蜀，北收上郡，南取汉中，包九夷，制鄢、郢，东据成皋之险，割膏腴之壤，遂散六国之从[⑦]，使之西面事秦，功施到今[⑧]。昭王得范雎[⑨]，废穰侯，逐华阳[⑩]，强公室，杜私门，蚕食诸侯，使秦成帝业[⑪]。此四君者，皆以客之功。由此观之，客又何负于秦哉？向使四君却客而不内[⑫]，疏士而不用，是使国无富利之实，而秦无强大之名也。

今陛下致昆山之玉，有随和之宝，垂明月之珠[⑬]，服太阿之剑，乘纤离之马[⑭]，建翠凤之旗，树灵鼍之鼓[⑮]。此数宝者，秦不生一焉，而陛下说之[⑯]，何也？必秦国之所生然后可，则是夜光之璧不饰朝廷；犀象之器不为玩好；郑、魏之女不充后宫；而骏良駃騠不实外厩[⑰]；江南金锡不为用，西蜀丹青不为采。所以饰后宫、充下陈[⑱]，娱心意、悦耳目者，必出于秦然后可，则是宛珠之簪、傅玑之珥、阿缟之衣、锦绣之饰，不进于前。[⑲]而随俗雅化、佳冶窈窕赵女不立于侧也。夫击瓮叩缶、弹筝搏髀[⑳]，而歌呼呜呜、快耳目者，真秦之声也；郑卫桑间、韶虞武象者[㉑]，异国之乐也。今弃击瓮叩缶而就郑卫，退弹筝而取韶虞，若是者何也？快意当前，适观而已矣[㉒]。今取人则不然，不问可否，不论曲直，非秦者去，为客者逐。然则是所重者在乎色乐珠玉，而所轻者在乎人民也。此非所以跨海内、制诸侯之术也。

臣闻地广者粟多，国大者人众，兵强则士勇。是以泰山不让土壤，故能成其大；河海不择细流，故能就其深，王者不却众庶，故能明其德[㉓]。是以地无四方，民无异国，四时充美，鬼神降福，此五帝、三王之所以无敌也[㉔]。今乃弃黔首以资敌国，却宾客以业诸侯，使天下之士退而不敢西向，裹足不入秦。此所谓"藉寇兵而赍盗粮"者也[㉕]。

夫物不产于秦，可宝者多；士不产于秦，而愿忠者众。今逐客以资敌国，损民以益雠，内自虚而外树怨于诸侯，求国之无危，不可得也。

［注释］

①本文节录于《史记·李斯列传》。上海古籍出版社 1986 年缩印本第一册。

②李斯（？—前 208）：楚国上蔡人。初为小吏，后入秦为吕不韦舍人。说秦王政，拜客卿，至廷尉。辅助秦王并天下。统一六国后，官至丞相。始皇死，从赵高谋杀太子，终为所害。文仅存三篇于《列传》，另传世泰山，琅琊山刻石文。

③窃：谦语，我私下里。过：过错。

④缪（mù）公：秦穆公，姓嬴，字任好，秦德公第三子，在位三十九年（前 659—前 621）。春秋五霸之一。由余：祖本晋人，后入戎。因受命使秦，穆公贤之，强留未果，后反间于戎，终归秦。百里奚：虞国大夫，不见重用于虞君。后虞被晋所灭。百里奚以七十高龄作晋女陪嫁入秦，耻而亡之宛，楚人获得。秦穆公以五张黑羊皮换回，任以国政，人称其为“五羖（gǔ）大夫”。蹇叔：岐州人，为友人百里奚向穆公推荐，因当时游宋，故迎之于宋，任为上大夫。来：同“徕”，招纳。丕豹：晋大夫丕郑子。父丕郑不从晋惠公贿秦被杀，后奔秦。公孙支：姓公孙，名支，一名子桑，岐州人，游宋后归秦，为秦大夫，余未详。

⑤孝公：名渠梁。继秦献公位，治国二十四年（前 361—前 338），是战国中期最有作为的国君。商鞅（？—前 338 年）姓公孙，名鞅。卫人。后入秦助孝公推行变法，封于商，被称为商君。存《商君书》二十四篇。举地：所征服的地方。

⑥惠王：名驷，即惠文王，在位二十七年（前 337—前 311）。张仪（？—前 311 年）魏人，联横家，游说各国亲秦。秦武王继惠文王后，入魏为相，次岁死。三川：指黄河、洛水、伊水，亦周王室所在地。

⑦巴、蜀：古国名，大致相当于今重庆、成都境。上郡：魏郡，治肤施（今陕西榆林东南）。汉中：楚郡治南郑（今陕西汉中市）。包：囊括，攻占。九夷：指楚地各少数边区的部族。鄢、郢（yǐng）：楚国先后国都，分别为今湖北宜城和江陵县。成皋：古代著名要塞，即后来的虎牢关。从：同“纵”，即合纵，指六国的纵向联盟。

⑧施（yǐ）：延续。

⑨昭王：即秦昭襄王，名则，秦武王的侄子，得继承王位。在位五十六年（前 306—前 251），功业卓著，为秦王政最后统一中国奠定了坚实基础。范雎（jū）：字叔，魏人，因随魏大夫须贾出使齐国，被疑通齐受折磨，逃离入秦。后劝昭王废宣太后、逐穰侯等四君，消除王族干政之患，为集权于君扫除障碍，后为相十二年（前 265—前 254）。

⑩穰（ráng）侯：姓魏，名冉，因封于穰（今河南南阳）被称穰侯。昭王母宣太后异父长弟。自昭王登位始任政，后因专权被逐。华阳：姓芈名戎，昭王母宣太后同父弟，封华阳。因与穰侯专权逐回封地。

⑪公：诸侯王室，指秦王室。帝：昭王十九年（前 298），秦称西帝，齐称东帝。

⑫内：通“纳”。

⑬昆山：今新疆和田昆冈，其山产宝玉。随和之宝：随：随侯珠，传说中随侯周初人，

医治了一蛇，后来蛇衔珠还报；和：和氏璧，楚人卞和将大玉璞献楚王，历三次，前两次受刖刑，第三次才剖璞雕玉，成为著名的和氏璧。

⑭太阿：楚王召吴之干将与越之欧冶治剑，成二名剑，一曰太阿，二曰龙渊。纤离：古代著名骏马名。

⑮翠凤：以珍鸟翠色羽毛装饰王侯的旗帜。灵鼍：或名鼍，鳄鱼类。

⑯说：同“悦”。

⑰駃騠（jué tí）：北方部落进贡的良马。

⑱陈：排列，指宫中属下的宫女。

⑲宛：河南南阳。傅：同“附”，指镶着。玑：加工成有棱角的珠。阿：今山东东阿。

⑳瓮（wèng）：下大上口小的一类陶器。缶：陶器形类瓮，形体小。此指秦地用陶器造的乐器。搏髀：以拍打自身大腿为节奏。

㉑桑间：当时卫国濮水边一个地名，盛行民歌。韶虞：虞舜时乐曲名《韶》。武象：周初时舞曲名《象》。其上、下句所表达的大意指秦王在声色享乐时采用郑、卫濮水诸地的民歌，或虞舜时的古典《韶》和周初时表示雄壮的舞曲《象》等。

㉒适观：好看。

㉓王（wàng）者：成就王业的人。明德：显扬德性，是当时明君应有的素质。

㉔五帝、三王：《史记·五帝本纪》以黄帝、颛顼、帝喾（kù）、尧、舜为五帝。《世本》以伏羲、神农、黄帝为三王。无敌：无以匹敌。

㉕藉：借。赍（jī）：送去。

项羽本纪[1]

司马迁[2]

项籍者，下相人也[3]，字羽。初起时[4]，年二十四。其季父项梁[5]，梁父即楚将项燕，为秦将王翦所戮者也。项氏世世为楚将，封于项[6]，故姓项氏。项籍少时，学书不成，去学剑[7]，又不成。项梁怒之。籍曰："书，足以记名姓而已。剑，一人敌，不足学。学万人敌。"于是项梁乃教籍兵法，籍大喜，略知大意，又不肯竟学[8]。项梁尝有栎阳逮[9]，乃请蕲狱掾[10]曹咎书[11]，抵栎阳狱掾司马欣[12]，以故事得已[13]。项梁杀人，与籍避仇于吴中[14]。吴中贤士大夫[15]皆出项梁下[16]。每吴中有大繇役及丧[17]，项梁常为主办，阴以兵法部勒宾客及子弟[18]，以是知其能。秦始皇帝游会稽[19]，渡浙江[20]，梁与籍俱观，籍曰："彼可取而代也！"梁掩其口，曰："毋妄言，族矣[21]！"梁以此奇籍。籍长八尺余，力能扛鼎[22]，才气过人[23]，虽吴中子弟皆已惮籍矣[24]。

秦二世元年七月[25]，陈涉等起大泽中[26]。其九月，会稽守通谓梁曰[27]："江西皆反[28]，此亦天亡秦之时也。吾闻先即制人[29]，后则为人所制。吾欲发兵，使公及桓楚将[30]。"是时桓楚亡在泽中[31]。梁曰："桓楚亡，人莫知其处，独籍知之耳。"梁乃出，诫籍持剑居外待。梁复入，与守坐，曰："请召籍，使受命召桓楚。"守曰："诺。"梁召籍入。须臾，梁眴籍曰[32]："可行矣！"于是籍遂拔剑斩守头。项梁持守头，佩其印绶[33]。门下大惊[34]，扰乱，籍所击杀数十百人。一府中皆慴伏[35]，莫敢起。梁乃召故所知豪吏[36]，谕以所为起大事，遂举吴中兵[37]。使人收下县[38]，得精兵八千人。梁部署吴中豪杰为校尉、候、司马。有一人不得用，自言于梁。梁曰："前时某丧，使公主某事，不能办，以此不任用公。"众乃皆伏[39]。于是梁为会稽守，籍为裨将，徇下县[40]。

广陵人召平，于是为陈王（涉）徇广陵，未能下。闻陈王败走，秦兵又且至[41]，乃渡江矫陈王命[42]，拜梁为楚王上柱国[43]。曰："江东已定，急引兵西击秦。"项梁乃以八千人渡江而西。闻陈婴已下东阳，使使欲与连和俱西[44]。陈婴者，故东阳令史[45]，居县中，素信谨，称为长者。东阳少年杀其令，相聚数千人。欲置长[46]，无适用，乃请陈婴。婴谢不能，遂强立婴为长，县中从者得二万人。少年欲立婴便为王，异军苍头特起[47]。陈婴母谓婴曰："自我为汝家妇，未尝闻汝先古之有贵者[48]。今暴得大名[49]，不祥。不如有所属[50]，事成犹得封侯，事败易以亡，非世所指名也[51]。”婴乃不敢为王。谓其军吏曰：“项氏世世将家，有名于楚，今欲举大事，将非其人不可。我倚名族，亡秦必矣。”于是众从其言，以兵属项梁。项梁渡淮，黥布、蒲将军亦以兵属焉。凡六七万人，军下邳[52]。

当是时，秦嘉已立景驹为楚王，军彭城东，欲距项梁[53]。项梁谓军吏曰：“陈王先首事[54]，战不利，未闻所在[55]。今秦嘉倍陈王而立景驹[56]，逆无道。”乃进兵击秦嘉。秦嘉军败走，追之至胡陵。嘉还战一日，嘉死，军降。景驹走死梁地。项梁已并秦嘉军，军胡陵，将引军而西。章邯军至栗，项梁使别将朱鸡石、余樊君与战，余樊君死，朱鸡石军败，亡走胡陵。项梁乃引兵入薛，诛鸡石。项梁前使项羽别攻襄城，襄城坚守不下。已拔，皆坑之[57]，还报项梁。项梁闻陈王定死[58]，召诸别将会薛计事[59]。此时，沛公亦起沛[60]，往焉。

居鄛人范增，年七十，素居家[61]，好奇计。往说项梁曰：“陈胜败固当[62]。夫秦灭六国，楚最无罪。自怀王入秦不反[63]，楚人怜之至今，故楚南公曰[64]：‘楚虽三户，亡秦必楚也[65]。’今陈胜首事，不立楚后而自立，其势不长。今君起江东，楚蠭午之将皆争附君者[66]，以君世世楚将，为能复立楚之后也。”于是项梁然其言，乃求楚怀王孙心民间[67]，为人牧羊，立以为楚怀王，从民所望也。陈婴为楚上柱国，封五县，与怀王都盱台[68]。项梁自号为武信君。

居数月，引兵攻亢父[69]，与齐田荣、司马龙且军救东阿[70]。大破秦军于东阿。田荣即引兵归，逐其王假。假亡走楚。假相田角亡走赵。角弟田间故齐将，居赵不敢归。田荣立田儋子市为齐王。项梁已破东阿下军，遂追秦军。数使使趣齐兵[71]，欲与俱西。田荣曰：“楚杀田假，赵杀田角、田间，乃发兵。”项梁曰：“田假为与国之王[72]，穷来从我[73]，不忍杀之。”赵亦不杀田角、田间以市于齐[74]。齐遂不肯发兵助楚。项梁使沛公及项羽别攻城阳，屠之。西破秦军濮阳东，秦兵收入濮阳。沛公、项羽乃攻定陶。定陶未下，去，西略地至雍丘[75]，大破秦军，斩李由。还攻外黄，外黄未下。

项梁起东阿，西，比至定陶[76]，再破秦军，项羽等又斩李由，益轻秦，有骄色。宋义乃谏项梁曰：“战胜而将骄卒惰者败。今卒少惰矣[77]，秦兵日益，臣为君畏之。”项梁弗听。乃使宋义使于齐。道遇齐使者高陵君显，曰：“公将见武信君乎?”曰：“然。”曰：“臣论武信君军必败[78]。公徐行即免死，疾行则及祸。”秦果悉[79]起兵益章邯[80]，击楚军，大破之定陶，项梁死。沛公、项羽去外黄攻陈留，陈留坚守不能下。沛公、项羽相与谋曰：“今项梁军破，士卒恐。”乃与吕臣军俱引兵而东。吕臣军彭城东，项羽军彭城西，沛公军砀[81]。

章邯已破项梁军，则以为楚地兵不足忧，乃渡河击赵，大破之。当此时，赵歇为王，陈馀为将，张耳为相，皆走入钜鹿城[82]。章邯令王离、涉间围钜鹿，章邯军其南，筑甬道[83]而输之粟[84]。陈馀为将，将卒数万人而军钜鹿之北[85]，此所谓河北之军也。楚兵已破于定陶，怀王恐，从盱台之彭城，并项羽、吕臣军自将之。以吕臣为司徒；以其父吕青为令尹；以沛公为砀郡长，封为武安侯，将砀郡兵。

初，宋义所遇齐使者高陵君显在楚军，见楚王曰："宋义论武信君之军必败，居数日，军果败。兵未战而先见败征，此可谓知兵矣[86]。"王召宋义与计事而大说之[87]，因置以为上将军[88]。项羽为鲁公，为次将，范增为末将，救赵。诸别将皆属宋义，号为卿子冠军[89]。行至安阳，留四十六日不进。项羽曰："吾闻秦军围赵王钜鹿，疾引兵渡河，楚击其外，赵应其内，破秦军必矣。"宋义曰："不然。夫搏牛之虻不可以破虮虱[90]。今秦攻赵，战胜则兵罢[91]，我承其敝[92]；不胜则我引兵鼓行而西[93]，必举秦矣[94]。故不如先斗秦、赵。夫被坚执锐[95]，义不如公；坐而运策[96]，公不如义。"因下令军中曰："猛如虎，狠如羊[97]，贪如狼，强不可使者[98]，皆斩之！"乃遣其子宋襄相齐，身送之至无盐[99]，饮酒高会[100]。天寒大雨，士卒冻饥。项羽曰："将戮力而攻秦[101]，久留不行。今岁饥民贫，士卒食芋菽[102]，军无见粮[103]，乃饮酒高会，不引兵渡河因赵食[104]，与赵并力攻秦，乃曰：'承其敝。'夫以秦之强，攻新造之赵，其势必举赵。赵举而秦强，何敝之承！且国兵新破[105]，王坐不安席，扫境内而专属于将军，国家安危，在此一举。今不恤士卒而徇其私[106]，非社稷之臣[107]。"项羽晨朝上将军宋义[108]，即其帐中斩宋义头。出令军中曰："宋义与齐谋反楚，楚王阴令羽诛之[109]。"当是时，诸将皆慴服，莫敢枝梧[110]。皆曰："首立楚者，将军家也。今将军诛乱！"乃相与共立羽为假上将军[111]。使人追宋义子，及之齐，杀之。使桓楚报命于怀王[112]。怀王因使项羽为上将军。当阳君、蒲将军皆属项羽。

项羽已杀卿子冠军，威震楚国，名闻诸侯。乃遣当阳君、蒲将军将卒二万，渡河救钜鹿。战少利，陈馀复请兵。项羽乃悉引兵渡河，皆沉船，破釜甑[113]，烧庐舍，持三日粮，以示士卒必死，无一还心。于是，至，则围王离，与秦军遇，九战，绝其甬道，大破之，杀苏角，虏王离。涉间不降楚，自烧杀。

当是时，楚兵冠诸侯。诸侯军救钜鹿下者十馀壁[114]，莫敢纵兵。及楚击秦，诸将皆从壁上观。楚战士无不一以当十，楚兵呼声动天，诸侯军无不人人惴恐[115]。于是已破秦军，项羽召见诸侯将；入辕门[116]，无不膝行而前[117]，莫敢仰视。项羽由是始为诸侯上将军，诸侯皆属焉。

章邯军棘原，项羽军漳南，相持未战。秦军数却[118]，二世使人让章邯[119]，章邯恐，使长史欣请事[120]。至咸阳，留司马门三日[121]。赵高不见[122]，有不信之心。长史欣恐，还走其军[123]，不敢出故道。赵高果使人追之，不及。欣至军，报曰："赵高用事于中，下无可为者[124]。今战能胜，高必疾妒吾功；战不能胜，不免于死。原将军孰计之[125]！"陈馀亦遗章邯书曰[126]："白起为秦将，南征鄢郢，北坑马服，攻城略地，不可胜计，而竟赐死。蒙恬为秦将，北逐戎人，开榆中地数千里，竟斩阳周。何者？功多，秦不能尽封，因以法诛之。今将军为秦将三岁矣，所亡失以十万数，而诸侯并起滋益多。彼赵高素谀日久[127]，今事急，亦恐二世诛之，故欲以法诛将军以塞责，使人更代将军以脱其祸。夫将军居外久，多内郤[128]。有功亦诛，无功亦诛。且天之亡秦，无愚智皆知之[129]。今将军内不能直谏，外为亡国将，孤特独立而欲常存，岂不哀哉！将军何不还兵，与诸侯为从[130]，约共攻秦，分王其地[131]，南面称孤[132]？此孰与身伏鈇质[133]，妻子为僇乎[134]？"章邯狐疑，阴使候始成使项羽[135]，欲约[136]。约未成，项羽使蒲将军日夜引兵度三户[137]，军漳南，与秦战，再破之。项羽悉引兵击秦军汙水上，大破之。章邯使人见项羽，欲约。项羽召军吏谋曰："粮少，欲听其约。"军吏皆曰："善。"项羽乃与期洹水南殷虚上[138]。

已盟，章邯见项羽而流涕，为言赵高。项羽乃立章邯为雍王，置楚军中。使长史欣为上将军，将秦军为前行[139]。到新安。诸侯吏卒异时故繇使屯戍过秦中，秦中吏卒遇之多无状[140]。及秦军降诸侯，诸侯吏卒乘胜多奴虏使之[141]，轻折辱秦吏卒。秦吏卒多窃言曰："章将军等诈吾属降诸侯。今能入关破秦，大善；即不能，诸侯虏吾属而东，秦必尽诛吾父母妻子。"诸将微闻其计[142]，以告项羽。项羽乃召黥布、蒲将军计曰："秦吏卒尚众，其心不服，至关中不听，事必危。不如击杀之，而独与章邯、长史欣、都尉翳入秦。"于是楚军夜击坑秦卒二十馀万人新安城南。

行略定秦地[143]。函谷关有兵守关，不得入，又闻沛公已破咸阳，项羽大怒，使当阳君等击关。项羽遂入，至于戏西[144]。沛公军霸上[145]，未得与项羽相见。沛公左司马曹无伤使人言于项羽曰："沛公欲王关中，使子婴为相[146]，珍宝尽有之。"项羽大怒，曰："旦日飨士卒[147]，为击破沛公军！"当是时，项羽兵四十万，在新丰鸿门；沛公兵十万，在霸上。范增说项羽曰："沛公居山东时[148]，贪于财货，好美姬；今入关，财物无所取，妇女无所幸[149]，此其志不在小。吾令人望其气[150]，皆为龙虎，成五采，此天子气也。急击勿失！"

楚左尹项伯者，项羽季父也，素善留侯张良[151]。张良是时从沛公，项伯乃夜驰之沛公军，私见张良，具告以事，欲呼张良与俱去，曰："毋从俱死也。"张良曰："臣为韩王送沛公，沛公今事有急，亡去不义[152]，不可不语。"良乃入，具告沛公。沛公大惊，曰："为之奈何？"张良曰："谁为大王为此计者？"曰："鲰生[153]说我曰，'距关，毋内诸侯[154]，秦地可尽王也。'故听之。"良曰：

"料大王士卒足以当项王乎?"沛公默然,曰:"固不如也,且为之奈何?"张良曰:"请往谓项伯,言沛公不敢背项王也[155]。"沛公曰:"君安与项伯有故[156]?"张良曰:"秦时与臣游,项伯杀人,臣活之。今事有急,故幸来告良。"沛公曰:"孰与君少长?"良曰:"长于臣。"沛公曰:"君为我呼入,吾得兄事之。"张良出,要项伯[157]。项伯即入见沛公。沛公奉卮酒为寿[158],约为婚姻[159],曰:"吾入关,秋毫不敢有所近,籍吏民[160],封府库,而待将军。所以遣将守关者,备他盗之出入与非常也[161]。日夜望将军至,岂敢反乎?愿伯具言臣之不敢倍德也[162]。"项伯许诺,谓沛公曰:"旦日不可不蚤自来谢项王[163]。"沛公曰:"诺。"于是项伯复夜去,至军中,具以沛公言报项王。因言曰:"沛公不先破关中,公岂敢入乎?今人有大功而击之,不义也。不如因善遇之[164]。"项王许诺。

沛公旦日从百馀骑来见项王,至鸿门。谢曰:"臣与将军戮力而攻秦[165],将军战河北,臣战河南[166],然不自意能先入关破秦,得复见将军于此。今者有小人之言,令将军与臣有郤。"项王曰:"此沛公左司马曹无伤言之,不然,籍何以至此。"项王即日因留沛公与饮。项王、项伯东向坐[167];亚父南向坐[168],亚父者,范增也。沛公北向坐;张良西向侍。范增数目项王[169],举所佩玉玦以示之者三[170]。项王默然不应。范增起,出召项庄,谓曰:"君王为人不忍[171]。若入[172]前为寿,寿毕,请以剑舞,因击沛公于坐,杀之。不者[173],若属皆且为所虏[174]!"庄则入为寿。寿毕,曰:"君王与沛公饮,军中无以为乐,请以剑舞。"项王曰:"诺。"项庄拔剑起舞。项伯亦拔剑起舞,常以身翼蔽沛公,庄不得击。

于是张良至军门见樊哙。樊哙曰:"今日之事何如?"良曰:"甚急!今者项庄拔剑舞,其意常在沛公也。"哙曰:"此迫矣[175]!臣请入,与之同命[176]!"哙即带剑拥盾入军门。交戟之卫士欲止不内[177],樊哙侧其盾以撞,卫士仆地,哙遂入。披帷西向立[178],瞋目视项王[179],头发上指,目眦尽裂[180]。项王按剑而跽曰[181]:"客何为者?"张良曰:"沛公之参乘樊哙者也[182]。"项王曰:"壮士!赐之卮酒!"则与斗卮酒[183]。哙拜谢,起,立而饮之。项王曰:"赐之彘肩[184]!"则与一生彘肩。樊哙覆其盾于地,加彘肩上,拔剑切而啗之[185]。项王曰:"壮士!能复饮乎?"樊哙曰:"臣死且不避,卮酒安足辞!夫秦王有虎狼之心,杀人如不能举,刑人如恐不胜[186],天下皆叛之。怀王与诸将约曰:'先破秦入咸阳者王之。'今沛公先破秦入咸阳,毫毛不敢有所近,封闭宫室,还军霸上,以待大王来。故遣将守关者,备他盗出入与非常也。劳苦而功高如此,未有封侯之赏,而听细说[187],欲诛有功之人,此亡秦之续耳,窃为大王不取也[188]。"项王未有以应,曰:"坐!"樊哙从良坐[189]。坐须臾,沛公起如厕[190],因招樊哙出。

沛公已出，项王使都尉陈平召沛公。沛公曰："今者出，未辞也，为之奈何？"樊哙曰："大行[191]不顾细谨[192]，大礼不辞小让。如今人方为刀俎[193]，我为鱼肉，何辞为？"于是遂去。乃令张良留谢。良问曰："大王来何操[194]？"曰："我持白璧一双，欲献项王；玉斗一双[195]，欲与亚父。会其怒[196]，不敢献。公为我献之。"张良曰："谨诺。"当是时，项王军在鸿门下，沛公军在霸上，相去四十里。沛公则置车骑[197]，脱身独骑，与樊哙、夏侯婴、靳强、纪信等四人持剑盾步走[198]，从郦山下，道芷阳间行[199]。沛公谓张良曰："从此道至吾军，不过二十里耳。度我至军中[200]，公乃入。"沛公已去，间至军中[201]，张良入谢曰："沛公不胜桮杓[202]，不能辞。谨使臣良奉白璧一双，再拜献大王足下[203]；玉斗一双，再拜奉大将军足下[204]。"项王曰："沛公安在？"良曰："闻大王有意督过之[205]，脱身独去，已至军矣。"项王则受璧，置之坐上。亚父受玉斗，置之地，拔剑撞而破之，曰："唉！竖子不足与谋[206]！夺项王天下者，必沛公也，吾属今为之虏矣！"沛公至军，立诛杀曹无伤。

居数日，项羽引兵西屠咸阳，杀秦降王子婴；烧秦宫室，火三月不灭；收其货宝妇女而东。人或说项王曰："关中阻山河四塞[207]，地肥饶，可都以霸[208]。"项王见秦宫室皆以烧残破，又心怀思欲东归，曰："富贵不归故乡，如衣绣夜行，谁知之者！"说者曰："人言楚人沐猴而冠耳[209]，果然。"项王闻之，烹说者。

项王使人致命怀王[210]。怀王曰："如约[211]。"乃尊怀王为义帝[212]。项王欲自王，先王诸将相[213]。谓曰："天下初发难时，假立诸侯后以伐秦[214]。然身被坚执锐首事，暴露于野三年[215]，灭秦定天下者，皆将相诸君与籍之力也。义帝虽无功，故当分其地而王之。"诸将皆曰："善。"乃分天下，立诸将为侯王。

项王、范增疑沛公之有天下[216]，业已讲解[217]，又恶负约[218]，恐诸侯叛之，乃阴谋曰："巴、蜀道险，秦之迁人皆居蜀[219]。"乃曰："巴、蜀亦关中地也。"故立沛公为汉王，王巴、蜀、汉中，都南郑。而三分关中，王秦降将以距塞汉王[220]。

项王乃立章邯为雍王，王咸阳以西，都废丘。长史欣者，故为栎阳狱掾，尝有德于项梁；都尉董翳者，本劝章邯降楚；故立司马欣为塞王，王咸阳以东至河，都栎阳；立董翳为翟王，王上郡，都高奴。徙魏王豹为西魏王，王河东，都平阳。瑕丘申阳者，张耳嬖臣也[221]，先下河南郡，迎楚河上[222]，故立申阳为河南王，都雒阳。韩王成因故都[223]，都阳翟。赵将司马卬定河内，数有功，故立卬为殷王，王河内，都朝歌。徙赵王歇为代王。赵相张耳素贤，又从入关，故立耳为常山王，王赵地，都襄国。当阳君黥布为楚将，常冠军，故立布为九江王，都六。鄱君吴芮率百越佐诸侯，又从入关，故立芮为衡山王，都邾。义帝柱国共敖将兵击南郡，功多，因立敖为临江王，都江陵。徙燕王韩广为辽东王。燕将臧荼从楚救赵，因从入关，故立荼为燕王，都蓟。徙齐王田市为胶东王。齐将田都从共救赵，因从入关，故立都为齐王，都临菑。故秦所灭齐王建孙田安，项羽方渡河救赵，田安下济北数城，引其兵降项羽，故立为济北王，都博阳。田荣者，数负项梁，又不肯将兵从楚击秦，以故不封。成安君陈馀弃将印去，不从入关；然素闻其贤，有功于赵，闻其在南皮，故因环封三县。番君将梅鋗功多，故封十万户侯。项羽自立为西楚霸王，王九郡，都彭城。

汉之元年四月[224]，诸侯罢戏下[225]，各就国。项王出之国，使人徙义帝，曰："古之帝者，地方千里，必居上游。"乃使使徙义帝长沙郴县，趣义帝行[226]，其群臣稍稍背叛之，乃阴令衡山、临江王击杀之江中。韩王成无军功，项王不使之国，与俱至彭城，废以为侯，已又杀之。臧荼之国，因逐韩广之辽东，广弗听，荼击杀广无终，并王其地。

田荣闻项羽徙齐王市胶东，而立齐将田都为齐王，乃大怒，不肯遣齐王之胶东，因以齐反，迎击田都。田都走楚。齐王市畏项王，乃亡之胶东就国。田荣怒，追击杀之即墨。荣因自立为齐王，而西击杀济北王田安，并王三齐。荣与彭越将军印，令反梁地。陈馀阴使张同、夏说说齐王田荣曰："项羽为天下宰，不平[227]。今尽王故王于丑地，而王其群臣诸将善地，逐其故主赵王，乃北居代，馀以为不可。闻大王起兵，且不听不义[228]；愿大王资馀兵[229]，请以击常山，以复赵王，请以国为扞蔽[230]。"齐王许之，因遣兵之赵。陈馀悉发三县兵，与齐并力击常山，大破之。张耳走归汉。陈馀迎故赵王歇于代，反之赵。赵王因立陈馀为代王。

是时，汉还定三秦。项羽闻汉王皆已并关中，且东；齐、赵叛之，大怒。乃以故吴令郑昌为韩王，以距汉；令萧公角等击彭越。彭越败萧公角等。汉使张良徇韩，乃遗项王书曰："汉王失职[231]，欲得关中，如约即止，不敢东。"又以齐、梁反，书遗项王曰："齐欲与赵并灭楚。"楚以此故，无西意，而北击齐。征兵九江王布，布称疾不往，使将将数千人行。项王由此怨布也。汉之二年冬，项羽遂北至城阳，田荣亦将兵会战。田荣不胜，走至平原，平原民杀之。遂北烧夷齐城郭室屋，皆坑田荣降卒，系虏其老弱妇女。徇齐至北海，多所残灭。齐人相聚而叛之。于是田荣弟田横收齐亡卒，得数万人，反城阳。项王因留，连战未能下。

春，汉王部五诸侯兵，凡五十六万人，东伐楚。项王闻之，即令诸将击齐，而自以精兵三万人南从鲁出胡陵。四月，汉皆已入彭城，收其货宝美人，日置酒高会。项王乃西，从萧晨击汉军，而东至彭城。日中，大破汉军，汉军皆走，相随入谷、泗水，杀汉卒十馀万人。汉卒皆南走山，楚又追击至灵壁东睢水上。汉军却，为楚所挤，多杀，汉卒十馀万人皆入睢水，睢水为之不流。围汉王三匝[232]。于是大风从西北而起[233]，折木发屋，扬沙石，窈冥昼晦[234]，逢迎楚军。楚军大乱，坏散[235]，而汉王乃得与数十骑遁去。欲过沛，收家室而西；楚亦使人追之沛，取汉王家。家皆亡[236]，不与汉王相见。汉王道逢得孝惠、鲁元[237]，乃载行。楚骑追汉王，汉王急，推堕孝惠、鲁元车下；滕公常下收载之。如是者三，曰："虽急，不可以驱，奈何弃之?"于是遂得脱。求太公、吕后不相遇[238]。审食其从太公、吕后间行[239]，求汉王，反遇楚军。楚军遂与归，报项王，项王常置军中[240]。

是时，吕后兄周吕侯为汉将兵居下邑。汉王间往从之，稍稍收其士卒。至荥阳，诸败军皆会；萧何亦发关中老弱未傅[241]，悉诣荥阳[242]。复大振。楚起于彭城，常乘胜逐北[243]，与汉战荥阳南京、索间[244]。汉败楚，楚以故不能过荥阳而西。项王之救彭城，追汉王至荥阳。田横亦得收齐，立田荣子广为齐王。

汉王之败彭城，诸侯皆复与楚而背汉。汉军荥阳，筑甬道属之河[245]，以取敖仓粟[246]。汉之三年，项王数侵夺汉甬道，汉王食乏，恐，请和，割荥阳以西为汉，项王欲听之。历阳侯范增曰："汉易与耳[247]。今释弗取，后必悔之!"项王乃与范增急围荥阳。汉王患之，乃用陈平计，间项王[248]。项王使者来，为太牢具[249]，举欲进之；见使者，详[250]惊愕曰："吾以为亚父使者，乃反项王使者!"更持去[251]，以恶食食项王使者[252]。使者归报项王，项王乃疑范增与汉有私，稍夺之权。范增大怒，曰："天下事大定矣，君王自为之！愿赐骸骨归卒伍[253]!"项王许之。行未至彭城，疽发背而死[254]。

汉将纪信说汉王曰："事已急矣！请为王诳楚为王[255]，王可以间出。"于是汉王夜出女子荥阳东门，被甲二千人，楚兵四面击之。纪信乘黄屋车[256]，傅左纛[257]，曰："城中食尽，汉王降。"楚军皆呼万岁。汉王亦与数十骑从城西门出，走成皋。项王见纪信，问："汉王安在?"信曰："汉王已出矣!"项王烧杀纪信。

汉王使御史大夫周苛、枞公、魏豹守荥阳。周苛、枞公谋曰："反国之王，难与守城。"乃共杀魏豹。楚下荥阳城，生得周苛。项王谓周苛曰："为我将，我以公为上将军，封三万户。"周苛骂曰："若不趣降汉[258]，汉今虏若，若非汉敌也!"项王怒，烹周苛，并杀枞公。汉王之出荥阳，南走宛、叶，得九江王布，行收兵，复入保成皋。汉之四年，项王进兵围成皋，汉王逃，独与滕公出成皋北门。渡河走修武，从张耳、韩信军。诸将稍稍得出成皋，从汉王。楚遂拔成皋，欲西，汉使兵距之巩，令其不得西。

是时，彭越渡河击楚东阿，杀楚将军薛公。项王乃自东击彭越。汉王得淮阴侯兵，欲渡河南。郑忠说汉王，乃止壁河内。使刘贾将兵佐彭越，烧楚积聚[259]。项王东击破之，走彭越。汉王则引兵渡河，复取成皋，军广武，就敖仓食。项王已定东海，来西，与汉俱临广武而军，相守数月。

当此时，彭越数反梁地，绝楚粮食。项王患之，为高俎，置太公其上，告汉王曰："今不急下[260]，吾烹太公。"汉王曰："吾与项羽俱北面受命怀王，曰'约为兄弟'，吾翁即若翁。必欲享而翁，则幸分我一杯羹。"项王怒，欲杀之。项伯曰："天下事未可知，且为天下者不顾家。虽杀之无益，只益祸耳[261]。"项王从之。

楚汉久相持未决，丁壮苦军旅，老弱罢转漕[262]。项王谓汉王曰："天下匈匈数岁者[263]，徒以吾两人耳。愿与汉王挑战，决雌雄，毋徒苦天下之民父子为也!"汉王笑谢曰："吾宁斗智，不能斗力。"项王令壮士出挑战。汉有善骑射者楼烦，楚挑战三合，楼烦辄射杀之。项王大怒，乃自被甲持戟挑战，楼烦欲射之，项王瞋目叱之，楼烦目不敢视，手不敢发，遂走还入壁，不敢复出。汉王使人间问之[264]，乃项王也。汉王大惊。于是项王乃即汉王相与临广武间而语[265]。汉王数之[266]。项王怒，欲一战，汉王不听。项王伏弩射中汉王，汉王伤，走入成皋。

项王闻淮阴侯已举河北，破齐、赵，且欲击楚，乃使龙且往击之。淮阴侯与战，骑将灌婴击之，大破楚军，杀龙且。韩信因自立为齐王。项王闻龙且军破，则恐，使盱台人武涉往说淮阴侯。淮阴侯弗听。是时，彭越复反，下梁地，绝楚粮。项王乃谓海春侯大司马曹咎等曰："谨守成皋，则汉欲挑战，慎勿与战，毋令得东而已。我十五日必诛彭越，定梁地，复从将军。"乃东行，击陈留、外黄。

外黄不下。数日，已降，项王怒，悉令男子年十五上诣城东，欲坑之。外黄令舍人儿年十三[267]，往说项王曰："彭越强劫外黄，外黄恐，故且降，待大王。大王至，又皆坑之，百姓岂有归心？从此以东，梁地十余城皆恐，莫肯下矣。"项王然其言，乃赦外黄当坑者。东至睢阳，闻之，皆争下项王。

汉果数挑楚军战，楚军不出。使人辱之，五六日，大司马怒，渡兵汜水。士卒半渡，汉击之，大破楚军，尽得楚国货赂[268]。大司马咎、长史翳、塞王欣皆自刭汜水上。大司马咎者，故蕲狱掾；长史欣，亦故栎阳狱吏。两人尝有德于项梁，是以项王信任之。当是时，项王在睢阳，闻海春侯军败，则引兵还。汉军方围钟离眜于荥阳东。项王至，汉军畏楚，尽走险阻。

是时，汉兵盛，食多；项王兵罢，食绝。汉遣陆贾说项王请太公[269]，项王弗听。汉王复使侯公往说项王，项王乃与汉约，中分天下，割鸿沟以西者为汉，鸿沟而东者为楚[270]。项王许之，即归汉王父母妻子。军皆呼万岁。汉王乃封侯公为平国君，匿弗肯复见，曰："此天下辩士，所居倾国[271]，故号为平国君。"项王已约，乃引兵解而东归。

汉欲西归，张良、陈平说曰："汉有天下太半，而诸侯皆附之。楚兵罢食尽，此天亡楚之时也。不如因其机而遂取之[272]。今释弗击，此所谓'养虎自遗患'也[273]。"汉王听之。汉五年，汉王乃追项王至阳夏南，止军，与淮阴侯韩信、建成侯彭越期会而击楚军。至固陵，而信、越之兵不会。楚击汉军，大破之。汉王复入壁，深堑而自守[274]。谓张子房曰："诸侯不从约，为之奈何？"对曰："楚兵且破，信、越未有分地，其不至固宜。君王能与共分天下，今可立致也。即不能，事未可知也。君王能自陈以东傅海，尽与韩信；睢阳以北至谷城，以与彭越：使各自为战，则楚易败也。"汉王曰："善。"于是乃发使者，告韩信、彭越曰："并力击楚。楚破，自陈以东傅海与齐王，睢阳以北至谷城与彭相国。"使者至，韩信、彭越皆报曰："请今进兵。"韩信乃从齐往。刘贾军从寿春并行，屠城父，至垓下[275]。大司马周殷叛楚，以舒屠六，举九江兵，随刘贾、彭越，皆会垓下，诣项王。

项王军壁垓下，兵少食尽，汉军及诸侯兵围之数重。夜闻汉军四面皆楚歌[276]，项王乃大惊曰："汉皆已得楚乎？是何楚人之多也！"项王则夜起，饮帐中。有美人名虞，常幸从[277]；骏马名骓[278]，常骑之。于是项王乃悲歌忼慨，自为诗曰："力拔山兮气盖世，时不利兮骓不逝[279]。骓不逝兮可奈何！虞兮虞兮奈若何[280]！"歌数阕[281]，美人和之。项王泣数行下。左右皆泣，莫能仰视。

于是项王乃上马骑，麾下壮士骑从者八百馀人，直夜[282]溃围南出[283]，驰走。平明[284]，汉军乃觉之，令骑将灌婴以五千骑追之。项王渡淮，骑能属者[285]百馀人耳。项王至阴陵，迷失道，问一田父[286]。田父绐曰[287]："左。"左，乃陷大泽中。以故汉追及之。项王乃复引兵而东，至东城[288]，乃有二十八骑。汉骑追者数千人。项王自度不得脱，谓其骑曰："吾起兵至今八岁矣，身七十馀战[289]，所当者破，所击者服，未尝败北，遂霸有天下。然今卒困于此，此天之亡我，非战之罪也。今日固决死，愿为诸军快战[290]，必三胜之，为诸君溃围、斩将、刈旗[291]，令诸君知天亡我，非战之罪也。"乃分其骑以为四队，四向。汉军围之数重。项王谓其骑曰："吾为公取彼一将。"令四面骑驰下，期山东为三处[292]。于是项王大呼驰下，汉军皆披靡[293]，遂斩汉一将。是时，赤泉侯[294]为骑将，追项王，项王瞋目而叱之，赤泉侯人马俱惊，辟易数里[295]。与其骑会为三处。汉军不知项王所在，乃分军为三，复围之。项王乃驰，复斩汉一都尉，杀数十百人。复聚其骑，亡其两骑耳。乃谓其骑曰："何如？"骑皆伏曰："如大王言。"

于是项王乃欲东渡乌江[296]。乌江亭长舣船待[297]，谓项王曰："江东虽小，地方千里，众数十万人，亦足王也。愿大王急渡。今独臣有船，汉军至，无以渡。"项王笑曰："天之亡我，我何渡为！且籍与江东子弟八千人渡江而西，今无一人还，纵江东父兄怜而王我[298]，我何面目见之！纵彼不言，籍独不愧于心乎！"乃谓亭长曰："吾知公长者。吾骑此马五岁，所当无敌，尝一日行千里，不忍杀之，以赐公。"乃令骑皆下马步行，持短兵接战[299]。独籍所杀汉军数百人。项王身亦被十馀创[300]。顾见汉骑司马吕马童曰[301]："若非吾故人乎？"马童面之[302]，指王翳曰："此项王也！"项王乃曰："吾闻汉购我头千金[303]，邑万户。吾为若德[304]。"乃自刎而死。王翳取其头。馀骑相蹂践，争项王，相杀者数十人。最其后[305]，郎中骑杨喜、骑司马吕马童、郎中吕胜、杨武，各得其一体。五人共会其体，皆是。分其地为五：封吕马童为中水侯，封王翳为杜衍侯，封杨喜为赤泉侯，封杨武为吴防侯，封吕胜为涅阳侯。

项王已死，楚地皆降汉，独鲁不下。汉乃引天下兵，欲屠之。为其守礼义，为主死节，乃持项王头视鲁[306]。鲁父兄乃降。始，楚怀王初封项籍为鲁公；及其死，鲁最后下，故以鲁公礼葬项王谷城。汉王为发哀[307]，泣之而去。

诸项氏枝属[308]，汉王皆不诛。及封项伯为射阳侯。桃侯、平皋侯、玄武侯皆项氏，赐姓刘。

太史公[309]曰：吾闻之周生曰[310]："舜目盖重瞳子[311]。"又闻项羽亦重瞳子，羽岂其苗裔邪[312]？何兴之暴也[313]！夫秦失其政，陈涉首难，豪杰蠭起，相与并争，不可胜数。然羽非有尺寸[314]，乘势起陇亩之中[315]，三年，遂将五诸侯灭秦[316]，分裂天下，而封王侯，政由羽出，号为霸王，位虽不终，近古以来未尝有也。及羽背关怀楚[317]，放逐义帝而自立，怨王侯叛己，难矣。自矜功伐[318]，奋其私智而不师古[319]，谓霸王之业，欲以力征经营天下[320]，五年卒亡其国，身死东城，尚不觉寤[321]，而不自责，过矣。乃引"天亡我，非战之罪也"，岂不谬哉！

［注释］

①本文选自《二十五史（一）·史记·项羽本纪》，上海古籍出版社 1986 年版。《史记》是我国第一部纪传体通史，记载了上自传说中的黄帝下至汉武帝太初年间长达三千多年的历史。全书共一百三十篇，包括"本纪"十二篇、"表"十篇、"书"八篇、"世家"三十篇、"列传"七十篇。《史记》开创了我国以写人物为主的纪传体史学，对后世史学和文学有重大影响。

司马迁将项羽列入"本纪"，充分肯定了项羽在灭秦过程中的重要贡献和历史地位。《太史公自序》云："秦失其道，豪杰并扰。项梁业之，子羽接之，杀庆救赵，诸侯立之；诛婴背怀，天下非之。作《项羽本纪》第七。"

②司马迁（前145或前135—?）：字子长，夏阳（今陕西韩城南）人，西汉时伟大的历史学家和文学家。幼时便诵读古书。十岁时随父亲、太史令司马谈赴长安读书。二十岁起漫游南北；初仕郎中后奉使出行，足迹几遍全国。以丰富的知识、阅历和史料积累，为著作《史记》奠定了基础。太初元年（前104）继父职任太史令，遂承父业开始撰写《史记》。后因李陵事件入狱，受宫刑。出狱后任中书令，发愤著作，约在公元前91年完成所著史籍，人称《太史公书》，后称《史记》。

③下相：秦所置县，治所在今江苏省宿迁县西。

④初起时：开始起兵的时候，即秦二世元年（公元前209年）。

⑤季父：叔父，古代称父亲的小兄弟为季父，兄弟的排列次序依次为伯、仲、叔、季。

⑥项：今河南省项城县东北，即古项国，后转封给项燕的先人。

⑦学剑：学习剑术。

⑧竟学：完成学业。竟，完毕。

⑨栎（yuè）阳逮：被栎阳县吏逮捕。栎阳，秦所置县，治所在今陕西省临潼县东北。

⑩蕲（qí）：秦所置县，治所在今安徽省宿县南。狱掾（yuàn）：掌管刑狱的小官。

⑪曹咎：人名。书：书信。这句话的意思是请托蕲县掌管狱讼的小官曹咎写一封说情的书信。

⑫“抵栎阳”句：把书信送给栎阳掌管狱讼的司马欣。抵：到达。

⑬以故事得已：因为这个缘故，项梁受追捕事得以了结。

⑭吴中：今江苏省吴县。

⑮贤士大夫：有声望的人。

⑯皆出项梁下：都在项梁之下，不及项梁。

⑰大繇役及丧：古时统治者筑城、建屋、造路等重大差使和大规模的丧仪，都需要迫令各地人民来应差。繇役，即徭役、劳役。

⑱“阴以兵法”句：暗中按照兵法组织训练外来及本地的青壮年。部勒：组织。宾客：流寓在当地的外乡人。子弟：本地的青壮年。

⑲会稽：山名，在今浙江省绍兴县东南。

⑳浙江：指今浙江省钱塘江。

㉑族：灭族。古代一种残酷的刑罚，一人有罪，诛及亲属。

㉒鼎：古代烹煮用的器物，多用青铜制成，一般是圆形三足两耳，重达几百斤、上千斤。

㉓才气：指才干、能力、见识等。

㉔惮：畏惧，这里有敬畏的意思。

㉕秦二世元年：即公元前209年。

㉖起大泽中：起兵于大泽乡中。大泽：在今安徽省宿县西南。

㉗会稽守通：会稽郡守殷通。守：郡的长官。通：人名，姓殷。

㉘江西皆反：指陈涉起兵大泽乡时，长江以北及中原地区，到处有人起来响应，反抗官府。江西：是指长江在安徽、江苏境内的北岸淮水以南地区。其南岸南京一带则称江东。

㉙先即制人：意思是先动手控制对方。制：遏制，引申为控制、掌握。

㉚使公及桓楚将：令项梁及桓楚一起统率（兵马）。将（jiàng）：带兵、统率。

㉛亡在泽中：避罪逃亡在山林湖泽之中。亡：逃亡。

㉜眴（shùn）：以目示意，使眼色。

㉝绶：穿缚印纽的丝带。

㉞门下：指郡下的侍从、护卫等。

㉟慴（zhé）伏：骇倒。慴：恐惧。

㊱豪吏：有势力、有声望的吏士。

㊲举：发动，集合。

㊳收：收取、攻占的意思。

㊴伏：通“服”。

㊵徇（xùn）：带兵巡行占领地方，兼有示威、抚安等意义。

㊶且：将要。

㊷矫陈王命：假传陈涉的命令。矫：假托。

㊸拜：授与官职。上柱国：相当于后世的相国。这句的意思是授项梁做楚王，封上柱国官职。

㊹使使：派遣使者。

㊺令史：县令的书吏。

㊻置长：推出首领。

㊼苍头：用玄青色头巾裹头，表示与其他军队不同。特起：突出的意思。

㊽先古：祖先。贵者：显贵的人，指做了大官。

㊾暴得大名：突然声名显赫。

㊿有所属：归别人统属。

51指名：这里是注目的意思。

52军下邳：军队驻扎在下邳县。军：动词，驻扎的意思。

53距：通“拒”，抗拒。

54先首事：首先发难，带头起义。

55未闻所在：没听说在哪里，下落不明。

56倍：通“背”，背叛。

57坑：活埋。

58定死：确实死了。

69会薛计事：聚会薛地，商议事情。

60沛公：刘邦，他起兵沛地，称为沛公。沛：秦所置县，治所在今江苏省沛县东。

61素居家：一向住在家里，指没有出外任职。

62固当：本是应该的。

63反：同“返”。

64楚南公：战国时楚国一个南方老人，善言阴阳。

⑥⑤楚虽三户，亡秦必楚：这是当时流行的谶语，表示楚国人怨秦最深，即使楚国只剩三户人家了，灭秦国的必定还是楚国人。

⑥⑥蠭午：蠭：同“蜂”。午：纵横交错。

⑥⑦求楚怀王孙心民间：在民间求访到楚怀王的孙子名叫心（熊心）的人。

⑥⑧盱台（xū yí）：秦所置县，治所在今江苏省盱眙县东北。

⑥⑨亢父（gāng fǔ）：县名，秦置，治所在今山东省济宁市南。

⑦⓪东阿：秦县名，在今山东省阳谷县东北的阿城镇。

⑦①数使使趣齐兵：（项梁）屡次派人催促齐发兵。数：屡次。趣（cù）：通“促”，催促。

⑦②与国：结交友好的国家，盟国。

⑦③穷：这里是处境困难的意思。

⑦④市于齐：收买齐国，讨好齐国。市：买。

⑦⑤西略地：向西攻取城邑。略：攻占。

⑦⑥比：及，等到。

⑦⑦少：同“稍”，略有的意思。

⑦⑧论：预测，推断的意思。

⑦⑨果：果然。悉：全部。

⑧⓪益章邯：增援章邯。

⑧①砀（dàng）：秦置县，治所在今河南永城县东北。

⑧②钜鹿：秦置县，在今河北省平乡西南。

⑧③甬道：两道有墙的通道。

⑧④输之粟：运送粮食给他们（指王离、涉间的部队）。

⑧⑤将：带领。

⑧⑥知兵：懂得兵事。

⑧⑦说：同“悦”，喜欢，高兴。

⑧⑧置：任用。上将军：诸将军的首领，即主帅。

⑧⑨卿子冠军：卿子，当时对男子的尊称。宋义是上将军，故尊称为“卿子冠军”。

⑨⓪虻（méng）：牛虻，寄生于牛背上的一种吸血昆虫。虮虱：虱子的总称。这里用作比喻。

⑨①罢（pí）：通“疲”，疲乏。

⑨②承其敝：趁它衰败的时候。承：通“趁”，趁着。敝：疲惫，衰败。

⑨③鼓行而西：击着鼓向西进军。古代进军时击鼓，退兵时鸣金。

⑨④举：这里是攻取、战胜的意思。

⑨⑤被坚执锐：披着坚固的铠甲，拿着锐利的武器。被：通“披”。

⑨⑥坐而运策：在军营里运谋用策。

⑨⑦很：同“狠”。

⑨⑧强不可使者：倔强不听命令的人。

⑨⑨“身送之”句：亲自送他（指宋襄）到无盐这个地方。无盐：秦县名，治所在今山东省东平县东南。

⑩⑩高会：盛会，大会宾客。

⑩①戮力：并力，合力。

⑩②芋菽：芋头和豆类。

⑩③见（xiàn）粮：现存的粮食。见：同“现”。

⑩④因赵食：利用赵国的粮食饷军。因：依靠，利用。

⑩⑤国兵新破：指楚国的军队新近被秦国攻破。国兵：楚人自称。

⑩⑥徇：营谋的意思。

⑩⑦社稷：古代帝王所祭的土神与谷神，后引申为国家的代称。

⑩⑧朝：谒见。古时臣子谒见君王、僚属参见长官，叫做“朝”。

⑩⑨阴令：暗中命令。

⑪⑩枝梧：抗拒。

⑪①假：代理。

⑪②报命：报告复命。

⑪③釜甑：古代蒸煮饭用的陶瓦器具。

⑪④十馀壁：十多座营垒。壁：军营的围墙，引申为营垒。

⑪⑤惴恐：惊惶。

⑪⑥辕门：营门。古代行军扎营，以车辕（车前驾牛马用的直木）对立为门，故名辕门。

⑪⑦膝行而前：跪在地上，用膝向前行进。

⑪⑧数却：屡次退却。

⑪⑨让：这里作“责备”解。

⑫⑩请事：请示。

⑫①司马门：宫廷的外门，有兵守卫。

⑫②赵高：秦二世时宰相。

⑫③还走：回头逃跑。

⑫④“赵高用事”两句：赵高在朝廷里专权用事，他下面的人不可能办好事。

⑫⑤孰计之：仔细地考虑这个问题。孰：同“熟”，仔细，熟练。

⑫⑥遗章邯书：送信给章邯。遗：送。

⑫⑦素谀日久：蒙蔽很久时间。谀（yú）：谄媚、奉承，这里是蒙蔽的意思。

⑫⑧内郤：与朝廷内部大官有怨仇。郤：通“隙”，裂痕，此引申作“怨仇”。

⑫⑨“无愚智”句：无论愚蠢的人或聪明的人都知道这个（指亡秦）。

⑬⑩为从：联合。从：即“纵”。

⑬①分王其地：分割秦地，各自为王。王：用作动词，称王。

⑬②南面称孤：为帝称王。古代帝王的座位向南，称为“南面”。孤：是帝王自称谦词。

⑬③身伏鈇质：身受酷刑。鈇：同“斧”。质：砧板。鈇质，原是腰斩的刑具，泛指

酷刑。

⒀妻子为僇：妻和子女诛连被杀。僇：同“戮”。

⒁阴使候始成：暗中派出军候名始成的人。候：军候，宦名。

⒂欲约：想订条约。

⒃度：通“渡”。三户：渡口名，在今河北省临漳县西。

⒄与期：相与约定会期。

⒅前行：先头部队。

⒆无状：没有礼貌。

⒇奴虏使之：把秦吏卒当奴隶或俘虏使唤。

⒉微闻：暗地听到。

⒊行略定：进军平定。

⒋戏西：戏水之西。戏水：渭水支流，在今陕西省临潼县东。

⒌霸上：也作“灞上”，在今陕西省西安市东，即灞水西边的白鹿原。

⒍子婴：秦二世的哥哥扶苏的儿子，赵高杀二世后，立子婴为秦王，在位四十六天。刘邦破咸阳，子婴降，后被项羽所杀。

⒎旦日飨士卒：明天用酒食犒赏战士。旦日：明早。

⒏山东：指崤山以东地区，战国时泛称六国之地为山东。

⒐幸：古代称天子所到为临幸，所爱为宠幸。这里指宠幸。

⒑望其气：这是古代的迷信说法，看人头上的云气，判断凶吉贵贱。这里意指刘邦是贵人，将为天子。

⒒素善：向来友好和善。张良：字子房，是刘邦的谋臣，后封为留侯。

⒓亡去：逃走。

⒔鲰（zōu）生：指浅陋无知的小人。一说是姓鲰的；又一说，此人姓解。

⒕距关，毋内诸侯：拒守函谷关，不让诸侯（指项羽等）入关来。距：通“拒”。内：同“纳”，接纳的意思。

⒖背：违背。

⒗安与项伯有故：怎么同项伯有交情。

⒘要：邀。

⒙奉卮酒为寿：敬上一杯酒祝项伯健康长寿。卮（zhī）：古代酒器。

⒚约为婚姻：约定做儿女亲家。

⒛籍吏民：将官吏民众登记在簿籍上。籍：记录。

⒈非常：意外的变故。

⒉倍德：忘恩负义。倍：通“背”。

⒊蚤：同“早”。谢：在这句作“谢罪”、“道歉”解。

⒋因善遇之：用和善的态度对待他。

⒌戮力：合力。

⒍河北、河南：古代黄河以北、以南的泛称。

⑯⑦东向坐：面向东坐，古人以东向的座位为尊位。
⑯⑧亚父：仅次于父亲的长辈。
⑯⑨数目：多次使眼色。
⑰⓪玦（jué）：环形而有缺口的玉器。
⑰①不忍：不狠心，心肠软。
⑰②若：你。
⑰③不者：否则。不：同“否”。
⑰④若属：你等，你们。
⑰⑤迫：急迫，危急。
⑰⑥与之同命：和他（项庄）拼命。
⑰⑦欲止不内：想阻挡他不让他进去。内：同“纳”。
⑰⑧披帷：揭开帷帐。
⑰⑨瞋（chēn）目：怒目瞪人。
⑱⓪眦（zì）：眼眶。
⑱①跽（jì）：古人席地而坐，上身挺直，两膝着地，叫“跽”，即长跪。
⑱②参乘：即骖乘，古代在车右边陪乘的人，即警卫人员。参，同“骖”
⑱③斗卮酒：一大杯酒。斗：古代大的盛酒器。
⑱④彘（zhì）肩：猪前腿。彘，猪。
⑱⑤啗（dàn）：同“啖”，吃。
⑱⑥“杀人”二句：杀人唯恐不多，用刑唯恐不重。
⑱⑦听细说：听信小人的谗言。
⑱⑧窃：私意，自谦之词。
⑱⑨从良坐：在张良身旁坐下。
⑲⓪如：往。
⑲①大行：大事。
⑲②细谨：细微末节，琐屑事务。
⑲③刀俎（zǔ）：宰割的刀和砧板。
⑲④来何操：来的时候带了什么（指礼品）。
⑲⑤玉斗：玉制的酒器。
⑲⑥会：适逢，碰上。
⑲⑦置车骑：留下随从的车骑。置：留下，丢弃。
⑲⑧步走：徒步快行。
⑲⑨间行：抄小路走。
⑳⓪度：估量，估计。
⑳①间至军中：走小路近道回到军营。
⑳②不胜桮杓：不能多饮酒了，意思是已经醉了。桮：同“杯”。杓：取酒之器。
⑳③足下：古代对人的尊称。

⑳④大将军：这里指范增。

⑳⑤督过：责罪。

⑳⑥竖子：相当于“小人”。这里明骂项庄，暗指项羽。

⑳⑦阻山河四塞：言关中山河关塞多，有险阻，可以防守。

⑳⑧可都以霸：可以在这里建都称霸。

⑳⑨沐猴而冠：猴子带着帽子，样子像人。这里比喻项羽虚有仪表，实际不能成大事。沐猴：猕猴，猢狲。

㉑⓪致命：报告请示。

㉑①如约：按原来所约定的办。楚怀王曾与反秦将领约定：“先入关中者王之。”

㉑②义帝：相当于假帝。

㉑③先王诸将相：先封诸将相为王。

㉑④假立诸侯后：暂时封六国诸侯的后代为王。

㉑⑤暴露于野：露宿在野外。说明军中生活艰苦。暴（pù）：同“曝”。

㉑⑥有天下：统一中国，占有全国。

㉑⑦讲解：讲和，和解。

㉑⑧恶（wù）：讨厌，嫌忌。

㉑⑨迁人：因罪被流放的人。

㉒⓪距塞汉王：堵塞刘邦向东发展的路。距：抵御。

㉒①嬖（bì）臣：宠幸的臣子。

㉒②迎楚河上：迎接楚军于河南郡境的河边上。

㉒③因故都：仍居旧都。因：沿袭。

㉒④汉之元年：即公元前206年。

㉒⑤戏下：麾下，帅旗下。诸侯罢戏下，诸侯受封完毕，各在项羽的帅旗下撤兵归去。

㉒⑥趣（cù）：催迫。

㉒⑦宰：主宰。不平：不公道。

㉒⑧不义：不合道义。

㉒⑨资馀兵：以军队资助我陈馀。

㉓⓪扞（hàn）蔽：外围屏障。

㉓①汉王失职：这是刘邦为自己还定三秦作的解释。意思是说自己没有按照原来义帝之约：“先入关者王之。”本来，刘邦先入关应在秦地称王，后来却到巴蜀、汉中，有失职守。

㉓②三匝（zā）：三周，三重。

㉓③于是：在这时候，正当这时。

㉓④窈冥昼晦：白昼如同黑夜一般。

㉓⑤坏散：崩溃。

㉓⑥家皆亡：家属都已逃散。

㉓⑦孝惠：刘邦的儿子刘盈，嗣位为汉孝惠帝。鲁元：刘邦的女儿。

㉟太公：刘邦的父亲。吕后：吕雉，刘邦的妻子。

㊴审食其：吕后宠幸的臣子，后封辟阳侯，为左丞相。

⑳常置军中：长久留在军营中（即做人质）。

㉑未傅：指不符合服役年龄，尚未登记入名册的人。傅：同“附”，附着，引申为登记。

㉒诣（yì）：前往，到……去。

㉓逐北：追逐败逃的敌人。北：败走。

㉔京、索间：京邑（今河南荥阳县东南）和索亭（今荥阳县治）之间。

㉕属之河：连接到黄河边。

㉖敖仓粟：敖，山名，在荥阳县西北，秦时在其中修仓藏粮食，所以称为敖仓粟。

㉗易与耳：容易对付。

㉘间项王：离间项王（与范增的关系）。

㉙为太牢具：办了最丰盛的筵席。古代祭祀宴会，凡猪牛羊齐备的叫太牢。

㉚详：同“佯”，假装。

㉛更持去：撤掉原来的酒席。

㉜以恶食食项王使者：拿粗劣的食物给项王的使者吃。

㉝愿赐骸骨归卒伍：请求免职归为普通士民。卒伍：古代军队编制，五人为伍，百人为卒。

㉞疽发背而死：背部毒疮发作而死。

㉟诳楚为王：假装成汉王来蒙骗楚兵。

㊱黄屋车：古代皇帝乘用的车，车盖的里子用黄缯制成。

㊲傅左纛（dào）：把毛羽组成的大旗插在车的左上方。纛：古代军队里的大旗。

㊳趣降：赶快投降。趣：通“促”，立刻。

㊴积聚：指军用粮草辎重。

㊵急下：马上降服。

㊶只益祸耳：只增加祸患罢了。

㊷罢转漕：疲于水陆运输军需的苦役。罢：通“疲”。转：车载。

㊸匈匈：同“汹汹”，喧扰，不安宁。

㊹间问：探问，打听。

㊺广武间：即“广武涧”。广武山有东西两城，东城为楚所筑，西城为汉所筑，两城为广武涧分隔。

㊻数（shǔ）之：列举他（指项羽）的罪状。数：计算，引申为一一列举。

㊼外黄令舍人儿：外黄县令的门客的儿子。

㊽货赂：财物。

㊾请太公：请求释放太公。

㊿鸿沟：河流名，在今河南省中牟县境内，古代汴水的支流，就是今天的贾鲁河。

271所居倾国：指侯公巧言善辩，他所到之处，有倾覆国家的危险。

㉗²因其机：趁这个机会。

㉗³养虎自遗患：比喻姑息敌人必留下祸患。

㉗⁴堑：沟壕。

㉗⁵垓下：地名，在今安徽省灵璧县南沱河北岸。

㉗⁶楚歌：楚地歌曲。

㉗⁷幸从：宠爱，亲近。

㉗⁸骓（zhuī）：良马名。

㉗⁹逝：奔驰。

㉘⁰奈若何：对你怎么办？将你怎样安排？

㉘¹阕（què）：一首曲子终了叫阕。歌数阕：唱了几遍。

㉘²直夜：当夜。

㉘³溃围：突破重围。

㉘⁴平明：天刚亮。

㉘⁵属（zhǔ）：跟随，跟上。

㉘⁶田父（fǔ）：农夫。

㉘⁷绐（dài）：欺骗。

㉘⁸东城：秦所置县，故治所在今安徽省定远县东南。

㉘⁹身：亲身。

㉙⁰快战：痛痛快快地打一仗。

㉙¹刈旗：砍倒敌人的旗帜。

㉙²期山东为三处：约定在山的东面分三处集合。山：相传是今安徽省和县的四隤（tuí）山。

㉙³披靡：形容汉军惊惶溃散。

㉙⁴赤泉侯：汉将杨喜，后因破项羽有功，封赤泉侯。

㉙⁵辟易：倒退。

㉙⁶乌江：今安徽省和县东北长江西岸的乌江浦。

㉙⁷亭长：秦汉时制度，十里一亭，亭设亭长。舣船：停船靠岸。

㉙⁸怜而王我：怜惜我而拥护我为王。

㉙⁹短兵：短小轻便的兵器，如刀、剑、匕首之类。

㉚⁰被十馀创：受伤十几处。创：伤。

㉚¹顾见：回头看见。

㉚²面之：面对着他（项羽）。

㉚³购：悬赏，征求。

㉚⁴吾为若德：我就送你个人情吧。

㉚⁵最其后：就是“最后”，“末了”的意思。

㉚⁶视鲁：出示给鲁人看。视：通“示”。

㉚⁷发哀：发丧。

308枝属：宗族、本家。
309太史公：司马迁自称。
310周生：汉代的儒家学者。
311重瞳子：一个眼睛有两个瞳仁（眸子）。
312苗裔：后代子孙。
313暴：猝然，突然。
314非有尺寸：没有一点权势可以依凭。
315陇亩：田野，比作民间。
316五诸侯：指齐、赵、韩、魏、燕五个诸侯国。
317背关怀楚：背弃关中，怀念楚地。
318自矜（jīn）功伐：因功自负，自夸战功。矜：夸耀。
319“奋其”句：仗持个人的聪明才智，而不肯效法古人。
320“欲以力征”句：想靠武力来征服诸侯，统治天下。力征：以武力征伐。
321觉寤：觉醒。寤：通“悟”，醒悟。

归去来兮辞[①]

陶渊明[②]

余家贫，耕植不足以自给。幼稚盈室，缾无储粟[③]，生生所资，未见其术[④]。亲故多劝余为长吏[⑤]，脱然有怀[⑥]，求之靡途。会有四方之事，诸侯以惠爱为德，家叔以余贫苦，遂见用于小邑[⑦]。于是风波未静，心惮远役[⑧]，彭泽去家百里，公田之利[⑨]，足以为酒，故便求之。及少日，眷然有归欤之情[⑩]。何则？质性自然，非矫厉所得[⑪]。饥冻虽切，违己交病[⑫]。尝从人事，皆口腹自役[⑬]。于是怅然慷慨，深媿平生之志[⑭]。犹望一稔，当敛裳宵逝[⑮]。寻程氏妹丧于武昌，情在骏奔，自免去职[⑯]。仲秋至冬，在官八十余日。因事顺心命篇[⑰]，曰“归去来兮”，乙巳岁十一月也[⑱]。

归去来兮，田园将芜，胡不归！既自以心为形役[⑲]，奚惆怅而独悲？悟已往之不谏，知来者之可追[⑳]；实迷途其未远[㉑]，觉今是而昨非。舟遥遥以轻飏[㉒]，风飘飘而吹衣，问征夫以前路，恨晨光之熹微[㉓]。乃瞻衡宇，载欣载奔[㉔]，僮仆欢迎，稚子候门。三径就荒，松菊犹存[㉕]；携幼入室，有酒盈罇[㉖]。引壶觞以自酌，眄庭柯以怡颜[㉗]；倚南窗以寄傲，审容膝之易安[㉘]。园日涉以成趣[㉙]，门虽设而常关；策扶老以流憩，时矫首而遐观[㉚]。云无心以出岫[㉛]，鸟倦飞而知还；景翳翳以将入，抚孤松而盘桓[㉜]。

归去来兮，请息交以绝游[㉝]。世与我而相违，复驾言兮焉求[㉞]！悦亲戚之情话[㉟]，乐琴书以消忧。农人告余以春及，将有事于西畴[㊱]。或命巾车，或棹孤舟[㊲]；既窈窕以寻壑[㊳]，亦崎岖而经丘。木欣欣以向荣，泉涓涓而始流[㊴]；善万物之得时，感吾生之行休[㊵]！

已矣乎[㊶]，寓形宇内复几时，曷不委心任去留[㊷]。胡为遑遑欲何之[㊸]？富贵非吾愿，帝乡不可期[㊹]。怀良辰以孤往，或植杖而耘耔[㊺]。登东皋以舒啸[㊻]，临清流而赋诗。聊乘化以归尽，乐夫天命复奚疑[㊼]！

[注释]

①本文选自清宣统三年贵池刘氏玉海堂影印本《笺注陶渊明集》，为作者辞去澎泽令归田时作。归去来兮：归去吧！来、兮皆为语助词。辞：一种押韵的文体。

②陶渊明（365—427）：字元亮。可能于入宋后改名潜，字渊明。浔阳柴桑（今江西

省九江市西南）人。二十九岁起做过“祭酒”、“参军”之类的地方小吏及澎泽令，但时间都不久。四十一岁辞官后便一直隐居田园。著有《陶渊明集》。

③缾（píng）：瓦甖，本义为汲器，此作盛米的容器。亦写作“瓶”。

④生生：维持生计。资：凭借。术：本领。

⑤长吏：县府中的丞、尉。

⑥脱然：忽然。

⑦“会有”四句：会：恰逢。四方之事：指当时地方军阀之间的战事。晋安帝元兴、义熙年间，桓玄篡位失败，刘裕崛起揽权，征战频仍。惠爱：爱惜人才。家叔：指陶夔，时任太常卿。见用于小邑：指被任用为澎泽令。

⑧惮：害怕。远役：出差到远地去。

⑨公田：地方政府所有供官俸的田。据萧童《陶渊明传》：“公田悉令吏种秫，曰：‘吾常得醉于酒，足矣！’妻子固请种粳，乃使二顷五十亩种秫，五十亩种粳。”

⑩眷然：思恋的样子。归欤：据《论语·公冶长》云：孔子周游列国时在陈被困，曾发出“归欤、归欤”的叹息。这里指辞官归田的念头。

⑪质性：本性。矫厉：造作，勉强。

⑫违己：违反本心做事。病：此指痛苦。

⑬人事：（官场上的）应酬、请托之事。口腹自役：为了满足口腹的要求而役使自己。

⑭怅然慷慨：失望、懊恼而情绪激动的样子。媿：“愧”的异体字。

⑮稔（rěn）：谷一熟叫一稔。敛裳宵逝：收拾行装连夜走掉。

⑯程氏妹：作者的妹妹，因嫁程氏，故以夫姓称之。骏奔：骑快马飞驰而去，喻急于奔丧。

⑰因事：因上述之事。顺心命篇：顺随心意，执笔为文。

⑱乙巳岁：晋安帝义熙元年（公元405年）。

⑲形：身体。心为形役：内心不想出仕而身已为官，是心被形所驱役。

⑳谏：止，犹言挽救。追：挽回，弥补。

㉑迷途：指出仕。

㉒遥遥：一作“摇摇”，船摇动的样子。

㉓征夫：行人。前路：前面路程的远近。熹微：星光微弱。熹：光明。

㉔瞻：望。衡宇：指简陋的房子。载：语助词，且。

㉕三径：庭园中的小径。汉蒋翊隐居后，舍中开三径，只与求仲、羊仲二人交往，二人也是逃名不出之士。犹存：还生长得好。

㉖罇：酒器，同“樽”。

㉗引：引取。眄（miǎn）：闲视。庭柯：庭院中的树木。柯，枝杈。怡颜：使颜色和悦。

㉘审：深知。容膝：指居室狭小。

㉙涉：涉足，散步。趣：趣味。

㉚策：拄着。扶老：手杖。流憩：即游憩。遐观：向远处眺望。

㉛岫（xiù）：山洞，此泛指山峰。以：或作“而”。

㉜景：日光。翳翳：暗貌。盘桓：盘旋，徘徊。

㉝息交以绝游：谢绝与世俗的交游。

㉞驾：驾车出游。言：虚词，无义。

㉟“悦亲戚”句：指喜欢和亲戚聊天。

㊱事：农事，春耕。西畴：西田。

㊲或：有时。命：命驾，命人驾车。巾车：有帷幕的车子。棹（zhào）：划船的长桨，此作动词。

㊳窈窕：幽深曲折的样子。

㊴涓涓：泉水细流不绝的样子。

㊵行休：将要结束，生命将走到尽头。

㊶已矣乎：犹言算了吧。

㊷委心：随着自己的心意。

㊸遑遑：心不安貌。

㊹帝乡：神话中天帝所居之所。

㊺植杖：把手杖插在田边。耘：锄草。耔：培苗。

㊻皋：此指田边高地。舒啸：舒气长啸。

㊼乘化：顺随生命自然的变化。归尽：谓死亡。

滕王阁序[①]

王　勃[②]

豫章故郡，洪都新府[③]。星分翼轸[④]，地接衡庐[⑤]。襟三江而带五湖，控蛮荆而引瓯越[⑥]。物华天宝，龙光射牛斗之墟[⑦]；人杰地灵，徐孺下陈蕃之榻[⑧]。雄州雾列，俊采星驰[⑨]。台隍枕夷夏之交[⑩]，宾主尽东南之美。都督阎公之雅望，棨戟遥临[⑪]；宇文新州之懿范，襜帷暂驻[⑫]。十旬休假[⑬]；胜友如云，千里逢迎，高朋满坐。腾蛟起凤，孟学士之词宗[⑭]；紫电青霜，王将军之武库[⑮]。家君作宰，路出名区[⑯]；童子何知，躬逢胜饯[⑰]。

时维九月，序属三秋[⑱]。潦水尽而寒潭清[⑲]，烟光凝而暮山紫。俨骖騑于上路，访风景于崇阿[⑳]。临帝子之长洲，得天人之旧馆。[㉑]层台耸翠，上出重霄；飞阁流丹，下临无地[㉒]。鹤汀凫渚，穷岛屿之萦回；桂殿兰宫，即冈峦之体势。[㉓]披绣闼，俯雕甍[㉔]。山原旷其盈视，川泽纡其骇瞩[㉕]。闾阎扑地，钟鸣鼎食之家[㉖]；舸舰迷津，青雀黄龙之轴[㉗]。云销雨霁，彩彻区明[㉘]。落霞与孤鹜齐飞[㉙]，秋水共长天一色。渔舟唱晚，响穷彭蠡之滨[㉚]，雁阵惊寒，声断衡阳之浦[㉛]。

遥襟甫畅，逸兴遄飞[㉜]。爽籁发而清风生。纤歌凝而白云遏[㉝]。睢园绿竹，气凌彭泽之樽[㉞]；邺水朱华，光照临川之笔[㉟]。四美具，二难并[㊱]。穷睇眄于中天，极娱游于暇日[㊲]。天高地迥，觉宇宙之无穷；兴尽悲来，识盈虚之有数[㊳]。望长安于日下，指吴会于云间[㊴]。地势极而南溟深，天柱高而北辰远[㊵]。关山难越，谁悲失路之人；萍水相逢[㊶]，尽是他乡之客。怀帝阍而不见，奉宣室以何年？[㊷]嗟乎！时运不齐，命途多舛[㊸]。冯唐易老，李广难封。[㊹]屈贾谊于长沙[㊺]，非无圣主；窜梁鸿于海曲，岂乏明时[㊻]？所赖君子安贫，达人知命。[㊼]老当益壮，宁移白首之心[㊽]；穷且益坚，不坠青云之志[㊾]。酌贪泉而觉爽，处涸辙而犹欢[㊿]。北海虽赊，扶摇可接[51]。东隅已逝，桑榆非晚[52]。孟尝高洁，空怀报国之情[53]；阮籍猖狂，岂效穷途之哭[54]！

勃，三尺微命，一介书生。[55]无路请缨，等终军之弱冠[56]；有怀投笔，爱宗悫之长风[57]。舍簪笏于百龄，奉晨昏于万里[58]。非谢家之宝树，接孟氏之芳邻[59]。他日趋庭，叨陪鲤对[60]；今兹捧袂，喜托龙门[61]。杨意不逢，抚凌云而自惜[62]；钟期既遇，奏流水以何惭[63]！

呜呼！胜地不常，盛筵难再[64]。兰亭已矣，梓泽丘墟[65]。临别赠言，幸承恩于伟饯[66]；登高作赋，是所望于群公。敢竭鄙怀，恭疏短引[67]。一言均赋，四韵俱成[68]。请洒潘江，各倾陆海云尔[69]。

［注释］

①本文选自清光绪九年吴县蒋氏刻本《王子安集注》，原题《秋日登洪府滕王阁饯别序》。滕王为唐高祖李渊第二十二子，名元婴，贞观十三年（639）受封为滕王，任洪州都督时，在那里建一巨阁，世称“滕王阁”。唐高宗上元二年（675）九月，时任洪州都督的阎某在滕王阁宴客，作者往交趾（今越南北部地）省父路过洪州，被邀与会，即席写下这篇序文。

②王勃（649或650—676）：字子安，绛州龙门（今山西河津）人。与同时的杨炯，卢照邻、骆宾王并称“初唐四杰”。勃不到二十岁即应举及第，授朝散郎。后任沛王李贤府中的修撰。因替沛王作《檄英王斗鸡文》，触怒高宗李治，被斥出府去。后来曾任虢州参军，又因犯罪除名，其父亦受牵连而被贬为交趾令。上元二年，王勃往交趾省父，十一月过海时落水而死，距作这篇序文只有几个月。著有《王子安集》。

③豫章：郡治在今江西南昌市。隋时称豫章郡，所以说“故郡”；唐代改为洪州都督府，所以说“新府”。

④星分翼轸：分：分野。古代人把天上的星宿位置和地上的几个大区域相对应，称之为“分野”。翼、轸：都是星宿名，其分野对应地上的吴和楚地区。豫章郡古属楚地。

⑤地接衡庐：州境连接衡山和庐山。

⑥襟：衣襟，用为动词，面对。三江：即松江、娄江、东江。带：腰带，用为动词，围绕。五湖：即太湖、鄱阳湖、青草湖、丹阳湖、洞庭湖。蛮荆：荆，先秦时楚地，后因开化较晚，称“南蛮”，即今湖北、湖南地区。瓯越：即东瓯，今浙江省部分地区。

⑦物华：物有光华。天宝：天之宝物。龙光：龙泉宝剑之光芒。牛斗：牛星和斗星。墟：地区。相传晋代张华见牛、斗二星之间有紫气，后使雷焕于丰城狱中掘地得二剑，一名龙泉，一名太阿。雷焕说：“宝剑之精，上彻于天。”

⑧徐孺：徐稚，字孺子，豫章人，后汉时高士。陈蕃：字仲举，后汉汝南人，志操高洁，曾为豫章太守。据《后汉书·徐稚传》：陈藩为太守时，“在郡不接宾客，唯稚来特设一榻，去则悬之”。

⑨雄州：雄伟的州。雾列：像雾那样聚集。俊采：指英俊有文采的人。

⑩台隍：城池。夷：我国古代对东方各族的泛称。夏：指中原地区。

⑪雅望：美好的声名。棨戟（qǐ jǐ）：古代官吏出行时作前导的一种仪仗。遥临：从远处来临。

⑫宇文：复姓。宾客中有新州刺史姓宇文的，名字不可考。新州：唐郡名，即今广东新兴县。懿范：美好的典范。襜帷：车帷，代指所乘的车。暂驻：短暂停留。宇文氏因前往新州而路过洪府。

⑬十旬：此指十天。唐代制度，每旬休假一日。

⑭腾蛟起凤：喻才思富赡，如凤蛟之腾起。孟学士：坐中客人，名字未详。《唐摭言》说孟学士即阎都督的女婿。词宗：文词的宗主。

⑮紫电：宝剑名。青霜：形容兵刃的锋利。王将军：也是坐上的客人之一，名字不详。武库：兵器库，这里比喻胸中韬略。

⑯家君：旧时对别人称自己的父亲。王勃的父亲为王福峙。作宰：作邑宰，即作县令。路出：路经。名区：著名的地区，指洪府。

⑰童子：作者自称。躬逢：亲逢。胜饯：盛大的饯别宴会。

⑱序：次序。三秋：秋天的第三个月。

⑲潦（lǎo）水：积水。

⑳俨：同“严”，整齐。骖、骓：驾车的马，左边的为骖，右边的为骓。上路：指大路。崇：高。阿（ē）：山坡。

㉑临：到。帝子：指滕王李元婴。长洲：这里指滕王阁前的沙洲。天人：仍指李元婴。或作“仙人”。

㉒层台：或作“层峦”。流丹：或作“翔丹”。无地：看不到底的江水。

㉓汀：水边陆地。渚：水中小洲。穷：尽。体势：高低起伏状。

㉔披：开。闼（tà）：门。甍：屋脊。

㉕旷：辽远开阔。盈视：尽收眼底。纡：曲折，一作“盱”（xū），张目。骇瞩：使人看了惊骇。

㉖闾阎：街道房屋。扑地：满地。钟鸣鼎食：鸣钟列鼎而食。

㉗舸、舰：均为大船。迷津：或作“弥津”。青雀、黄龙：指大船上的装饰图形。

㉘“云销”二句：意谓云销雨止，天宇明丽。云：一本作“虹”。区明：一本作“云衢”（即天空）。

㉙鹜：野鸭。

㉚彭蠡：湖名，即今鄱阳湖，在江西省。

㉛断：止。衡阳：今湖南衡阳市，衡山所在地，衡山有回雁峰。浦：水边。

㉜遥襟：旷远的胸怀。甫：刚刚。一本作“遥吟俯畅”。逸兴：超逸的意兴。遄（chuán）飞：迅速地飞起。

㉝爽籁：指箫管之属。纤歌：娇柔的歌声。

㉞睢园：汉代梁孝王刘武在睢阳的菟园。园内多竹，刘武经常和他的宾客在里面饮宴作赋。凌：胜。彭泽：指陶渊明。陶渊明曾为彭泽令，故称。

㉟邺水：指魏都邺郡，曹操有园池在此。朱华：芙蓉。临川：指谢灵运。谢灵运曾任临川太守。《宋书·谢灵运传》说他“博览群书，文章之美，江左莫逮”。

㊱四美：指良辰、美景、赏心、乐事。谢灵运《拟魏太子邺中集序》：“天下良辰、美景、赏心、乐事，四者难并。”二难：指贤主和嘉宾。

㊲穷睇眄（dì miǎn）：极目而视。极：尽。

㊳盈虚：指盛衰得失。有数：有一定的气数、规律。

㊴望长安于日下：形容长安之远。《世说新语·夙惠》载：晋明帝数岁时，坐元帝膝

上，有人从长安来，元帝问他长安和日哪个远，答曰："日远，不闻人从日边来。"次日宴会上又问，他却说："日近"。元帝问何故，他说："举目见日，不见长安。"吴会：吴郡和会稽，古代属同一区划。指：或作"目"。

㊵极：尽头。南溟：即南海。天柱：昆仑山上的铜柱。《神异经》："昆仑之上，有铜柱焉。其高入天，所谓天柱也。"北辰：北极星。

㊶萍水相逢：喻四方宾客暂聚即散。"萍水"或作"沟水"。

㊷怀：怀念。帝阍：天帝的宫门，这里借指皇帝所居的地方。奉：侍奉，这里指召见。宣室：汉代未央宫前殿一个宫室名。汉文帝曾在这里接见贾谊。

㊸命途：人生道路。舛（chuǎn）：相背，不顺。

㊹冯唐：西汉人。头发白了，还是个小小的郎官。文帝发现他很有见识，就派他作特使，拿着符节去赦免魏尚，又提升他做车骑都尉。十年后，景帝派他为楚相，后又被免官。武帝即位，访求贤良，有人推荐冯唐，但他已九十多岁，不能任职。李广：汉武帝时名将，善骑射，有"飞将军"之称，抗击匈奴屡立战功，但终生未得封侯，最后因不堪凌辱而悲愤自杀。

㊺贾谊：西汉人，有治国之才，二十多岁就被汉文帝征召为博士，不久又被提拔为太中大夫，于国政多有建言。但朝中大臣妒忌他，毁谤其欲专权生事，文帝便不再采纳他的意见，而派他出为长沙王太傅。

㊻梁鸿：东汉人。原隐居于霸陵山中，后过京师洛阳，作《五噫》之歌，讥刺皇宫华丽而百姓穷苦。汉章帝听到后很是不满。梁鸿怕被问罪，就逃到齐鲁之间做佣工度日。（见《后汉书·逸民传》）窜：逃。海曲：指齐鲁一带滨海的地方。明时：政治清明的时代。

㊼达人：对人生世事看得很超脱的人。"安贫"或作"见机"。

㊽当：应当。益：更加。宁移：或作"宁知"。

㊾穷：困厄。青云之志：清高拔俗的志向。

㊿贪泉：泉名，在广州市北郊。《晋书·吴隐之传》："隐之为广州刺史，未至州十里，地名石门，有水曰贪泉，饮之者怀无厌之欲。隐之酌而饮之，因赋诗曰：'古人云此水，一歃怀千金。试使夷齐饮，终当不易心。'及至州，清操愈厉。"涸辙（hé zhé）：泥地上水已干涸的车辙，喻恶劣的环境。《庄子·外物》："周昨来，有中道而呼者，周顾视车辙中，有鲋鱼焉。周问之曰：'鲋鱼来，子何为者邪？'对曰：'我，东海之波臣也。君岂有斗升之水而活我哉？'周曰：'诺，我且南游吴越之王，激西江之水而迎子，可乎？'鲋鱼忿然作色曰：'吾失我常与！我无所处，吾得斗升之水然活耳。君乃言此，曾不如早索我于枯鱼之肆。'"

(51)赊：远。扶摇：旋风。参阅《庄子·逍遥游》。

(52)东隅：日出处，借指青年时期。桑榆：日落处，借指年老。《后汉书·冯异传》载汉光武帝《劳冯异诏》云："始虽垂翅回溪，终能奋翼渑池。可谓失之东隅，收之桑榆。"

(53)孟尝：字伯周，后汉时的循吏。任合浦太守，有政绩。后辞官隐居。桓帝时杨乔荐举他，称其"清行出俗，能干绝群"，但不被用，年七十，卒于家。高洁：指为政清廉。

㊺阮籍：魏末晋初人。他对魏末的权臣司马氏不满，又怕自己被司马氏杀害，就喝酒装糊涂。常常驾车出游，漫无目的，走到无路可通处，便恸哭而返。猖狂：任性不羁。岂效：怎能仿效。

㊼三尺：古代士大夫束在衣外大带（绅）的长度。《礼记·玉藻》：“绅制，士长三尺。”微命：犹言微小的生命。介：通“芥”。一介，一个，有轻微之意。

㊽终军：西汉武帝时人，二十多岁即为谏议大夫。《汉书·终军传》：“南越与汉和亲，乃遣军使南越。说其王，欲令入朝，比内诸侯。军自请，愿受长缨，必羁南越王而致之阙下。”弱冠：二十岁。古代男子二十岁举行加冠的仪式，表示已成年。弱：年少。

㊾宗悫（què）：南朝宋南阳人。年少时叔父问他的志愿，他说：“愿乘长风破万里浪。”

㊿舍：舍掉。簪：指插在冠上的首饰。笏：臣子朝见皇帝时用的手版。“簪、笏”借代官职。百龄：如同说“一辈子”。晨昏：指晨省昏定，侍奉父母。《礼记·曲礼》：“凡为人子之礼，冬温而夏凊，昏定而晨省。”郑玄注：“定，安其床衽也；省，问其安否何如。”万里：指到交趾的路途。

⑤⑨谢家宝树：指贤良的子弟。《世说新语·言语》载：东晋谢安问他的子侄们：“为何人人都望自己的子弟好？”谢玄回答说：“这就好比芝兰玉树，人人都希望它生长在自己的庭院里。”后因以芝兰玉树喻佳子弟。孟氏芳邻：据刘向《列女传·母仪传》：孟轲幼年时，其母曾三次迁居，最后选择了一个对孟轲有好影响的学宫附近定居。

⑥⓪趋庭：快步走过庭院。叨陪：奉陪。鲤：孔鲤，孔子之子。鲤对：孔鲤与父亲的对话。据《论语·季氏》载：一次，孔子独自站在那儿，孔鲤从庭院中经过，就问孔鲤：“学过《诗经》了吗？”孔鲤回答：“还没有。”孔子就教导他说：“不学《诗》，（在官场上）连话也不会说呢！”孔鲤就回去学《诗》。又有一次，孔子独自站在那儿，孔鲤从庭院中经过，就问孔鲤：“学过礼了没有？”孔鲤回答：“还没有。”孔子又教导他说：“不学礼，怎么在社会上立足呢！”孔鲤就回去学习周礼。

⑥①今兹：今天，或作“今晨”。捧袂：拱手作揖，表示恭敬。托：登。龙门：黄河上游一险滩，又名禹门口。古代传说，黄河的鲤鱼如能跳过龙门，就可变化为龙。又，东汉李膺，声名极高，受他接待的人，声望亦陡起，故旧时称得到名人的援引为登龙门。

⑥②杨意：即汉朝的杨得意（因文体的关系而省去一字），据《史记》载：汉武帝读《子虚赋》，想见见此赋的作者，养狗太监杨得意告诉他是司马相如所作，于是相如被召见。相如又呈献《大人赋》，“天子大说，飘飘有凌云之气，似游天地之间”。

⑥③钟期：即钟子期。《列子·汤问》：“伯牙善鼓琴，钟子期善听。伯牙鼓琴，志在高山，钟子期曰：‘善哉，峨峨兮若泰山！’志在流水，曰：‘善哉，洋洋乎若江河。’伯牙所念，钟子期必得之。”

⑥④胜地：指滕王阁。不常：不能常游。盛筵：指这次宴会。

⑥⑤兰亭：在今浙江省绍兴县西南。晋穆帝永和九年上巳日，王羲之等四十一人在此宴集，并作有著名的《兰亭集序》。梓泽：晋代贵族石崇的金谷园所在地，在今河南省洛阳市西北。石崇常和附从他的一帮文人在此宴集。

⑯赠言：指写作此序文。

⑰敢：谦辞。鄙怀：或作“鄙诚”。恭疏：恭敬地写出。短引：短小的引言，即指此序。

⑱一言均赋：“均赋一言”的倒装。赋：赋诗。一言：一首诗。四韵：四韵的诗，两句一韵，共八句。王勃所作诗为：

滕王高阁临江渚，佩玉鸣銮罢歌舞。
画栋朝飞南浦云，珠帘暮卷西山雨。
闲云潭影日悠悠，物换星移几度秋。
阁中帝子今何在，槛外长江空自流。

⑲潘：潘岳。陆：陆机。两人皆晋朝人。钟嵘《诗品》说：“陆才如海，潘才如江。”洒、倾：尽情施展。

张中丞传后叙[1]

韩　愈[2]

元和二年四月十三日夜[3]，愈与吴郡张籍阅家中旧书[4]，得李翰所为《张巡传》[5]。翰以文章自名[6]，为此传颇详密，然尚恨有阙者[7]，不为许远立传，又不载雷万春事首尾[8]。

远虽材若不及巡者，开门纳巡，位本在巡上，授之柄而处其下，无所疑忌[9]，竟与巡俱守死，成功名[10]。城陷而虏，与巡死先后异耳[11]。两家子弟才智下，不能通知二父志[12]，以为巡死而远就虏，疑畏死而辞服于贼[13]。远诚畏死，何苦守尺寸之地，食其所爱之肉[14]，以与贼抗而不降乎？当其围守时，外无蚍蜉蚁子之援[15]，所欲忠者，国与主耳。而贼语以国亡主灭[16]，远见救援不至，而贼来益众[17]，必以其言为信，外无待而犹死守，人相食且尽[18]，虽愚人亦能数日而知死处矣[19]。远之不畏死亦明矣。乌有城坏、其徒俱死，独蒙愧耻求活[20]？虽至愚者不忍为，呜呼！而谓远之贤而为之耶[21]？

说者又谓远与巡分城而守，城之陷自远所分始[22]。以此诟远，此又与儿童之见无异。人之将死，其脏腑必有先受其病者；引绳而绝之，其绝必有处[23]。观者见其然，从而尤之[24]，其亦不达于理矣。小人之好议论，不乐成人之美如是哉[25]！如巡、远之所成就，如此卓卓[26]，犹不得免[27]，其他则又何说[28]？

当二公之初守也，宁能知人之卒不救[29]，弃城而逆遁[30]？苟此不能守，虽避之他处何益[31]？及其无救而且穷也[32]，将其创残饿羸之余，虽欲去，必不达[33]。二公之贤，其讲之精矣[34]。守一城，捍天下[35]，以千百就尽之卒，战百万日滋之师[36]，蔽遮江淮，沮遏其势[37]，天下之不亡，其谁之功也？当是时，弃城而图存者，不可一二数[38]；擅强兵，坐而观者，相环也[39]。不追议此，而责二公以死守[40]，亦见其自比于逆乱[41]，设淫辞而助之攻也[42]。

愈尝从事于汴徐二府[43]，屡道于两府间[44]，亲祭于其所谓双庙者[45]。其老人往往说巡、远时事，云：南霁云之乞救于贺兰也[46]，贺兰嫉巡、远之声威、功绩出己上[47]，不肯出师救。爱霁云之勇且壮，不听其语，强留之。具食与乐[48]，延霁云坐。霁云慷慨语曰："云来时，睢阳之人不食月馀日矣。云虽欲独食，义不忍[49]。虽食，且不下咽。"因拔所佩刀，断一指，血淋漓以示贺兰。一座大惊，皆感激为云泣下[50]。云知贺兰终无为云出师意，即驰去。将出城，抽矢射佛寺浮图[51]，矢著其上砖半箭[52]，曰："吾归破贼，必灭贺兰，此矢所以志也[53]。"愈贞元中过泗洲[54]，船上人犹指以相语。城陷，贼以刃胁降巡[55]，巡不屈，即牵去。将斩之，又降霁云，云未应。巡呼云曰："南八[56]，男儿死耳，不可为不义屈。"云笑曰："欲将以有为也[57]，公有言，云敢不死[58]！"即不屈。

张籍曰："有于嵩者，少依于巡[59]。及巡起事，嵩常在围中[60]。籍大历中[61]，于和州乌江县见嵩，嵩时年六十馀矣。以巡初尝得临涣县尉[62]，好学无所不读。籍时尚小，粗问巡、远事，不能细也[63]。云：巡长七尺余，须髯若神[64]，尝见嵩读《汉书》，谓嵩曰：'何为久读此？'嵩曰：'未熟也'。巡曰，'吾于书，读不过三遍，终身不忘也。'因诵嵩所读书，尽卷不错一字[65]。嵩惊，以为巡偶熟此卷，因乱抽他帙以试[66]，无不尽然。嵩又取架上诸书，试以问巡，巡应口诵无疑[67]。嵩从巡久，亦不见巡常读书也，为文章操纸笔立书，未尝起草。初守睢阳时，士卒仅万人[68]，城中居人户，亦且数万[69]，巡因一见问姓名，其后无不识者。巡怒，须髯辄张。及城陷，贼缚巡等数十人，坐，且将戮。巡起旋[70]，其众见巡起，或起或泣，巡曰：'汝勿怖，死，命也。'众泣不能仰视。巡就戮时，颜色不乱[71]，阳阳如平常[72]。远宽厚长者，貌如其心，与巡同年生，月日后于巡，呼巡为兄，死时年四十九。嵩贞元初死于亳、宋间。或传嵩有田在亳、宋间，武人夺而有之，嵩将诣州讼理[73]，为所杀。嵩无子。"张籍云。

［注释］

①本文选自《韩昌黎全集》，中国书店1991年影印本。张中丞：即张巡（709—757），河南河阳（今河南孟州）人，开元末进士。安禄山反时，任真源县令，后与太守许远坚守睢阳，屏蔽江淮。诏拜御史中丞。睢阳被围近一年，终因兵尽粮绝，于唐肃宗至德二年（757）十月陷落，张巡等三十六人皆被俘，不屈而死。张巡死后，有人诬其降贼，友人李翰因撰《张中丞传》（今已不传），上给肃宗，以伸张正义，澄清事实。五十年后，即唐宪宗元和二年（807），韩愈读了李翰写的《张中丞传》，感到有所不足，因而写了这篇文章。后叙：写在文章后面的跋文。

②韩愈（768—824）：字退之，邓州南阳（今河南省南阳市）人。祖上曾居住昌黎郡（三国时治所，在今辽宁省义县），后人称他为韩昌黎。历任监察御史、潮州刺史、吏部侍郎等职。死后谥为"文"，故又称为韩文公。他是唐代古文运动的主要人物。作品有门人李汉编订的《韩昌黎集》。近人马通伯著有《韩昌黎文集校注》。

③元和二年：公元807年，元和为唐宪宗（李纯）的年号。

④张籍：中唐著名诗人，韩愈的朋友。

⑤李翰：张巡的友人。安史之乱时，曾随同张巡一道在睢阳，亲见战守事迹。

⑥自名：自许，自负。

⑦恨：遗憾。

⑧许远（709—757）：字令威，杭州盐官（今浙江省海宁县）人。安禄山之乱时，任睢阳太守。雷万春：张巡的偏将，和南霁云同是张巡的重要助手，城破时与巡一起遇难。但事迹不见本文，有人以为这里的“雷万春”应作“南霁云”。

⑨“远虽”五句：材：才能。授之柄：把指挥的权柄交给张巡。肃宗至德二年（757）正月，安庆绪部将以兵十三万攻睢阳，睢阳太守许远向张巡告急，张巡自宁陵引兵来救，许远将军队交给张巡指挥，巡受不辞。许远则专治军粮战具。

⑩俱守死：均为守城而死。功：功勋。名：名节。

⑪先后异：死的时间先后不同。

⑫两家子弟：指张巡和许远的后人。通知：完全了解。

⑬唐代宗大历中，张巡的儿子去疾曾上书皇帝，以睢阳“城陷而远独生”为理由，说许远有降贼的嫌疑，请追削远官爵。辞服：说了屈服的话。

⑭诚：果真。食其所爱之肉：睢阳被围时，城中食尽，张巡曾杀爱妾，许远曾杀僮奴，以飨士卒。

⑮蚍蜉蚁子之援：形容当时一点援军都没有。蚍蜉（pí fú）：一种黑色大蚂蚁。

⑯叛将令狐潮曾以“天下事去矣，足下以羸兵守危堞，忠无所立”等语，劝张巡投降。

⑰益：更加。

⑱且：将。

⑲数（shǔ）日：计算日期。

⑳蒙愧耻：蒙受羞愧和耻辱。

㉑之：这样的。

㉒分城而守：张巡与许远分段守卫睢阳城，巡守东北，远守西南。城破时，贼兵先从许远所守地段攻入。

㉓引：拉。绝：扯断。

㉔尤：责备，非难。

㉕不乐成人之美：《论语·颜渊》：“君子成人之美，不成人之恶，小人反是。”

㉖卓卓：卓越，突出。

㉗犹不得免：还不免于被小人议论。

㉘其他：指成就不及张巡、许远的人。

㉙宁能：岂能。卒：终于，最终。

㉚逆遁：预先逃跑。

㉛据《通鉴·唐纪三十六》载，至德二年十月，“城中食尽，议弃城东走。张巡、许远谋，以为睢阳江淮之保障，若弃之去，贼必乘胜长驱，是无江淮也。”

㉜穷：困窘。

㉝将：率领。创残饿羸之余：指战败受创所余伤病饥饿残废羸弱的士兵。

㉞精：精细，周密。

㉟一城：睢阳城。天下：整个国家。

㊱就尽之卒：临近灭亡的士卒。日滋：一天天增多。

㊲蔽遮：掩护。沮遏其势：阻止了敌人的攻势。睢阳是通向江淮的要道。

㊳至德二年五月，山南东道节度使鲁灵弃南阳奔襄阳；八月，灵昌太守许叔冀奔彭城；谯郡太守杨万石、雍丘县令令狐潮则先后降敌。

㊴《通鉴·唐纪三十五》载，当睢阳危急时，许叔冀在谯郡，尚衡在彭城，贺兰进明在临淮，皆拥兵不救。这些驻军，都离睢阳不远，故云“相环”。

㊵追议：追究，议论。责二公以死守：即“以死守责二公”。

㊶自比：自列。比：并列。

㊷淫辞：夸大失实之辞。

㊸从事：唐代对幕僚的通称，这里用作动词，犹言任职。府：幕府。韩愈曾任汴州观察推官、徐州节度推官。

㊹道：经过。

㊺双庙：祭祀张巡、许远二人的合庙，在睢阳，当时称为“双庙”。

㊻南霁云：魏州人，钜野尉张诏讨安禄山，用他为将，又在尚衡的军中做先锋。尚衡派他到睢阳和张巡计议军事，即留在张巡部下。贺兰：复姓，指贺兰进明，时为河南节度使，驻军临淮。

㊼出己上：超过自己。

㊽具：备办。

㊾义不忍：从道义上说也不忍心。

㊿感激：这里作“感动”讲。

51浮图：佛塔。

52矢著其上砖半箭：箭的半截射进佛塔上边的砖中。

53志：同“识”（zhì），作标记。

54贞元：唐德宗李适的年号。泗州：唐属河南道，州治在临淮。

55胁：胁迫。

56南八：南霁云排行第八，故称。

57有为：有所作为。

58敢：岂敢。

59少依于巡：年轻时就跟随张巡。

60围：围城，指睢阳。

61大历：唐代宗李豫的年号。

62以巡：因为曾经跟随张巡的关系。尉：县令下的司法官。

63细：指详问。

64须髯：长在下巴上的称须，长在两腮的称髯。

65尽卷：指背完一卷。

66帙（zhì）：包书的套子，用布帛制成，每十卷合装成一帙。这里借指书。

⑰疑：迟疑。
⑱仅：将近。
⑲且：近。
⑳旋：转身。一作“小便”解。
㉑不乱：不变。
㉒阳阳：神色自若，毫不畏惧的样子。
㉓诣州讼理：到州衙去提出诉讼。

始得西山宴游记[1]

柳宗元[2]

自余为僇人[3]，居是州，恒惴慄[4]。其隙也[5]，则施施而行，漫漫而游[6]，日与其徒上高山[7]，入深林，穷回谿。幽泉怪石，无远不到；到则披草而坐，倾壶而醉；醉则更相枕以卧[8]，卧而梦，意有所极，梦亦同趣[9]；觉而起，起而归。以为凡是州之山有异态者，皆我有也[10]，而未始知西山之怪特[11]。

今年九月二十八日，因坐法华西亭[12]，望西山，始指异之[13]。遂命仆过湘江，缘染溪[14]，斫榛莽，焚茅茷[15]，穷山之高而止。攀援而登，箕踞而遨[16]，则凡数州之土壤，皆在衽席之下[17]。其高下之势，岈然洼然[18]，若垤若穴[19]，尺寸千里[20]，攒蹙累积，莫得遁隐[21]。萦青缭白[22]，外与天际[23]，四望如一，然后知是山之特立[24]，不与培塿为类[25]。悠悠乎与灏气俱，而莫得其涯；洋洋乎与造物者游，而不知其所穷。[26]引觞满酌，颓然就醉[27]，不知日之入。苍然暮色[28]，自远而至；至无所见，而犹不欲归。心凝形释，与万化冥合[29]，然后知吾向之未始游[30]，游于是乎始[31]，故为之文以志[32]。

是岁元和四年也。

［注释］

①本文选自《柳河东集》，上海人民出版社 1974 年版，作者于唐顺宗永贞元年（805）被贬为永州司马以后，写了八篇游记，史称“永州八记”。本文是“永州八记”的第一篇。西山：在湖南零陵县五里。宴游：宴饮游览。

②柳宗元（773—819）：字子厚，河东解（今山西省运城县解州）人。世称柳河东。贞元进士。曾参加王叔文集团的政治改革活动，改革失败，被贬为永州（今湖南零陵）司马。十年后，改任柳州（今广西柳州）刺史，故又称柳柳州。与韩愈同为中唐时期古文运动的倡导者。有《柳河东集》。

③僇（lù）人：犹言罪人。柳宗元被贬谪到边远的地区，故自称僇人。

④惴（zhuì）慄：惊恐不安的样子。

⑤隙：空闲的时候。

⑥施施（yí yí）：行走缓慢、从容的样子。漫漫：漫无目的样子。

⑦其徒：泛指他的僚属、朋友。

⑧更（gēng）相枕以卧：互相枕着睡觉。

⑨趣：同“趋”。

⑩有：指欣赏过。

⑪未始知：从来不知道。怪特：奇异独特。

⑫法华西亭：法华寺西的亭子，为作者所建。

⑬指：指点。异：以之为异，意动用法。

⑭缘：沿着。染溪：又名冉溪，在零陵县西南。元和五年，柳宗元将其更名为愚溪。

⑮斫（zhuó）：用刀、斧等砍。茅茷：指茂密的茅草。

⑯箕踞：席地而坐，两脚伸直岔开，形似簸箕。是一种随意闲舒的姿态。遨：遨游，这里有尽情观赏的意思。

⑰衽席：座席。

⑱岈（xiā）然洼然：岈：山高耸的样子。洼：低凹的样子。

⑲垤（dié）：小土堆，小土山。

⑳尺寸千里：谓登高望远，远在千里之外的景物，仿佛只在咫尺之间。

㉑攒蹙累积：形容景物都聚集收拢在眼前。遁隐：躲避，隐蔽。

㉒萦青缭白：青：指山。白：指水。

㉓际：连，合。

㉔特立：卓绝不凡。

㉕培塿（pǒu lōu）：小土丘。

㉖悠悠乎：渺远的样子。灏：同“浩”；灏气：浩然之气。俱：与……同在。造物者：即天地，大自然。

㉗觞：酒杯。颓然：松弛倾倒的样子。

㉘苍然：昏暗的。

㉙凝：凝聚。形：形体。释：解除束缚。万化：宇宙自然的变化。冥合：融合为一。

㉚向：从前。未始：未曾。

㉛游：游览。

㉜志：记。

五代史伶官传序①

欧阳修②

呜呼！盛衰之理，虽曰天命，岂非人事哉！原庄宗之所以得天下③，与其所以失之者，可以知之矣。

世言晋王之将终也④，以三矢赐庄宗而告之曰："梁，吾仇也；燕王，吾所立；契丹，与吾约为兄弟；而皆背晋以归梁。此三者，吾遗恨也。与尔三矢，尔其无忘乃父之志！"庄宗受而藏之于庙⑤。其后用兵，则遣从事以一少牢告庙⑥，请其矢，盛以锦囊，负而前驱，及凯旋而纳之。

方其系燕父子以组⑦，函梁君臣之首⑧，入于太庙，还矢先王，而告以成功，其意气之盛，可谓壮哉！及仇雠已灭⑨，天下已定，一夫夜呼，乱者四应，仓皇东出，未及见贼而士卒离散，君臣相顾，不知所归。至于誓天断发，泣下沾襟，何其衰也！岂得之难而失之易欤？抑本其成败之迹⑩，而皆自于人欤？

《书》曰："满招损，谦受益。"忧劳可以兴国，逸豫⑪可以亡身，自然之理也。故方其盛也，举天下之豪杰⑫，莫能与之争；及其衰也，数十伶人困之，而身死国灭，为天下笑。夫祸患常积于忽微，而智勇多困于所溺，岂独伶人也哉！作《伶官传》。

［注释］

①本文选自《新五代史·伶官传》，后人为了将宋初薛居正所编《五代史》与欧阳修所编《五代史》区别开来，通称薛著《旧五代史》，欧阳修著为《新五代史》。五代：指唐宋后在中原更替的后梁、后唐、后晋、后汉、后周五个王朝。伶：古时称演戏、歌舞、杂技、作乐的人。伶官：在宫廷授有官职的伶人。

②欧阳修（1007—1072）：字永叔，号醉翁，晚年自称"六一居士"，北宋著名文学家、史学家，北宋诗文革新运动的领袖，主张文章应"明道"、"致用"、"事信"、"言文"，他的作品有《欧阳文忠集》、《新五代史》和《新唐书》（与宋祁合撰）。

③原：推本求原，考究。

④世言：世人言，世间传言。

⑤庙：太庙，帝王祭祀祖先的宗庙。

⑥从事：这里指负责具体事物的官员。一少牢：用猪、羊各一头作祭品。牢，祭祀用

的牲畜。

⑦组：丝带，这里指绳索。

⑧函：用木匣装。

⑨仇雠：仇敌。

⑩抑：发语词。本：推究本原，名词作动词用。迹：足迹，过程。

⑪逸豫：逍遥游乐，不能居安思危。

⑫举：全，所有的。

文与可画筼筜谷偃竹记[1]

苏　轼

竹之始生，一寸之萌耳[2]，而节叶具焉。自蜩腹蛇蚹[3]，以至于剑拔十寻者[4]，生而有之也[5]。今画者乃节节而为之，叶叶而累之[6]，岂复有竹乎[7]？故画竹必先得成竹于胸中[8]，执笔熟视，乃见其所欲画者，急起从之，振笔直遂[9]，以追其所见[10]，如兔起鹘落[11]，少纵则逝矣[12]。与可之教予如此，予不能然也，而心识其所以然[13]。夫既心识其所以然，而不能然者，内外不一，心手不相应[14]，不学之过也。故凡有见于中[15]，而操之不熟者，平居自视了然[16]，而临事忽焉丧之[17]，岂独竹乎[18]？

子由[19]为《墨竹赋》，以遗与可，曰："庖丁，解牛者也，而养生者取之[20]；轮扁，斫轮者也，而读书者与之[21]。今夫夫子之托于斯竹也[22]，而予以为有道者则非耶？"子由未尝画也，故得其意而已。若予者，岂独得其意，并得其法[23]。

与可画竹，初不自贵重[24]，四方之人，持缣素而请者[25]，足相蹑于其门[26]，与可厌之，投诸地而骂曰："吾将以为袜。"士大夫传之以为口实[27]。及与可自洋州还，而余为徐州[28]，与可以书遗余曰[29]："近语士大夫，吾墨竹一派，近在彭城[30]，可往求之，袜材当萃于子矣[31]。"书尾复写一诗，其略曰："拟将一段鹅溪绢[32]，扫取寒梢万尺长[33]。"予谓与可："竹长万尺，当用绢二百五十匹。知公倦于笔砚，愿得此绢而已。"与可无以答，则曰："吾言妄矣，世岂有万尺竹哉？"余因而实之[34]，答其诗曰："世间亦有千寻竹，月落庭空影许长[35]。"与可笑曰："苏子辩矣[36]。然二百五十匹绢，吾将买田而归老焉[37]。"因以所画筼筜谷偃竹遗予曰[38]："此竹数尺耳，而有万尺之势。"筼筜谷在洋州，与可尝令予作《洋州三十咏》，《筼筜谷》其一也。予诗云："汉川修竹贱如蓬[39]，斤斧何曾赦箨龙[40]，料得清贫馋太守，渭滨千亩在胸中[41]。"与可是日与其妻游谷中[42]，烧笋晚食，发函得诗，失笑喷饭满案。

元丰二年正月二十日，与可没于陈州[43]。是岁七月七日，予在湖州曝书画[44]，见此竹，废卷而哭失声[45]。昔曹孟德祭桥公文，有车过腹痛之语[46]，而予亦载与可畴昔戏笑之言者，以见与可于予亲厚无间如此也。

[注释]

①本文选自明茅坤评《宋大家苏文忠公文钞》卷二十四。文与可：名文同，字与可。梓潼（今四川省绵阳县）人，宋代著名画家，擅长画竹，是湖州墨竹派的宗师。他与苏轼是表兄弟，苏轼的墨竹画法，得于文同，画苑中向来以“文苏”并称。曾知洋州和湖州。筼筜谷：地名，在洋州，谷中多筼筜竹，故名。偃竹：仰斜之竹。本文写于宋神宗元丰二年（1079）七月，此时文同逝世已半年。

②萌：萌芽，初生的竹笋。

③蜩腹蛇蚹：蜩腹：蝉壳。蛇蚹：蛇腹下横鳞。这里形容竹初生时的状态。

④寻：古代八尺为一“寻”。

⑤生：生长。

⑥累：积，加。

⑦这里的“竹”指完整的、有生气的竹子。

⑧成：完整。

⑨振笔直遂：挥动画笔，一气呵成。遂：完成。

⑩所见：指孕育于心中的竹子形象。

⑪兔起鹘（hú）落：兔子刚刚跃起，鹘鸟即从空中俯冲而下搏击追赶。此喻动作迅速。鹘：一种猛禽，又名隼。

⑫少：略微。

⑬识：明白。

⑭相应：相称。

⑮中：内心。

⑯平居：平时。

⑰丧：丧失，忘记。

⑱竹：此作动词，指画竹。

⑲子由：苏轼之弟苏辙，字子由。

⑳“庖丁”三句：庖丁是善于解牛的，而人们却可以从中领悟养生之道。详见《庄子·养生主》。庖丁：掌厨之人曰“庖”，“丁”乃其名。

㉑“轮扁”三句：轮扁是斫轮的工匠，而读书人赞同他所说的道理。与：赞许。轮扁：斫轮的工匠，名字叫扁。斫：砍削。据《庄子·天道》：轮扁在堂下斫轮，见桓公在堂上读书，就说桓公读的都是古人的糟粕。桓公很生气。轮扁就用自己斫轮的手艺作比，说精妙的技巧是“得之手而应之心”，用语言表达不出来的，连我的儿子也无法传授给他。可见，古人书上写出来的东西，也只能是糟粕。

㉒托：寄托，这里指通过具体的作品表达了对绘画艺术的深刻理解。

㉓法：绘画技巧。

㉔贵重：指看重自己的画。

㉕缣素：古人用绢作画，缣素即白绢。

㉖足相蹑（niè）：脚踏着脚，形容来求画的人很多。

㉗口实：话柄。

㉘余为徐州：苏轼于熙宁十年（1077）至元丰二年（1079）任徐州知府。

㉙遗（wèi）：致送。

㉚彭城：即徐州。

㉛袜材：做袜子的材料，指求画的绢。萃：聚集。

㉜鹅谿：在四川省盐亭县西北，以产绢著名。

㉝扫：指挥笔作画，有执笔如帚，挥翰有力之意。寒梢：指竹。因其耐寒，故名。

㉞实：坐实，证实。

㉟许：这样。

㊱辩：指巧辩。

㊲归老：归家养老。古代常用绢匹作为交易的货币，所以这里说如有二百五十匹绢，便可以买田归家养老了。

㊳遗（wèi）：赠送。

㊴汉川：即汉水。

㊵斤：斧头的一种。赦：赦免，放过。箨（tuò）龙：竹笋的别名。

㊶渭滨：渭水之滨。以产竹闻名。

㊷游：游览。

㊸没：通“殁”，死亡。陈州：今河南淮阳县。文与可于元丰元年十月调任湖州知州，从开封赴任，走到陈州宛丘驿病逝，年六十一岁。

㊹文与可死后，湖州之缺由苏轼接任。苏轼于元丰二年四月到任。曝（pù）：晒。

㊺废卷：这里是停止晒书画的意思。

㊻《三国志·魏书·武帝纪》记载，曹操年青时，甚得桥玄赏识。桥玄死后，曹操路过故乡谯郡，用太牢祭桥玄，并作《祀故太尉桥玄文》，文中写到：“又承从容约誓之言：‘殂逝之后，路有经由，不以斗酒只鸡相沃酹，车过三步，腹痛忽怪。’虽临时戏笑之言，非至亲之笃好，胡肯为此辞乎？”

《曾国藩家书》选[1]

曾国藩[2]

凡世家子弟，衣食起居无一不与寒士同，庶可以成大器；若沾染富贵习气，则难望有成。吾忝为将相[3]，而所有衣服不值三百金。愿尔等常守此俭仆之风，亦惜福之道也。其照例应用之钱，不宜过啬……

（同治元年五月二十七日《教子书》第四十五书）

汝读《四书》无甚心得，由不能虚心涵泳，切己体察。朱子教人读书之法，此二语最为精当。[4]……

涵泳二字，最不易识，余尝以意测之曰：涵者，如春雨之润花，如清渠之溉稻。雨之润花，过小则难透，过大则离披，适中则涵濡而滋液。清渠之溉稻，过小则枯槁，过多则伤涝，适中则涵养而浡兴[5]。泳者，如鱼之游水，如人之濯足。程子谓鱼跃于渊，活泼泼地；庄子言濠梁观鱼，安知非乐？此鱼水之快也[6]。左太冲有"濯足万里流"之句[7]，苏子瞻有夜卧濯足诗，有浴罢诗[8]，亦人性乐水者之一快也。喜读书者，须视书如水，而视此心如花、如稻、如鱼、如濯足，则涵泳二字，庶可以得之于意言之表。尔读书易于解说文义，却不甚能深入，可就朱子"涵泳"、"体察"二语悉心求之。

（咸丰八年八月初三日《教子书》第三书）

君子之立志也，有民胞物与之量，有内圣外王之业，而后不忝于父母之所生，不愧为天地之完人。故其为忧也，以不如舜不如周公为忧也，以德不修学不讲为忧也。是故顽民梗化则忧之，蛮夷猾夏则忧之，小人在位贤才否闭则忧之，匹夫匹妇不被己泽则忧之，所谓悲天命而悯人穷，此君子之所忧也。若夫一身之屈伸，一家之饥饱，世俗之荣辱得失、贵贱毁誉，君子固不暇忧及此也。

然则既自名为读书人，则"大学"之纲领，皆己身切要之事明矣。其条目有八，自我观之，其致功处，则仅二者而已：曰格物，曰诚意。

格物，致知事也；诚意，力行之事也。物者何？即所谓本末之物也。身、心、意、知、家、国、天下皆物也，天地万物皆物也，日用常行之事皆物也。格者，即物而穷其理也。如事亲定省，物也；究其所以当定省之理，即格物也。事兄随行，物也；究其所以当随行之理，即格物也。吾心，物也；究其存心之理，又博究其省察涵养以存心之理，即格物也。吾身，物也；究其敬身之理，又博究其立齐坐尸以敬身之理，即格物也。每日所看之书，句句皆物也；切已体察，穷究其理即格物也。此致知之事也。所谓诚意者，即其所知而力行之，是不欺也。知一句便行一句，此力行之事也。此二者并进，下学在此，上达亦在此。

（道光二十二年十月二十六日《与弟书》）

[注释]

①《曾国藩家书》初刊于光绪五年（1879），书名为《曾文正公家书》，由长沙传忠书局刊行。本文选自钟叔河校点、整理的《曾国藩家书》（1989年湖南大学出版社出版）。

②曾国藩（1811—1872）：字伯涵，号涤生，湖南湘乡人，清道光十八年进士，官至两江总督。著述甚丰，有《求其斋文集》十二卷、《求其斋诗集》四卷、《鸣原堂论文》二卷、《经史百家杂抄》等多种，遗著统称《曾文正公全集》（李翰章编辑）共一百六十卷。1986年岳麓书社出有《曾国藩全集》。

③忝：辱，有愧于。谦辞。

④朱子教人读书之法：指上文的“虚心涵泳”和“切己体察”。前者指读书要有虚心的态度，全神贯注，沉浸其中，反复琢磨，深入领会。后者指要联系自己的知识、经验来理解、推断。

⑤浡兴：壮旺茂盛的样子。

⑥“庄子言”三句：见《庄子·秋水》。

⑦左太冲：左思，字太冲，西晋文学家。其《咏史》（其五）有句云：“被褐出阊阖，高步追许由。振衣千仞冈，濯足万里流。”意思与此稍有不同。

⑧“夜卧濯足诗”，见《苏轼诗集》卷四十一。“浴罢诗”指《次韵子由浴罢》诗，见《苏轼诗集》卷四十二。

论 毅 力[1]

梁启超[2]

天下古今成败之林，若是其莽然不一途也。要其何以成何以败[3]？曰：有毅力者成，反是者败。盖人生历程，大抵逆境居十六七，顺境亦居十三四，而顺逆两境，又常相间以迭乘[4]。无论事之大小，必有数次乃至十数次之阻力，其阻力虽或大或小，而要之必无可逃避者也。其在志力薄弱之士，始固曰吾欲云云，吾欲云云，其意以为天下事固易易也；及骤尝焉而阻力猝来[5]，颓然丧矣。其次强者，乘一时之客气，透过此第一关，遇再挫而退；稍强者遇三四挫而退；更稍强者，遇五六挫而退；其事愈大者，其遇挫愈多，其不退也愈难，非至强之人，未有能善于其终者也。夫苟遇挫而不退矣，则小逆之后必有小顺，大逆之后必有大顺；盘根错节之既经，而遂有应刃而解之一日。旁观者徒艳羡其功之成，以为是殆幸运儿[6]，而天有以宠彼也；又以为我蹇于遭逢[7]，故所就不彼若也。庸讵知所谓蹇焉幸焉者[8]，彼皆与我之所同，而其能征服此蹇焉、利用此幸焉与否，即彼成我败所由判也。更譬诸操舟，如以兼旬之期，行千里之地者，其间风潮之或顺或逆，常相参伍[9]。彼以坚苦忍耐之力，冒其逆而突过之，而后得从容以进度其顺，我则或一日而返焉，或二三日而返焉，或五六日而返焉，故彼岸终不可达也。

孔子曰："譬如为山，未成一篑[10]，止，吾止也；譬如平地，虽复一篑，进，吾往也。"孟子曰："有为者譬若掘井，掘井九仞而不及泉[11]，犹为弃井也[12]。"成败之数[13]，视此而已。

［注释］

①本文选自《饮冰室文集》中的《专集·新民说》第十五节，是作者在"百日维新"失败后不久写的。

②梁启超（1873—1929）：字卓如，号任公，别号饮冰室主人。他是康有为的学生，后与康有为一起成为资产阶级改良运动的领袖，先后主编创办《时务报》、《清议报》、《新民丛报》、《新小说》等刊物。辛亥革命后，历任司法、财政总长等职。晚年任清华大学研究院教授。一生著作丰富，著有《饮冰室合集》。

③要：概要地推究。

④迭乘：交替呈现。
⑤猝：突然。
⑥殆：大概。
⑦蹇：引申为艰难。
⑧庸讵：岂，何以，怎么。
⑨参伍：交相错杂。
⑩篑（kuì）：土筐。
⑪九仞：虚数。仞，古代计算长度的单位。八尺为一仞，一说七尺为一仞。
⑫弃井：废弃的井。
⑬数：规律。

湖之渔[①]

林　纾[②]

林子啜茗于湖滨之肆[③]，丛柳蔽窗，湖水皆黯碧若染[④]。小鱼百数来会其下，戏嚼豆脯。唾之，群鱼争喋[⑤]；然随喋随逝，继而存者三四鱼焉。再唾之，坠缀葑草上[⑥]，不食矣。

始谓鱼之逝者，皆饱也。寻丈之外[⑦]，水纹攒动，争喋他物如故。余方悟钓者之将下钩，必先投食以引之，鱼图食而并吞钩；久乃知凡下食者，皆将有钩矣。

然则名利之薮独无钩乎[⑧]？不及其盛下食之时而去之，其能脱钩而逝者，几何也！

［注释］

①本文选自《林琴南文集》（又名《畏庐文集》），中国书店 1985 年影印本。光绪二十五年（1899），林纾由福建移居杭州，在那里住了三年之久。期间，他与友人遍访当地的名山胜水，并谓从此“宦情已扫地而尽”（《示儿书》）。从内容看，这篇小品当写于居杭期间。

②林纾（1852—1924）：字琴南，号畏庐，别署冷红生，晚年改号蠡叟、践卓翁。福建福州人。光绪举人。终生不入仕途，而以教书译书、卖文卖画为生。曾任京师大学堂总教习。译述欧美小说达一百八十多种，后编为《林译小说丛书》，风行全国。尚著有散文《畏庐文集》、《续集》、《三集》，诗集《闽中新乐府》及《春觉斋论文》、《春觉斋论画》等。

③啜茗：饮茶。肆：市集贸易场所，此指茶寮。

④黯碧：深绿。

⑤喋：唼喋（shà zhá），鱼类聚食貌。

⑥葑草：一种水生植物。

⑦寻丈：古代八尺至一丈的长度。

⑧名利之薮：即名利场中。薮：渊薮，人或物类聚集的地方。

读书的艺术[①]

林语堂[②]

读书或书籍的享受素来被视为有修养的生活上的一种雅事，而在一些不大有机会享受这种权利的人们看来，这是一种值得尊重和妒忌的事。当我们把一个不读书者和一个读书者的生活上的差异比较一下，这一点便很容易明白。那个没有养成读书习惯的人，以时间和空间而言，是受着他眼前的世界所禁锢的。他的生活是机械化的，刻板的；他只跟几个朋友和相识者接触谈话，他只看见他周遭所发生的事情。他在这个监狱里是逃不出去的。可是当他拿起一本书的时候，他立刻走进一个不同的世界。如果那是一本好书，他便立刻接触到世界上一个最健谈的人。这个谈话者引导他前进，带他到一个不同的国度或不同的时代，或者对他发泄一些私人的悔恨，或者跟他讨论一些他从来不知道的学问或生活问题。一个古代的作家使读者随一个久远的死者交往；当他读下去的时候，他开始想象那个古代的作家相貌如何，是哪一类的人。孟子和中国最伟大的历史家司马迁都表现过同样的观念。一个人在十二小时之中，能够在一个不同的世界里生活两小时，完全忘怀眼前的现实环境：这当然是那些禁锢在他们的身体监狱里的人所妒羡的原因。这么一种环境的改变，由心理上的影响说来，是和旅行一样的。

不但如此，读者往往被书籍带进一个思想和反省的境界里去。纵使那是一本关于现实事情的书，亲眼看见那些事情或亲历其境，和在书中读到那些事情，其间也有不同的地方，因为在书本里所叙述的事情往往变成一片景象，而读者也变成一个冷眼旁观的人。所以，最好的读物是那种能够带我们到这种沉思的心境里去的读物，而不是那种仅在报告事情的始末的读物。我认为人们花费大量的时间去阅读报纸，并不是读书，因为一般阅报者大抵只注意到事件发生或经过的情形的报告，完全没有沉思默想的价值。

据我看来，关于读书的目的，宋代的诗人和苏东坡的朋友黄山谷所说的话最妙。他说："三日不读，便觉语言无味，面目可憎"。他的意思当然是说，读书使人得到一种优雅和风味，这就是读书的整个目的，而只有抱着这种目的的读书才可以叫做艺术。一人读书的目的并不是要"改进心智"，因为当他开始想要改进心智的时候，一切读书的乐趣便丧失净尽了。他对自己说："我非读莎士比亚的作品不可，我非读索福克勒斯的作品不可，我非读爱略特博士的《哈佛世界杰作集》不可，使我能够成为有教育的人。”我敢说那个人永远不能成为有教育的人。他有一天晚上会强迫自己去读莎士比亚的《哈姆雷特》，读毕好象由一个噩梦中醒转来，除了可以说他已经“读”过《哈姆雷特》之外，并没有得到什么益处。一个人如果抱着义务的意识去读书，便不了解读书的艺术。这种具有义务目的的读书法，和一个参议员在演讲之前阅读文件和报告是相同的。这不是读书，而是寻求业务上的报告和消息。

所以，依黄山谷氏的说话，那种以修养个人外表的优雅和谈吐的风味为目的的读书，才是唯一值得嘉许的读书法。这种外表的优雅显然不是指身体上之美。黄氏所说的“面目可憎”，不是指身体上的丑陋。丑陋的脸孔有时也会有动人之美，而美丽的脸孔有时也会令人看来讨厌。我有一个中国朋友，头颅的形状像一颗炸弹，可是看到他却使人欢喜。据我在图画上所看见的西洋作家，脸孔最漂亮的当推吉斯·透顿。他的髭须，眼镜，又粗又厚的眉毛，和两眉间的皱纹，合组而成一个恶魔似的容貌。我们只觉得那个头额中有许许多多的思念在转动着，随时会由那对古怪而锐利的眼睛里迸发出来。那就是黄氏所谓美丽的脸孔，一个不是脂粉装扮起来的脸孔，而是纯然由思想的力量创造起来的脸孔。讲到谈吐的风味，那完全要看一个人读书的方法如何。一个人的谈吐有没有“味”，完全要看他的读书方法。如果读者获得书中的“味”，他便会在谈吐中把这种风味表现出来，如果他的谈吐中有风味，他在写作中也免不了会表现出风味来。

所以，我认为风味或嗜好是阅读一切书籍的关键。这种嗜好跟对食物的嗜好一样，必然是有选择性的，属于个人的。吃一个人所喜欢吃的东西终究是最合卫生的吃法，因为他知道吃这些东西在消化方面一定很顺利。读书跟吃东西一样，“在一人吃来是补品，在他人吃来是毒质。”教师不能以其所好强迫学生去读，父母也不能希望子女的嗜好和他们一样。如果读者对他所读的东西不感趣味，那么所有的时间全都浪费了。袁中郎曰：“所不好之书，可让他人读之。”

所以，世间没有什么一个人必读之书。因为我们智能上的趣味像一棵树那样地生长着，或像河水那样地流着。只要有适当的树液，树便会生长起来，只要泉中有新鲜的泉水涌出来，水便会流着。当水流碰到一个花岗岩石时，它便由岩石的旁边绕过去；当水流涌到一片低洼的溪谷时，它便在那边曲曲折折地流着一会儿；当水流涌到一个深山的池塘时，它便恬然停驻在那边；当水流冲下急流时，它便赶快向前涌去。这么一来，虽则它没有费什么气力，也没有一定的目标，可是它终究有一天会到达大海。世上无人人必读的书，只有在某时某地，某种环境，和生命中的某个时期必读的书。我认为读书和婚姻一样，是命运注定的或阴阳注定的。纵使某一本书，如《圣经》之类，是人人必读的，读这种书也有一定的时候。当一个人的思想和经验还没有达到阅读一本杰作的程度时，那本杰作只会留下不好的滋味。孔子曰："五十以学《易》。"便是说，四十五岁时候尚不可读《易经》。孔子在《论语》中的训言的冲淡温和的味道，以及他的成熟的智慧，非到读者自己成熟的时候是不能欣赏的。

且同一本书，同一读者，一时可读出一时之味道来。其景况适如看一名人相片，或读名人文章，未见面时，是一种味道，见了面交谈之后，再看其相片，或读其文章，自有另外一层深切的理会。或是与其人绝交以后，看其照片，读其文章，亦另有一番味道。四十学《易》是一种味道，到五十岁看过更多的人世变故的时候再去学《易》，又是一种味道。所以，一切好书重读起来都可以获得益处和新乐趣。我在大学的时代被学校强迫去读《西行记》（《Westward Ho》）和《亨利·埃斯蒙得》（《Henry Esmond》），可是我在十余岁时候虽能欣赏《西行记》的好处，《亨利·埃斯蒙得》的真滋味却完全体会不到，后来渐渐回想起来，才疑心该书中的风味一定比我当时所能欣赏的还要丰富得多。

由是可知读书有两方面，一是作者，一是读者。对于所得的实益，读者由他自己的见识和经验所贡献的份量，是和作者自己一样多的。宋儒程伊川先生谈到孔子的《论语》时说："读《论语》，有读了全然无事者；有读了后，其中得一两句喜者；有读了后，知好之者；有读了后，直有不知手之舞之足之蹈之者。"

我认为一个人发现他最爱好的作家，乃是他的知识发展上最重要的事情。世间确有一些人的心灵是类似的，一个人必须在古今的作家中，寻找一个心灵和他相似的作家。他只有这样才能够获得读书的真益处。一个人必须独立自主去寻出他的老师来，没有人知道谁是你最爱好的作家，也许甚至你自己也不知道。这跟一见倾心一样。人家不能叫读者去爱这个作家或那个作家，可是当读者找到了他所爱好的作家时，他自己就本能地知道了。关于这种发现作家的事情，我们可以提出一些著名的例证。有许多学者似乎生活于不同的时代里，相距多年，然而他们思想的方法和他们的情感却那么相似，使人在一本书里读到他们的文字时，好象看见自己的肖像一样。以中国人的语法说来，我们说这些相似的心灵是同一条灵魂的化身，例如有人说苏东坡是庄子或陶渊明转世的[③]，袁中郎是苏东坡转世的。苏东坡说，当他第一次读庄子的文章时，他觉得他自从幼年时代起似乎就一直在想着同样的事情，抱着同样的观念。当袁中郎有一晚在一本小诗集里，发现一个名叫徐文长的同代无名作家时，他由床上跳起，向他的朋友呼叫起来，他的朋友开始拿那本诗集来读，也叫起来，于是两人叫复读，读复叫，弄得他们的仆人疑惑不解。乔治·爱略特（George Eliot）说她第一次读到卢梭的作品时，好象受了电流的震击一样。尼采（Nietzsche）对于叔本华（Schopenhauer）也有同样的感觉，可是叔本华是一个乖张易怒的老师，而尼采是一个脾气暴躁的弟子，所以这个弟子后来反叛老师，是很自然的事情。

只有这种读书方法，只有这种发见自己所爱好的作家的读书方法，才有益处可言。象一个男子和他的情人一见倾心一样，什么都没有问题了。她的高度，她的脸孔，她的头发的颜色，她的声调和她的言笑，都是恰到好处的。一个青年认识这个作家，是不必经他的教师指导的。这个作家是恰合他的心意的，他的风格，他的趣味，他的观念，他的思想方法，都是恰到好处的。于是读者开始把这个作家所写的东西全都拿来读了，因为他们之间有一种心灵上的联系，所以他把什么东西都吸收进去，毫不费力地消化了。这个作家自会有魔力吸引他，而他也乐自为所吸。过了相当的时候，他自己的声音相貌，一颦一笑，便渐与那个作家相似。这么一来，他真的浸润在他的文学“情人”的怀抱中，而由这些书籍中获得他的灵魂的食粮。过了几年之后，这种魔力消失了，他对这个“情人”有点感到厌倦，开始寻找一些新的文学“情人”；到他已经有过三四个“情人”，而把他们吃掉之后，他自己也成为一个作家了。有许多读者永不曾堕入情网，正如许多青年男女只会卖弄风情，而不能钟情于一个人。随便哪个作家的作品，他们都可以读，一切作家的作品，他们都可以读，他们是不会有什么成就的。

这么一种读书艺术的观念，把那种视读书为责任或义务的见解完全打破了。在中国，常常有人鼓励学生“苦学”。有一个实行苦学的著名学者，有一次在夜间读书的时候打盹，便拿锥子在股上一刺。又有一个学者在夜间读书的时候，叫一个丫头站在他的旁边，看见他打盹便唤醒他。这真是荒谬的事情。如果一个人把书本摆在面前，而在古代智慧的作家向他说话的时候打盹，那么，他应该干脆地上床去睡觉。把大针刺进小腿或叫丫头推醒他，对他都没有一点好处。这么一种人已经失掉一切读书的趣味了。有价值的学者不知道什么叫做“磨练”，也不知道什么叫做“苦学”。他们只是爱好书籍，情不自禁地一直读下去。

这个问题解决之后，读书的时间和地点的问题也可以找到答案。读书没有合宜的时间和地点。一个人有读书的心境时，随便什么地方都可以读书。如果他知道读书的乐趣，他无论在学校内或学校外，都会读书，无论世界有没有学校，也都会读书。他甚至在最优良的学校里也可以读书。曾国藩在一封家书中，谈到他的四弟拟入京读较好的学校时说："苟能发奋自立，则家塾可读书，即旷野之地，热闹之场，亦可读书，负薪牧豕，皆可读书。苟不能发奋自立，则家塾不宜读书，即清净之乡，神仙之境，皆不能读书。"有些人在要读书的时候，在书台前装腔作势，埋怨说他们读不下去，因为房间太冷，板凳太硬，或光线太强。也有些作家埋怨说他们写不出东西来，因为蚊子太多，稿纸发光，或马路上的声响太嘈杂。宋代大学者欧阳修说他的好文章都在"三上"得之，即枕上，马上和厕上。有一个清代的著名学者顾千里据说在夏天有"裸体读经"的习惯。在另一方面，一个人不好读书，那么，一年四季都有不读书的正当理由：

春天不是读书天，夏日炎炎最好眠。
等到秋来冬又至，不如等待到来年。

那么，什么是读书的真艺术呢？简单的答案就是有那种心情的时候便拿起书来读。一个人读书必须出其自然，才能够彻底享受读书的乐趣。他可以拿一本《离骚》或奥玛开俨（Omar Khayyam，波斯诗人）的作品，牵着他的爱人的手到河边去读。如果天上有可爱的白云，那么，让他们读白云而忘掉书本吧，或同时读书本和白云吧。在休憩的时候，吸一筒烟或喝一杯好茶则更妙不过。或许在一个雪夜，坐在炉前，炉上的水壶铿铿作响，身边放一盒香烟，一个人拿了十数本哲学、经济学、诗歌、传记的书，堆在长椅上，然后闲逸地拿起几本来翻一翻，找到一本爱读的书时，便轻轻点起烟来吸着。金圣叹认为雪夜闭户读禁书，是人生最大的乐趣。陈继儒（眉公）描写读书的情调，最为美妙："古人称书画为丛笺软卷，故读书开卷以闲适为尚。"在这种心境中，一个人对什么东西都能够容忍了。此位作家又曰："真学士不以鲁鱼亥豕为意，好旅客登山不以路恶难行为意，看雪景者不以桥不固为意，卜居乡间者不以俗人为意，爱看花者不以酒劣为意。"

关于读书的乐趣，我在中国最伟大的女诗人李清照（易安，1084—1151）的自传里，找到一段最佳的描写。她的丈夫在太学作学生，每月领到生活费的时候，他们夫妻总立刻跑到相国寺去买碑文水果，回来夫妻相对展玩咀嚼，一面剥水果，一面赏碑帖，或者一面品佳茗，一面校勘各种不同的版本。她在《金石录后序》这篇自传小记里写道：

余性偶强记，每饭罢，坐归来堂烹茶，指堆积书史，言某事在某书某卷第几页第几行，以中否角胜负，为饮茶先后。中即举杯大笑，至茶倾覆怀中，反不得饮而起。甘心老是乡矣！故虽外忧患困穷而志不屈。……于是几案罗列枕藉，意会心谋，目往神授，乐在声色狗马之上……

这篇小记是她晚年丈夫已死的时候写的。当时她是个孤独的女人，因金兵侵入华北，只好避乱南方，到处漂泊。

［注释］

①本文选自《林语堂散文》，范炎选编，浙江文艺出版社 2000 年版。

②林语堂（1895—1976）：福建龙溪人。原名和乐，后改玉堂，又改语堂。中国现代作家、翻译家。主要作品有《京华烟云》、《中国人》等。他提倡“以自我为中心，以闲适为格调”的小品文。他的散文均体现了“闲适”、“性灵”、“幽默”的特色。

③苏东坡曾做过一件卓绝的事情：他步陶渊明诗集的韵，写出整篇的诗来。在这些《和陶诗》后，他说他自己是陶渊明转世的；这个作家是他一生最崇拜的人物。

鸭窠围的夜[①]

沈从文[②]

天快黄昏时落了一阵雪子，不久就停了。天气真冷，在寒气中一切皆仿佛结了冰，便是空气，也像快要冻结的样子。我包定的那一只小船，在天空大把撒着雪子时已泊了岸。从桃源县沿河而上这已是第五个夜晚。看情形晚上还会有风有雪，故船泊岸边时便从各处挑选好地方。沿岸除了某一处有片沙篁宜于泊船以外，其余地方皆黛色如屋的大石头。石头既然那么大，船又那么小，我们皆希望寻觅得到一个能作小船风雪屏障，同时要上岸又还方便的处所。凡可以泊船的地方早已被当地渔船占去了。小船上的水手，把船上下各处撑去，钢钻头敲打着沿岸大石头，发出好听的声音，结果这只小船，还是不能不同许多大小船只一样，在正当泊船处插了篙子，把当作锚头用的石碇抛到沙上去，尽那行将来到的风雪，摊派到这只船上。

这地方是个长潭的转折处，两岸皆高大壁立的山，山头上长着小小竹子，长年翠色逼人。这时节两山只剩余一抹深黑，赖天空微明为画出一个轮廓。但在黄昏里看来如一种奇迹的，却是两岸高处去水已三十丈上下的吊脚楼。这些房子莫不俨然悬挂在半空中，借着黄昏的余光，还可以把这些希奇的楼房形体，看得出个大略。这些房子同沿河一切房子有共通相似处，便是从结构上说来，处处显出对于木材的浪费。房屋既在半山上，不用那么多木料，便不能成为房子吗？半山上也用吊脚楼形式，这形式是必需的吗？然而这条河水的大宗出口是木料。木材比石块还不值价。因此，即或是河水永远长不到处，吊脚楼房子依然存在，似乎也不应当有何惹眼惊奇了。但沿河因为有了这些楼房，长年与流水斗争的水手，寄身船中枯闷成疾的旅行者，以及其他过路人，却有了落脚处了。这些人的疲劳与寂寞是从这些房子中可以一律解除的。地方既好看，也好玩。

河面大小船只泊定后，莫不点了小小的油灯；拉了篷。各个船上皆在后舱烧了火，用铁顶罐煮饭，饭闷熟后，又换锅子熬油，哗的把菜蔬倒进热锅里去。一切齐全了，各人蹲在舱板上三碗五碗把腹中填满后，天已夜了。水手们怕冷怕动的，收拾碗盏后，就莫不在舱板上摊开了被盖，把身体钻进那个预先卷成一筒又冷又湿的硬棉被里去休息。至于那些想喝一杯的，发了烟瘾得靠靠灯，船上烟灰又翻尽了的，或一无所为，只是不甘寂寞，好事好玩想到岸上去烤烤火谈谈天的，则莫不提了桅灯，或燃一段废缆子，摇着晃着从船头跳上了岸，从一堆石头间的小路径，爬到半山上吊脚楼房子那边去，找寻自己的熟人，找寻自己的熟地。陌生人自然也有来到这条河中来到这种吊脚楼房子里的时节，但一到地，在火旁小板凳上一坐，便是陌生人，即刻也就可以称为熟人了。

这河边两岸除了停泊有上下行的大小船只三十左右以外，还有无数在日前趁融雪涨水放下形体大小不一的木筏。较小的上面供给人住宿过夜的棚子也不见，一到了码头，便各自上岸找住处去了。大一些的木筏呢，则有房屋，有船只，有小小菜园与养猪养鸡栅栏，有女眷，有孩子。

黑夜占领了全个河面时，还可以看到木筏上的火光，吊脚楼窗口的灯光，以及上岸下船在河岸大石间飘忽动人的火炬红光。这时节岸上船上皆有人说话，吊脚楼上且有妇人在黯淡灯光下唱小曲的声音，每次唱完一支小曲时，就有人笑嚷。什么人家吊脚楼下有匹小羊叫，固执而且柔和的声音，使人听来觉得忧郁。我心中想着，“这一定是从别一处牵来的，另外一个地方，那小畜生的母亲，一定也那么固执的鸣着罢。”算算日子，再过十一天便过年了。“小畜生明不明白只能在这个世界上活过十天八天?”明白也罢，不明白也罢，这小畜生是为了过年而赶来应在这个地方死去的。此后固执而又柔和的声音，将在我耳边永远不会消失。我觉得忧郁起来了。我仿佛触着了这世界上一点东西，看明白了这世界上一点东西，心里软和得很。

但我不能这样子打发这个长夜，我把我的想象，追随了一个唱曲时清中夹沙的妇女声音到她的身边去了。于是仿佛看到了一个床铺，下面是草荐，上面摊了一床用旧帆布或别的旧货做成脏而又硬的棉被，搁在被盖上面的是一个木托盘，盘中有一把小茶壶，一个小烟匣，一块石头，一盏灯。盘边躺着一个人。唱曲子的妇人，或是袖了手捏着自己的膀子站在吃烟者的面前，或是靠在男子对面的床头，为客人烧烟。房子分两进，前面临街，地是土地，后面临河，便是所谓吊脚楼了。这些人房子窗口既一面临河，可以凭了窗口呼喊河下船中人，当船上人过了瘾，胡闹已够，下船时，或者尚有些事情嘱托，或有其他原因，一个晃着火炬停顿在大石间，一个便凭立在窗口，“大老你记着，船下行时又来，”“好，我来的，我记着的。”“你见了顺顺就说：会呢，完了；孩子大牛呢，脚膝骨好了；细粉捎三斤，冷糖捎三斤。”“记得到，记得到，大娘你放心，我见了就说：会呢，完了；大牛呢，好了；细粉来三斤，冰糖来三斤。”“杨氏，杨氏，一共四吊七，莫错账!”“是的，放心呵，你说四吊七就四吊七，年三十夜莫会要你多的，你自己记着就是了!”这样那样的说着，我一一皆可听到，而且一面还可以听着在黑暗中某一处咩咩的羊鸣。我明白这些回船的人是上岸吃过“荤烟”了的。

我还估计得出，这些人不吃“荤烟”，上岸时只去烤烤火的，到了那些屋子里时，便多数只在临街那一面铺子里。这时节天气太冷，大门必已上好了，屋里一隅或点了小小油灯，屋中土地上必就地掘了浅凹，烧了些树根柴块。火光煜煜，且时时刻刻爆炸着一种难于形容的声音。火旁矮板凳上坐有船上人，木筏上人，有对河住家的熟人。且有虽为天所厌弃还不自弃的老妇人，闭着眼睛蜷成一团蹲在火边，悄悄的从大袖筒里取出一片薯干，一枚红枣，塞到嘴里去咀嚼。有穿着肮脏身体瘦弱的孩子，手擦着眼睛傍着火旁的母亲打盹。屋主人有为退伍的老军人，有翻船背运的老水手，有单身寡妇。借着火光灯光，可以看得出这屋中的大略情形，三堵木板壁上，一面必有个供养祖宗的神龛，神龛下空处或另一面，必贴了一些大小不一的红白名片。这些名片倘若有那些好事者加以注意，用小油灯照着，去仔细检查，便可以发现许多动人的名衔，军队上的连副，上士，一等兵，商号中的管事，当地的团总，保正，催租吏，以及照例姓滕的船主，洪江的木簰商人，与其他人物，无所不有。这是近十年来经过此地若干人中一小部分的题名录。这些人各用一种不同的生活，来到这个地方，且同样的来到这些屋子里，坐在火边或靠近床上，逗留过若干时间。这些人离开了此地后，在另一个世界里还是继续活下去，但除了同自己的生活圈子中人发生关系以外，与一同在这个世界上其他的人，却仿佛便毫无关系可言了。他们如今也许死掉了；水淹死的，枪打死的，被外妻用砒霜谋杀的，然而这些名片却依然将好好的保留下去。也许有些人已成了富人名人，成了当地的小军阀，这些名片却仍然写着催租人，上士等等的衔头……除了这些名片，那屋子里是不是还有比它更引人注意的东西呢？锯子，小捞兜，香烟大画片，装干栗子的口袋……

提起这些问题时使人心中很激动。我到船头上去眺望了一阵。河面静静的，木筏上火光小了，船上的灯光已很少了，远近一切只能借着水面微光看出个大略情形。另外一处的吊脚楼上，又有了妇人唱小曲的声音，灯光摇摇不定，且有猜拳声音。我估计那些灯光同声音所在处，不是木筏上的簰头在取乐，就是水手们小商人在喝酒。妇人手指上说不定还戴了从常德府为水手特别捎来的镀金戒指，一面唱曲一面把那只手理着鬓角，多动人的一幅画图！我认识他们的哀乐，这一切我也有分。看他们在那里把每个日子打发下去，也是眼泪也是笑，离我虽那么远，同时又与我那么相近。这正同读一篇描写西伯利亚方面的农人生活动人作品一样，使人掩卷引起无言的哀戚。我如今只用想象去领味这些人生活的表面姿态，却用过去一分经验，接触着了这种人的灵魂。

羊还固执的鸣着。远处不知什么地方有锣鼓声音，那是禳土酬神巫师的锣鼓。声音所在处必有火燎与九品蜡，照耀争辉，眩目火光下有头包红布的老巫独立作旋风舞，门上架上有黄钱，平地有装满了谷米的平斗。有新宰的猪羊伏在木架上，头上插着小小纸旗。有行将为巫师用口把头咬下的活生公鸡，缚了双脚与翼翅，在土坛边无可奈何的躺卧。主人锅灶边则热了猪血稀粥，灶中火光熊熊。

邻近一只大船上，水手们已静静的睡下了，只剩余一个人吸着烟，且时时刻刻把烟管敲着船舷。也像听着吊脚楼的声音，为那点声音所激动，忽然按捺自己不住了，只听到他轻轻的骂着野话，擦了支自来火，点上一段废缆，跳上岸往吊脚楼那里去了。他在岸上大石间走动时，火光便从船篷空处漏进我的船中。也是同样的情形罢，在一只装载棉军服向上行驶的船上，泊到同样的岸边，躺在成束成捆的军服上面，夜既太长，水手们爱玩牌的皆蹲坐在舱板上小油灯光下玩天九，睡既不成，便胡乱穿了两套棉军服，空手上岸，借着石块间还未融尽残雪返照的微光，一直向高岸上有灯光处走去。到了街上，除了从人家门罅里露出的灯光成一条长线横卧着，此外一无所有。在计算中以为应可见到的小摊上成堆的花生，用哈德门长烟匣装着干瘪瘪的小橘子，切成小方块的片糖，以及在灯光下看守摊子把眉毛扯得极细的妇人，（这些妇人无事可做时还会在灯光下做点针线的，）如今什么也没有。既不敢冒昧闯进一个人家里面去，便只好又回转河边船上了。但上山时向灯光凝聚处走去，方向不会错误。下河时可弄糟了。糊糊涂涂在大石小石间走了许久，且大声喊着才走近自己所坐的一只船。上船时，两脚全是泥，刚攀上船舷还不及脱鞋落舱，就有人在棉被中大喊：“伙计哥子们，脱鞋呀！”把鞋脱了还不即睡，便镶到水手身旁去看牌，一直看到半夜，——十五年前自己的事，在这样地方温习起来，使人对于命运感到惊异。我懂得那个忽然独自跑上岸去的人，为什么上去的理由！

等了一会，邻船上那人还不回到他自己的船上来，我明白他所得的比我多了一些。我想听听他回来时，是不是也像别的船上人，有一个妇人在吊脚楼窗口喊叫他。许多人都陆续回到船上了，这人却没有下船。我记起“柏子”。但是，同样是水上人，一个那么快乐的赶到岸上去，一个却是那么寂寞的跟着别人后面走上岸去，到了那些地方，情形不会同柏子一样，也是很显然的事了。

为了我想听听那个人上船时那点推篷声音，我打算着，在一切声音皆已安静时，我仍然不能睡觉，我等待那点声音，大约到午夜十二点，水面上却起了另外一种声音。仿佛鼓声，也仿佛汽油船马达转动声，声音慢慢的近了，可是慢慢的又远了。这是一个有魔力的歌唱，单纯到不可比方，也便是那种固执的单调，以及单调的延长，使一个身临其境的人，想用一组文字去捕捉那点声音，以及捕捉在那长潭深夜一个人为那声音所迷惑时节的心情，实近于一种徒劳无功的努力。那点声音使我不得不再从那个业已用被单塞好空罅的舱门，到船头去搜索它的来源。河面一片红光，古怪声音也就从红光一面掠水而来。日里隐藏在大岩下的一些小渔船，原来在半夜前早已静悄悄的下了拦江网。到了半夜，把一个从船头伸出水面的铁篮，盛上燃着熊熊烈火的油柴，一面敲着船舷各处走去。身在水中见了火光而来与受了柝声惊走四窜的鱼类，便在这种情形中触了网，成为渔人的俘虏。

一切光，一切声音，到这时节已为黑夜所抚慰而安静了，只有水面上那一份红火与那一派声音。那种声音与光明，正为着水中的鱼与水面的渔人生存的搏战，已在这河面上存在了若干年，且将在继此而来的每个夜晚依然继续存在。我弄明白了，回到舱中以后，依然默听着那个单调的声音。我所看到的仿佛是一种原始人与自然战争的情景。那声音，那火光，皆近于原始人类的武器！

不知在什么时候开始落了很大的雪，听船上人嘟哝着。我心想，第二天我一定可以看到邻船上那个人上船时节，在岸边雪地上留下的那一行足迹。那寂寞的足迹，事实上我却不曾见到，因为第二天到我醒来时，小船已离开那个泊船处很远了。

［注释］

①本文选自《沈从文散文集》，周文彬编，百花文艺出版社 2004 年版。

②沈从文（1902—1988）：原名沈岳焕，湖南凤凰人。著名小说家、散文家、历史文物研究家。1924 年开始文学创作。沈从文是我国现代文学史上的多产作家，共出版了《石子船》、《从文子集》等三十多部短篇小说集和《边城》、《长河》等六部中长短篇小说。作品涉及社会面虽比较广阔，主要的还是以他最熟悉的湘西为背景。

花　城①

秦　牧②

一年一度的广州年宵花市，素来脍炙人口。这些年常常有人从北方不远千里而来，瞧一瞧南国花市的盛况。还常常可以见到好些国际友人，也陶醉在这东方的节日情调中，和中国朋友一起选购着鲜花。往年的花市已经够盛大了，今年这个花海又涌起了一个新的高潮。因为农村人民公社化以后，花木的生产增加了，今年春节又是城市人民公社化之后的第一个春节，广州去年有累万的家庭妇女和街坊居民投入了生产和其他的劳动队伍。加上今年党和政府进一步安排群众的节日生活，花木供应空前多了，买花的人也空前多了，除原来的几个年宵花市之外，又开辟了新的花市。如果把几个花市的长度累加起来，“十里花街”，恐怕是名不虚传了。在花市开始以前，站在珠江岸上眺望那条浩浩荡荡、作为全省三十六条内河航道枢纽的珠江，但见在各式各样的楼船汽轮当中，还划行着一艘艘载满鲜花盆栽的木船，它们来自顺德、高要、清远、四会等县，载来了南国初春的气息和农民群众的心意。“多好多美的花！”“今年花的品种可多啦！”江岸上的人们不禁啧啧称赏。广州有个文化公园，园里今年也布置了一个大规模的“迎春会”，花匠们用鲜艳的盆花堆砌出“江山如此多娇”的大花字，除了各种色彩缤纷的名花瓜果外，还陈列着一株花朵灼灼、树冠直径达一丈许的大桃树。这一切，都显示出今年广州的花市是不平常的。

人们常常有这么一种体验：碰到热闹和奇特的场面，心里面就像被一根鹅羽撩拨着似的，有一种痒痒麻麻的感觉。总想把自己所看到和感受的一切形容出来。对于广州的年宵花市，我就常常有这样的冲动。虽然过去我已经描述过它们了，但是今年，徜徉在这个特别巨大的花海中，我又涌起这样的欲望了。

农历过年的各种风习，是我们民族在几千年的历史中形成的。我们现在有些过年风俗，一直可以追溯到一两千年前的史迹中去。这一切，是和许多的历史故事、民间传说、巧匠绝技和群众的美学观念密切联系起来的。在中国的年节中，有的是要踏青的，有的是要划船的，有的是要赶会的……这和外国的什么点灯节、泼水节一样，都各各有它们的生活意义和诗情画意。过年的时候，我们各地的花样一向都很多：贴春联、挂年画、耍狮子、玩龙灯、跑旱船、放花炮……人人穿上整洁衣服，头面一新，男人都理了发，妇女都修整了辫髻，大姑娘还扎上了花饰。那“糖瓜祭灶，新年来到，姑娘要花，小子要炮，老头儿要一顶新毡帽”的北方俗谚，多少描述了这种气氛。这难道只是欢乐欢乐，玩儿玩儿而已么？难道我们从这隆重的节日情调中不还可以领略到我们民族文化的源远流长，和千百年来人们热烈向往美好未来的心境么？在旧时代苦难的日子里，自然劳动人民不是都能欢乐地过年，但是贫苦的农户，也要设法购张年画，贴对门联；年轻的闺女也总是要在辫梢扎朵绒花，在窗棂上贴张大红剪纸，这就更足以想见无论在怎样困苦中，人们对于幸福生活的强烈的憧憬。在新的时代，农历过年中那种深刻体现旧社会烙印的习俗被革除了，赌博、酗酒，向舞龙灯的人投掷燃烧的爆竹，千奇百怪的禁忌，这一类的事情没有了，那些耍猴子的凤阳人、跑江湖扎纸花的石门人，那些摇着串上铜钱的冬青树枝的乞丐，以及号称从五台山峨嵋山下来化缘的行脚僧人不见了。而一些美好的习俗被发扬光大起来，一些古老的风习被赋予了崭新的内容。现在我们也燃放爆竹，但是谁想到那和“驱傩”之类的迷信有什么牵联呢！现在我们也贴春联，但是有谁想到“岁月逢春花遍地，人民有党劲冲天”、“跃马横刀，万众一心驱穷白；飞花点翠，六亿双手绣山河”之类的春联，和古代的用桃木符辟邪有什么可以相提并论之处呢！古老的节日在新时代里是充满青春的光辉了。

这正是我们热爱那些古老而又新鲜的年节风习的原因。“风生白下千林暗，雾塞苍天百卉殚”的日子过去了，大地的花卉越种越美，人们怎能不热爱这个风光旖旎的南国花市，怎能不从这个盛大的花市享受着生活的温馨呢！

而南方的人们也真会安排，他们选择年宵逛花市这个节目作为过年生活里的一个高潮。太阳的热力是厉害的，在南方最热的海南岛上，有一些像菠萝蜜之类的果树，根部也可以伸出地面结出果子来；有一些树木，锯断了用来做木桩，插在地里却又能长出嫩芽。在这样的地带，就正象昔人咏月季花的诗所说的：“花谢花开无日了，春来春去不相关。”早在春节到来之前一个月，你在郊外已经可以到处见到树上挂着一串串鲜艳的花朵了。而在年宵花市中，经过花农和园艺师们的努力，更是人工夺了天工，四时的花卉，除了夏天的荷花石榴等不能见到外，其他各种各样的花儿乎都出现了。牡丹、吊钟、水仙、大丽、梅花、菊花、山茶、墨兰……春秋冬三季的鲜花都挤在一起！

广州今年最大的花市设在太平路，就是历史上著名的“十三行”一带，花棚有点像马戏的看棚，一层一层衔接而上。那里各个公社、园艺场、植物园的旗帜飘扬，卖花的汉子们笑着高声报价。灯色花光，一片锦绣。我约略计算了一下花的种类，今年总在一百种上下。望着那一片花海，端详着那散发着香气、轻轻颤动和舒展着叶芽和花瓣的植物中的珍品，你会禁不住赞叹，人们选择和布置这么一个场面来作为迎春的高潮，真是匠心独运！那千千万万朵笑脸迎人的鲜花，仿佛正在用清脆细碎的声音在浅笑低语："春来了！春来了！"买了花的人把花树举在头上，把盆花托在肩上，那人流仿佛又变成了一道奇特的花流。南国的人们也真懂得欣赏这些春天的使者。大伙不但欣赏花朵，还欣赏绿叶和鲜果。那像繁星似的金橘、四季橘、吉庆果之类的盆果，更是人们所欢迎的。但在这个特殊的、春节黎明即散的市集中，又仿佛一切事物都和花发生了联系。鱼摊上的金鱼，使人想起了水中的鲜花；海产摊上的贝壳和珊瑚，使人想起了海中的鲜花；至于古玩架上那些宝蓝均红、天青粉彩之类的瓷器和历代书画，又使人想起古代人们的巧手塑造出来的另一种永不凋谢的花朵了。

广州的花市上，吊钟、桃花、牡丹、水仙等是特别吸引人的花卉。尤其是这南方特有的吊钟，我觉得应该着重地提它一笔。这是一种先开花后发叶的多年生灌木。花蕾未开时被鳞状的厚壳包裹着，开花时鳞苞里就吊下了一个个粉红色的小钟状的花朵。通常一个鳞苞里有七八朵，也有个别多到十二朵的。听朝鲜的贵宾说，这种花在朝鲜也被认为珍品。牡丹被人誉为花王，但南国花市上的牡丹大抵光秃秃不见叶子，真是"卧丛无力含醉妆"。唯独这吊钟显示着异常旺盛的生命力，插在花瓶里不仅能够开花，还能够发叶。这些小钟儿状的花朵，一簇簇迎风摇曳，使人就像听到了大地回春的铃铃铃的钟声似的。

花市盘桓，令人撩起一种对自己民族生活的深厚情感。我们和这一切古老而又青春的东西异常水乳交融。就正像北京人逛厂甸、上海人逛城隍庙、苏州人逛玄妙观所获得的那种特别亲切的感受一样。看着繁花锦绣，赏着姹紫嫣红，想起这种一日之间广州忽然变成了一座"花城"，几乎全城的人都出来深夜赏花的情景，真是感到美妙。

在旧时代绵长的历史中，能够买花的只是少数的人，现在一个纺织女工从花市举一株桃花回家，一个钢铁工人买一盆金橘托在肩上，已经是很平常的事情了。听着卖花和买花的劳动者互相探询春讯，笑语声喧，令人深深体味到，亿万人的欢乐才是大地上真正的欢乐。

在这个花市里，也使人想到人类改造自然威力的巨大，牡丹本来是太行山的一种荒山小树，水仙本来是我国东南沼泽地带的一种野生植物，经过许多代人们的加工培养，竟使得它们变成了"国色天香"和"凌波仙子"！在野生状态时，菊花只能开着铜钱似的小花，鸡冠花更象是狗尾草似的，但是经过花农的悉心培养，人工的世代选择，它们竟变成这样丰腴艳丽了。"天工人可代，人工天不如。"生活的真理不正是这样么！

在这个花市里，你也不禁会想到各地的劳动人民共同创造历史文明的丰功伟绩。这里有来自福建的水仙，来自山东的牡丹，来自全国各省各地的名花异卉，还有本源出自印度的大丽，出自法国的猩红玫瑰，出自马来亚的含笑，出自撒哈拉沙漠地区的许多仙人掌科植物。各方的溪涧汇成了河流，各地劳动人民的创造汇成了灿烂的文明，在这个熙熙攘攘的市集中不也让人充分感受到这一点么！

你在这里也不能不惊叹群众审美的眼力。人们爱单托的水仙胜过双托的水仙，爱复瓣的桃花又胜过单瓣的桃花。为什么？因为单托水仙才显得更加清雅，复瓣桃花才显得更加艳丽。人们爱这种和谐的美！一盆花果，群众也大抵能够一致指出它们的优点和缺点。在这种品评中，你不也可以领略到好些美学的道理么！

总之，徜徉在这个花海中，常常使你思索起来，感受到许多寻常的道理中新鲜的涵义。十一年来我养成了一个癖好，年年都要到花市去挤一挤，这正是其中的一个理由了。

我们赞美英勇的斗争和艰苦的劳动，也赞美由此而获得的幸福生活。因此，花市归来，像喝酒微醉似的，我拉拉扯扯写下这么一些话。让远地的人们也来分享我们的欢乐。

1961 年 2 月于广州

[注释]

①本文选自秦牧散文集《花城》，作家出版社 1961 年版。

②秦牧（1919—1992）：原名林觉夫，广东澄海人。我国当代著名作家，他的创作丰富多样，尤以散文成就最高，被誉为当代散文大师。他的散文创作题材新颖，知识丰富，笔法灵活，文字优美，以朴实清丽见长，历来广受读者欢迎。著有散文集《潮汐和船》、《花城》、《艺海拾贝》等。广东省有秦牧创作研究会，编辑出版《秦牧全集》。

论　美①

［英］培　根②

美德好比宝石，它在朴素背景的衬托下反而更华丽。同样，一个打扮并不华贵却端庄严肃而有美德的人是令人肃然起敬的。

美貌的人并不都有其他方面的才能。因为造物主是吝啬的，他给了此就不再予彼。所以许多容颜俊秀的人却一无作为，他们过于追求外形美而放弃了内在美。但这话也不全对，因为奥古斯都、菲斯帕斯、腓力普王、爱德华四世、阿尔西巴底斯、伊斯梅尔等，都既是大丈夫，又是美男子。

仔细分析起来，形体之美要胜于颜色之美，而优雅行为之美又胜于形体之美。最高的美是画家所无法表现的，因为它是难于直观的。这是一种奇妙的美。曾经有两位画家——阿皮雷斯和丢勒滑稽地认为，可以按照几何比例，或者通过摄取不同人身上最美的特点，用画合成一张最完美的人像。其实像这样画出来的美人，恐怕只有画家本人才会喜欢。美是不能制订规范的，创造它的常常是机遇，而不是公式。有许多脸型，就它的部分看并不优美，但作为整体却非常动人。

有些老人显得很可爱，因为他们的作风优雅而美。拉丁谚语说过："晚秋的景色是最美好的。"而尽管有的年轻人具有美貌，却由于缺乏优美的修养而不配得到赞美。

美犹如盛夏的水果，是容易腐烂而难保持的。世上有许多美人，他们有过放荡的青春，却迎受着愧悔的晚年。因此，把美的形貌与美的德行结合起来吧。只有这样，美才会放射出真正的光辉。

［注释］

①本文选自高健译《培根论说文集》，百花文艺出版社 2001 年版。

②弗兰西斯·培根（Francis Bacon，1561—1626）：英国近代思想家、散文家，其一生的活动广泛，于思想、哲学、宗教乃至文学甚至自然科学等方面影响深远，马克思赞许其为"英国唯物主义和整个现代实验科学的始祖"。一生著述甚丰，已译为中文的有《新工具》（Novum Orgànum，1620）和《论说文集》（Essays，1625）等。

《世说新语》三则[①]

刘义庆[②]

石崇要客燕集[③]

石崇每要客燕集，常令美人行酒[④]。客饮酒不尽者，使黄门交斩美人[⑤]。王丞相与大将军尝共诣崇[⑥]。丞相素不能饮，辄自勉强，至于沉醉。每至大将军，固不饮，以观其变。已斩三人，颜色如故[⑦]，尚不肯饮。丞相让之[⑧]，大将军曰："自杀伊家人，何预卿事？"

［注释］

①本三则选自《世说新语》，上海古籍出版社1982年影印光绪十七年思贤讲舍刻本。《世说新语》为南朝刘义庆编的笔记小说集，全书分为德行、语言、文学、政事等三十六门，主要记载汉末到东晋士族名流轶事遗闻，反映这一时期士族清谈风气和骄奢淫佚生活。语言风格简丽清俊，对后世文学影响深远。

②刘义庆（403—444）：彭城（今江苏徐州）人，袭封临川王。生平喜聚才学之士，《世说新语》是他主持下编著而成。全书分为三十六门类，所记虽多为片言数语，却能勾勒出所记的人物的思想或面貌特征，读后使人印象深刻。梁刘孝标为之作注，征引浩博，极具价值。

③石崇：字季伦，西渤海南皮（今河北南皮）人，当时以富豪著称，其诗亦名世。要客：邀客。燕：同"宴"。

④行酒：劝酒，侑酒。

⑤黄门：侍卫官。

⑥王丞相：名导，字茂弘，琅琊临沂（今山东）人。以佐晋元帝南迁建立东晋政权，任为相。大将军：王敦，字处仲，是王导的堂兄，与王导同助元帝，任征南大将军，后兴兵反叛而病终于军中。诣（yì）：拜谒。

⑦颜色：容颜面色。

⑧让：劝让，责备。

名士王湛[1]

王汝南既除所生服[2]，遂停墓所。兄子济每来拜墓，略不过叔，叔亦不候。济脱时过[3]，止寒温而已。后聊试问近事，答对甚有音辞[4]，出济意外，济极惋愕。仍与语，转造精微[5]。济先略无子侄之敬，既闻其言，不觉懔然，心形俱肃。遂留共语，弥日累夜。济虽俊爽，自视缺然，乃喟然叹曰："家有名士，三十年而不知[6]。"

济去，叔送至门。济从骑有一马，绝难乘，少能骑者。济聊问叔："好骑乘不？"曰："亦好尔"。济又使骑难乘马，叔姿形既妙，回策如萦[7]，名骑无以过之。济益叹其难测，非复一事。

既还，浑问济："何以暂行累日[8]？"济曰："始得一叔。"浑问其故。济具叹述如此。浑曰："何如我？"[9]济曰："济以上人。"武帝每见济，辄以湛调之曰[10]："卿家痴叔死未？"济常无以答。既而得叔后，武帝又问如前，济曰："臣叔不痴。"称其实美。帝曰："谁比？"济曰："山涛以下，魏舒以上[11]。"于是显名，年二十八始宦。

［注释］

①王湛：字处冲，太原晋阳人，性喜简谈，有才德而不与世交，即使宗族人士亦不了解其德性。曾出任汝南内史，世称王汝南。

②除所生服：脱下丧服。

③脱时：有时。脱，或许。

④音辞：有音韵的言辞，指富有文采。

⑤造：达，成为。

⑥三十年：此概言之数，从下文知，此时王湛年尚未过二十八岁。

⑦回策如萦：以鞭回马如旋，骑术高超而潇洒。

⑧浑：妻子，浑家。暂行：原说出去一下，短时外出。累日：却整天才回家。

⑨何如我：以什么（指所见王湛的形象）告诉我。

⑩武帝：晋武帝刘裕。调之：对着王济取笑王湛。

⑪山涛：字巨源，晋竹林七贤之一。魏舒：字阳元，任城人，晋名士，亦被人视为迟钝无能而实才德出众，终被人举荐而称著一时。

郗超不匿善[1]

郗超与谢玄不善[2]。苻坚将问晋鼎，既已狼噬梁、岐[3]，又虎视淮阴矣。

于时朝议遣玄北讨，人间颇有异同之论[④]。唯超曰："是必济事，吾昔尝与共在桓宣武府，见使才皆尽，虽履屐之间，亦得其任[⑤]。以此推之，容必能立勋。"元功既举[⑥]。时人咸叹超之先觉，又重其不以爱憎匿善。

［注释］

①郗超：字景兴，晋高平（今山东巨野）人，曾为桓温参军，后任司徒左长史。

②谢玄：字幼度，阳夏（今河南太康）人。晋朝名相谢安之侄，初为桓温部属，后为谢安举荐而晋升，于淝水之战立功而著称。

③苻坚（337—384）：字永固，临渭（今甘肃秦安境）人，氐（dǐ）族。前秦国主（称帝），在位二十八年（357—384），于公元 360 年前后，平定北方大部分地域，后南征东晋于淝水战败，后被羌族姚苌擒杀。问鼎：比喻企图夺取王位和政权。狼噬（shì）：狼一样吞食，喻军事进攻神速。梁、岐：梁州和岐州，此指苻坚于公元 373 年攻占晋朝的梁州和益州，即陕西西南和四川北部地区。

④人间：指朝廷里大臣们中间。异同之论：异议和赞同的各种意见。

⑤桓宣武：桓温，字元子，东晋名将权臣。宣武是死后谥号。履屐之间：喻地位低微之人。

⑥元功：首功，指淝水之战胜利之功。

曹操煮酒论英雄[①]

罗贯中[②]

却说董承等问马腾曰："公欲用何人?"马腾曰："见有豫州牧刘玄德在此，何不求之?"承曰："此人虽系皇叔，今正依附曹操，安肯行此事耶?"腾曰："吾观前日围场之中，曹操迎受众贺之时，云长在玄德背后，挺刀欲杀操，玄德以目视之而止。玄德非不欲图操，恨操牙爪多，恐力不及耳。公试求之，当必应允。"吴硕曰："此事不宜太速，当从容商议。"众皆散去。

次日黑夜里，董承怀诏，径往玄德公馆中来。门吏入报。玄德迎出，请入小阁坐定。关、张侍立于侧，玄德曰："国舅夤夜[③]至此，必有事故。"承曰："白日乘马相访，恐操见疑。故黑夜相见。"玄德命取酒相待。承曰："前日围场之中，云长欲杀曹操，将军动目摇头而退之，何也?"玄德失惊曰："公何以知之?"承曰："人皆不见，某独见之。"玄德不能隐讳，遂曰："舍弟见操僭越[④]，故不觉发怒耳。"承掩面而哭曰："朝廷臣子，若尽如云长，何忧不太平哉!"玄德恐是曹操使他来试探，乃佯言曰："曹丞相治国，为何忧不太平?"承变色而起曰："公乃汉朝皇叔，故剖肝沥胆以相告，公何诈也?"玄德曰："恐国舅有诈，故相试耳。"于是董承取衣带诏令观之，玄德不胜悲愤。又将义状出示[⑤]，上止有六位：一，车骑将军董承；二，工部侍郎王子服；三，长水校尉种辑；四，议郎吴硕；五，昭信将军吴子兰；六，西凉太守马腾。玄德曰："公既奉诏讨贼，备敢不效犬马之劳。"承拜谢，便请书名。玄德亦书"左将军刘备"，押了字，付承收讫。[⑥]承曰："尚容再请三人，共聚十义，以图国贼。"玄德曰："切宜缓缓施行，不可轻泄。"共议到五更，相别去了。

玄德也防曹操谋害，就下处后园种菜，亲自浇灌，以为韬晦之计。[⑦]关、张二人曰："兄不留心天下大事，而学小人之事，何也?"玄德曰："此非二弟所知也。"二人乃不复言。

一日，关、张不在，玄德正在后园浇菜，许褚、张辽引数十人入园中曰："丞相有命，请使君便行。"玄德惊问曰："有甚紧事?"许褚曰："不知。只教我来相请。"玄德只得随二人入府见操。操笑曰："在家做得好大事!"諕得玄德面如土色。操执玄德手，直至后园，曰："玄德学圃不易!"玄德方才放心，答曰："无事消遣耳。"操曰："适见枝头梅子青青，忽感去年征张绣时，道上缺水，将士皆渴；吾心生一计，以鞭虚指曰：'前面有梅林。'军士闻之，口皆生唾，由是不渴。今见此梅，不可不赏。又值煮酒正熟。故邀使君小亭一会。"玄德心神方定。随至小亭，已设樽俎：盘置青梅，一樽煮酒。二人对坐，开怀畅饮。

酒至半酣，忽阴云漠漠，骤雨将至。从人遥指天外龙挂[⑧]，操与玄德凭栏观之。操曰："使君知龙之变化否？"玄德曰："未知其详。"操曰："龙能大能小，能升能隐：大则兴云吐雾，小则隐介藏形；升则飞腾于宇宙之间，隐则潜伏于波涛之内。方今春深，龙乘时变化，犹人得志而纵横四海。龙之为物，可比世之英雄。玄德久历四方，必知当世英雄。请试指言之。"玄德曰："备肉眼安识英雄？"操曰："休得过谦。"玄德曰："备叨恩庇[⑨]，得仕于朝。天下英雄，实有未知。"操曰："既不识其面，亦闻其名。"玄德曰："淮南袁术，兵粮足备，可为英雄？"操笑曰："冢中枯骨，吾早晚必擒之！"玄德曰："河北袁绍，四世三公，门多故吏。今虎踞冀州之地，部下能事者极多，可为英雄？"操笑曰："袁绍色厉胆薄，好谋无断；于大事而惜身，见小利而忘命：非英雄也。"玄德曰："有一人名称八俊[⑩]，威镇九州，刘景升可为英雄？"操曰："刘表虚名无实，非英雄也。"玄德曰："有一人血气方刚，江东领袖，孙伯符乃英雄也？"操曰："孙策藉父之名，非英雄也。"玄德曰："益州刘季玉，可为英雄乎？"操曰："刘璋虽系宗室，乃守户之犬耳，何足为英雄！"玄德曰："如张绣、张鲁、韩遂等辈皆何如？"操鼓掌大笑曰："此等碌碌小人，何足挂齿！"玄德曰："舍此之外，备实不知。"操曰："夫英雄者，胸怀大志，腹有良谋，有包藏宇宙之机，吞吐天地之志者也。"玄德曰："谁能当之？"操以手指玄德，后自指，曰："今天下英雄，惟使君与操耳！"玄德闻言，吃了一惊，手中所执匙筯，不觉落于地下。时正值大雨将至，雷声大作。玄德乃从容俯首拾筯曰："一震之威，乃至于此。"操笑曰："丈夫亦畏雷乎？"玄德曰："圣人迅雷风烈必变[⑪]，安得不畏？"将闻言失筯缘故，轻轻掩饰过了。操遂不疑玄德。后人有诗赞曰：

勉从虎穴暂趋身，说破英雄惊杀人。
巧借闻雷来掩饰，随机应变信如神。

天雨方住，见两个人撞入后园，手提宝剑，突至亭前，左右拦挡不住。操视之，乃关、张二人也。原来二人从城外射箭方回，听得玄德被许褚、张辽请将去了，慌忙来相府打听；闻说在后园，只恐有失，故冲突而入。却见玄德与操对坐饮酒。二人按剑而立。操问二人何来。云长曰："听知丞相和兄饮酒，特来舞剑，以助一笑。"操笑曰："此非'鸿门会'，安用项庄、项伯乎？"玄德亦笑。操命："取酒与二'樊哙'压惊。"关、张拜谢。

须臾席散，玄德辞操而归。云长曰："险些惊杀我两个！"玄德以落箸事说与关、张。关、张问是何意，玄德曰："吾之学圃，正欲使操知我无大志；不意操竟指我为英雄，我故失惊落箸。又恐操生疑，故借惧雷以掩饰之耳。"关、张曰："兄真高见！"

[注释]

①本文节录自《三国演义》第二十一回，人民文学出版社1981年版，题目为编者加。

②罗贯中：名本，宁贯中，号湖海散人，山西太原人。生卒年未详。相传曾为张士诚幕僚，有志图王。明初编过稗史，后以陈寿著，裴松之注《三国志》等史料，吸取民间三国故事和杂剧等资料，创作《三国志通俗演义》二十四卷，每卷收故事十题，计全书为二百四十题。明末清初毛纶、毛宗岗评点修订为一百二十回。成为此后的通行本《三国演义》的文本。罗贯中还有《隋唐两朝志传》、《戏唐五代史演义》和《平妖传》等行世。

③夤（yín）夜：深夜。

④僭（jiàn）越：越出本分，指上回中曹操在围猎场上抢在皇帝前面接受群臣欢呼的越礼之举。

⑤义状：指董承与马腾等奉血诏结成共同反曹所签署的生死文书。

⑥左将军：此时刘备并无实职。第十二回写陶谦在徐州牧（郡守）任上年迈染病，临终移印刘备。后曹操平定黄巾军，借护驾拥献帝自洛阳移京许都，独揽朝政。为除吕布之患，请诏封刘备为征东将军（第十四回），密令其杀吕布，却被吕布逐出徐州。刘备惟赴许都，寄曹操馆下。古人以东为左，故称左将军。押字：花式签名。明郎瑛《七修类稿》卷二十五，"古人花押所以代名，故以名字代之，凡官府文移，人间私简俱前署名，后止押字。……押字必以名也，而变化机巧则出于其人。"

⑦下处：下榻之处，住处。韬晦之计：隐藏锋芒，将自己的才干和志向尽量收敛起来，避免对手发现和注意。

⑧龙挂：龙卷风。古人见到龙卷风经过水面时，可将水柱吸引到空中，故称龙挂。

⑨叨（tāo）：承受，受惠。

⑩名称八俊：名声可够得上与八俊相称。东汉有八俊之称的是李俊、荀昱、杜密、王畅、刘佑、魏朗、赵典和朱寓。

⑪迅雷风烈必变：语见《论语·乡党》。古人敬畏上天，孔子凡遇巨雷、大风和暴雨时，神色仪态一定要变为端庄而待。

婴　　宁[1]

蒲松龄[2]

王子服，莒之罗店人[3]。早孤[4]。绝慧[5]，十四入泮[6]。母最爱之，寻常不令游郊野。聘萧氏[7]，未嫁而夭，故求凰未就也[8]。会上元[9]，有舅氏子吴生邀同眺瞩[10]，方至村外，舅家仆来，招吴去。生见游女如云，乘兴独遨。有女郎携婢，拈梅花一枝，容华绝代，笑容可掬。生注目不移，竟忘顾忌。女过去数武，顾婢曰："个儿郎目灼灼似贼！"遗花地上，笑语自去。

生拾花怅然，神魂丧失，怏怏遂返。至家，藏花枕底，垂头而睡，不语亦不食。母忧之，醮禳益剧[11]，肌革锐减[12]。医师诊视，投剂发表，忽忽若迷。母抚问所由，默然不答。适吴生来，嘱秘诘之。吴至榻前，生见之泪下，吴就榻慰解，渐致研诘[13]，生具吐其实，且求谋画。吴笑曰："君意亦复痴！此愿有何难遂？当代访之。徒步于野，必非世家，如其未字[14]，事固谐矣；不然，拚以重赂[15]，计必允遂。但得痊瘳，成事在我。"生闻之，不觉解颐[16]。吴出告母，物色女子居里。而探访既穷，并无踪绪[17]。母大忧，无所为计。然自吴去后，颜顿开，食亦略进。数日，吴复来，生问所谋。吴绐之曰："已得之矣。我以为谁何人，乃我姑氏女，即君姨妹，今尚待聘。虽内戚有婚姻之嫌[18]，实告之，无不谐者。"生喜溢眉宇，问："居何里？"吴诡曰："西南山中，去此可三十馀里。"生又嘱再四，吴锐身自任而去。

生由是饮食渐加，日就平复。探视枕底，花虽枯，未便雕落，凝思把玩，如见其人。怪吴不至，折柬招之[19]，吴支托不肯赴招[20]。生恚怒，悒悒不欢。母虑其复病，急为议姻，略与商榷；辄摇首不愿，惟日盼吴。吴迄无耗，益怨恨之。转思三十里非遥，何必仰息他人[21]？怀梅袖中，负气自往，而家人不知也。伶仃独步，无可问程，但望南山行去。约三十余里，乱山合沓[22]，空翠爽肌，寂无人行，止有鸟道[23]。遥望谷底，丛花乱树中，隐隐有小里落。下山入村，见舍宇无多，皆茅屋，而意甚修雅[24]。北向一家，门前皆丝柳，墙内桃杏尤繁，间以修竹，野鸟格磔其中[25]。意其园亭，不敢遽入。回顾对户，有巨石滑洁，因坐少憩。俄闻墙内有女子，长呼："小荣！"其声娇细。方伫听间，一女郎由东而西，执杏花一朵，俯首自簪。举头见生，遂不复簪，含笑拈花而入。审视之，即上元途中所遇也。心骤喜，但念无以阶进[26]；欲呼姨氏，顾从无还往，惧有讹误。门内无人可问，坐卧徘徊，自朝至于日昃[27]，盈盈望断[28]，并忘饥渴。时见女子露半面来窥，似讶其不去者。忽一老媪扶杖出，顾生曰："何处郎君，闻自辰刻便来，以至于今。意将何为？得勿饥也？"生急起揖之，答云："将以盼亲[29]。"媪聋聩不闻。又大言之。乃问："贵戚何姓？"生不能答。媪笑曰："奇哉！姓名尚自不知，何亲可探？我视郎君，亦书痴耳。不如从我来，啖以粗粝[30]，家有短榻可卧。待明朝归，询知姓氏，再来探访，不晚也。"生方腹馁思啖，又从此渐近丽人，大喜。从媪入，见门内白石砌路，夹道红花片片坠阶上；曲折而西，又启一关，豆棚花架满庭中。肃客入舍[31]，粉壁光如明镜；窗外海棠枝朵探入室中；裀藉几榻[32]，罔不洁泽。甫坐[33]，即有人自窗外隐约相窥。媪唤："小荣！可速作黍[34]。"外有婢子噭声而应[35]。坐次，具展宗阀[36]。媪曰："郎君外祖，莫姓吴否？"曰："然。"媪惊曰："是吾甥也！尊堂，我妹子。年来以家窭贫[37]，又无三尺之男，遂至音问梗塞。甥长成如许，尚不相识。"生曰："此来即为姨也，匆遽遂忘姓氏。"媪曰："老身秦姓，并无诞育，弱息仅存，亦为庶产[38]。渠母改醮，遗我鞠养[39]。颇亦不钝，但少教训，嬉不知愁。少顷，使来拜识。"

未几，婢子具饭，雏尾盈握[40]。媪劝餐已，婢来敛具。媪曰："唤宁姑来。"婢应去。良久，闻户外隐有笑声。媪又唤曰："婴宁，汝姨兄在此。"户外嗤嗤笑不已。婢推之以入，犹掩其口，笑不可遏。媪瞋目曰："有客在，咤咤叱叱，是何景象？"女忍笑而立，生揖之。媪曰："此王郎，汝姨子。一家尚不相识，可笑人也。"生问："妹子年几何矣？"媪未能解。生又言之。女复笑，不可仰视。媪谓生曰："我言少教诲，此可见矣。年已十六，呆痴才如婴儿。"生曰："小于甥一岁。"曰："阿甥已十七矣，得非庚午属马者耶？"生首应之。又问："甥妇阿谁？"答曰："无之。"曰："如甥才貌，何十七岁犹未聘？婴宁亦无姑家[41]，极相匹敌[42]。惜有内亲之嫌。"生无语，目注婴宁，不遑他瞬。婢向女小语云："目灼灼，贼腔未改！"女又大笑，顾婢曰："视碧桃开未？"遽起，以袖掩口，细碎连步而出。至门外，笑声始纵。媪亦起，唤婢襆被[43]，为生安置。曰："阿甥来不易，宜留三五日，迟迟送汝归[44]。如嫌幽闷，舍后有小园，可供消遣；有书可读。"次日，至舍后，果有园半亩，细草铺毡，杨花糁径[45]。有草舍三楹，花木四合其所。穿花小步，闻树头苏苏有声，仰视，则婴宁在上。见生来，狂笑欲堕。生曰："勿尔，堕矣！"女且下且笑，不能自止。方将及地，失手而堕，笑乃止。生扶之，阴捘其腕[46]。女笑又作，倚树不能行，良久乃罢。生俟其笑歇，乃出袖中花示之。女接之，曰："枯矣。何留之？"曰："此上元妹子所遗，故存之。"问："存之何意？"曰："以示相爱不忘也。自上元相遇，凝思成病，自分化为异物[47]；不图得见颜色，幸垂怜悯。”女曰：“此大细事[48]。至戚何所靳惜[49]？待兄行时，园中花，当唤老奴来，折一巨捆负送之。”生曰：“妹子痴耶？”女曰：“何便是痴？”生曰：“我非爱花，爱拈花之人耳。”女曰：“葭莩之情[50]，爱何待言。”生曰：“我所为爱，非瓜葛之爱[51]，乃夫妻之爱。”女曰：“有以异乎？”曰：“夜共枕席耳。”女俯首思良久，曰：“我不惯与生人睡。”语未已，婢潜至，生惶恐遁去。少时，会母所，母问：“何往？”女答以园中共话。媪曰：“饭熟已久，有何长言，周遮乃尔[52]。”女曰：“大哥欲我共寝。”言未已，生大窘，急目瞪之。女微笑而止。幸媪不闻，犹絮絮究诘。生急以他词掩之，因小语责女。女曰：“适此语不应说耶？”生曰：“此背人语。”女曰：“背他人，岂得背老母？且寝处亦常事，何讳之？”生恨其痴，无术可悟之。食方竟，家人捉双卫来寻生[53]。

先是，母待生久不归，始疑；村中搜觅已遍，竟无踪兆，因往寻吴。吴忆曩言，因教于西南山村寻觅。凡历数村，始至于此。生出门，适相值，便入告媪，且请偕女同归。媪喜曰：“我有志，匪伊朝夕[54]。但残躯不能远涉，得甥携妹子去，识认阿姨，大好！”呼婴宁，宁笑至。媪曰：“有何喜，笑辄不辍？若不笑，当为全人。”因怒之以目。乃曰：“大哥欲同汝去，可便装束。”又饷家人酒食，始送之出，曰：“姨家田产丰裕，能养冗人。到彼且勿归，小学诗礼，亦好事翁姑。即烦阿姨，为汝择一良匹。”二人遂发。至山坳，回顾，犹依稀见媪倚门北望也。

抵家，母睹姝丽，惊问为谁。生以姨女对。母曰：“前吴郎与儿言者，诈也。我未有姊，何以得甥？”问女，女曰：“我非母出。父为秦氏，没时，儿在褓中，不能记忆。”母曰：“我一姊适秦氏，良确；然殂谢已久[55]，那得复存？”因审诘面庞、志赘[56]，一一符合。又疑曰：“是矣。然亡已多年，何得复存？”疑虑间，吴生至，女避入室。吴询得故，惘然久之。忽曰：“此女名婴宁耶？”生然之。吴亟称怪事。问所知由，吴曰：“秦家姑去世后，姑丈鳏居[57]，祟于狐，病瘠死。狐生女名婴宁，绷卧床上，家人皆见之。姑丈没，狐犹时来；后求天师符粘壁上[58]，狐遂携女去。将勿此耶？”彼此疑参[59]，但闻室中吃吃，皆婴宁笑声。母曰：“此女亦太憨生[60]。”吴生请面之。母入室，女犹浓笑不顾。母促令出，始极力忍笑，又面壁移时，方出。才一展拜，翻然遽入，放声大笑。满室妇女，为之粲然。吴请往觇其异，就便执柯[61]。寻至村所，庐舍全无，山花零落而已。吴忆葬处，仿佛不远；然坟垅湮没，莫可辨识，诧叹而返。母疑其为鬼，入告吴言，女略无骇意；又吊其无家，亦殊无悲意，孜孜憨笑而已[62]。众莫之测。母令与少女同寝止。昧爽即来省问[63]，操女红精巧绝伦[64]。但善笑，禁之亦不可止；然笑处嫣然，狂而不损其媚，人皆乐之。邻女少妇，争承迎之。母择吉为之合卺[65]，而终恐为鬼物。窃于日中窥之，形影殊无少异[66]。至日，使华装行新妇礼；女笑极不能俯仰，遂罢。生以其憨痴，恐泄漏房中隐事，而女殊密秘，不肯道一语。每值母忧怒，女至，一笑即解。奴婢小过，恐遭鞭楚，辄求诣母共话；罪婢投见，恒得免。而爱花成癖，物色遍戚党；窃典金钗，购佳种，数月，阶砌藩溷，无非花者[67]。

庭后有木香一架，故邻西家。女每攀登其上，摘供簪玩[68]。母时遇见，辄诃之。女卒不改。一日，西人子见之，凝注倾倒。女不避而笑。西人子谓女意已属，心益荡。女指墙底笑而下，西人子谓示约处，大悦。及昏而往，女果在焉，就而淫之，则阴如锥刺，痛彻于心，大号而踣。细视，非女，则一枯木卧墙边，所接乃水淋窍也。邻父闻声，急奔研问，呻而不言。妻来，始以实告。爇火烛窥，见中有巨蝎如小蟹然，翁碎木捉杀之。负子至家，半夜寻卒。邻人讼生，讦发婴宁妖异[69]。邑宰素仰生才，稔知其笃行士[70]，谓邻翁讼诬，将杖责之。生为乞免，遂释而出。母谓女曰："憨狂尔尔，早知过喜而伏忧也。邑令神明，幸不牵累；设鹘突官宰[71]，必逮妇女质公堂[72]，我儿何颜见戚里[73]？"女正色，矢不复笑。母曰："人罔不笑，但须有时。"而女由是竟不复笑，虽故逗，亦终不笑；然竟日未尝有戚容。

一夕，对生零涕。异之。女哽咽曰："曩以相从日浅，言之恐致骇怪。今日察姑及郎，皆过爱无有异心，直告或无妨乎？妾本狐产。母临去，以妾托鬼母，相依十馀年，始有今日。妾又无兄弟，所恃者惟君。老母岑寂山阿[74]，无人怜而合厝之[75]，九泉辄为悼恨。君倘不惜烦费，使地下人消此怨恫，庶养女者不忍溺弃。"生诺之，然虑坟冢迷于荒草。女言无虑。刻日，夫妇舆榇而往[76]。女于荒烟错楚中[77]，指示墓处，果得媪尸，肤革犹存。女抚哭哀痛。舁归[78]，寻秦氏墓合葬焉。是夜，生梦媪来称谢，寤而述之。女曰："妾夜见之，嘱勿惊郎君耳。"生恨不邀留。女曰："彼鬼也。生人多，阳气胜，何能久居？"生问小荣，曰："是亦狐，最黠。狐母留以视妾[79]，每摄饵相哺[80]，故德之常不去心[81]。昨问母，云已嫁之。"由是岁值寒食，夫妇登秦墓，拜扫无缺。女逾年生一子，在怀抱中，不畏生人，见人辄笑，亦大有母风云。

异史氏曰："观其孜孜憨笑，似全无心肝者。而墙下恶作剧，其黠孰甚焉？至凄恋鬼母，反笑为哭，我婴宁殆隐于笑者矣[82]。窃闻山中有草，名'笑矣乎'，嗅之则笑不可止。房中植此一种，则合欢、忘忧[83]，并无颜色矣。若解语花[84]，正嫌其作态耳[85]。"

[注释]

①本文选自《聊斋志异》会校会注会评本，清蒲松龄撰，清吕湛恩等注，清王士祯等评，上海古籍出版社 1978 年版。蒲松龄《聊斋志异》是清朝初年的一部文言短篇小说集，

以写花妖狐魅、畸人异行著称于世。凡四百九十余篇，创作的基本特征是“用传奇法，而以志怪”，将六朝志怪小说的神秘思维及其故事模式作为小说的审美方式和表现方法，又发展了唐人传奇的叙事艺术，针砭现实，抒写忧愤，寄托心迹，成为中国古代志怪小说中最富有现实内容和艺术创造性的文学名著，影响深远。现已有三十多个语种的译本，流传海内外。

②蒲松龄（1640—1715）：字留仙，又字剑臣，号柳泉居士，世称聊斋先生，山东淄川（今淄博市）蒲家庄人。清代杰出文学家、小说家。他以毕生精力完成的《聊斋志异》为我国古代文言短篇小说中成就最高的作品集。除《聊斋志异》外，蒲松龄的诗、文、戏剧、俚曲等作品汇编为《蒲松龄集》。

③莒：古国名。明、清于其他置州，辖境在今山东省莒县。

④早孤：孤，幼年丧父。《孟子·梁惠王上》：“幼而无父曰孤。”

⑤绝慧：绝顶聪明。慧：通“惠”。

⑥入泮：古代学校有泮池，故称儿童入学为“入泮”。

⑦聘：订婚。旧时订婚，男方送聘金（定亲之礼金）或礼物到女方，叫“纳聘”或“纳采”。

⑧求凰：比喻求偶、求爱。旧时以凤求凰喻男求女。相传，司马相如向卓文君表示爱恋之意，其歌云：“凤兮凤兮归故乡，遨游四海求其皇（凰），有一艳女在此堂，室迩人遐毒我肠，保由交接为鸳鸯。”详见《史记·司马相如列传》注引张揖说。

⑨上元：正月十五，元宵节。

⑩舅氏：舅父，舅舅。下文“姑氏”指姑母。眺瞩：登高望远。这里指出外游玩，观赏景物。

⑪醮禳（jiào ráng）：祈祷神灵，免除祸灾。醮：祭神。禳：除，攘除灾害。

⑫肌革锐减：肌肤迅速消瘦。革：皮，皮肤。锐：迅疾，急速。

⑬研诘：穷究诘问。研：穷，究。诘：责问，追问。

⑭未字：未曾许婚。字：女子许婚。

⑮拚（pàn）以重赂：豁上重金行聘。拚：舍弃，豁出去。

⑯解颐：开口笑。这里是说露出笑容。颐：面颊。

⑰踪绪：踪影和头绪。

⑱内戚有婚姻之嫌：姨表通婚的避忌。内戚：内亲，指姨表、姑表等血缘相近的亲戚。嫌，嫌忌。

⑲折柬：裁纸写信。柬：通“简”，信。

⑳支托：支吾推托。

㉑仰息：仰人鼻息，意思是完全依赖别人。

㉒合沓（tà）：重叠。沓：合。

㉓鸟道：只有鸟儿才可飞过的道路，喻指山路险峻、狭窄。

㉔意甚修雅：意趣十分秀美幽雅。意：意趣，格调。唐杜甫《登兖州城楼》：“从来多古意，临眺独踌躇。”下文“意其园亭”的“意”，是猜想、怀疑的意思。

㉕格磔（zhé）：鸟鸣声。

㉖无以阶进：没有办法找个理由进去。阶：用为阶梯，引申为因由、凭借。

㉗日昃（zè）：过午。昃：太阳偏西。

㉘盈盈望断：望眼欲穿的意思。盈盈：流动的眼波。望断：望到踪影全无。

㉙盼亲：探亲。盼，顾视。

㉚啖以粗粝（lì）：有糙米饭可吃。啖：吃。粗砺：糙米，喻指粗茶淡饭。

㉛肃客入舍：请客人进屋。肃客：主人恭敬地迎请客人。语出《礼记·曲礼》。

㉜裀（yīn）藉几榻：垫席、几案、床榻。裀藉：垫褥，垫席。裀：同“茵”。茵席：重席，双层席。

㉝甫坐：刚刚坐下。

㉞作黍：做饭的意思。黍：黄米。

㉟噭（jiào）声而应：高声答应。

㊱具展宗阀：详细地陈述宗族家世。具：具体，详细。展：陈，陈述。阀：门第。本指官宦人家门前记录功业的柱子，后泛指功业或家世。

㊲窭（jù）贫：十分贫穷。《诗经·邶风·北门》“终窭且贫”，朱熹注：“窭者，贫而无以为礼也。”

㊳弱息：幼弱的子女。庶产：妾生子女称“庶出”。

㊴渠：她。改醮：改嫁。鞠养：抚养，养育。

㊵雏尾盈握：小鸡满把时最为肥嫩。《礼记·内则》：“雏尾不盈握，弗食。”

㊶姑家：婆家。

㊷匹敌：彼此相当，俗谓般配。

㊸襆（fú）被：以包袱裹束衣被。这里是抱去被褥的意思。

㊹迟迟：从容不迫的样子。这里是说迟些时日。

㊺杨花糁径：柳絮散落路上。杨花：柳絮。糁：米粒。这里形容粉散之状。

㊻捘（zùn）：捏。

㊼异物：指死亡的人。

㊽大细事：极小的事。

㊾靳惜：吝惜。

㊿葭莩（jiā fú）之情：如此疏远的亲戚情谊。葭莩，芦苇内壁的薄膜，是极为轻薄的东西，喻指关系疏远、感情淡薄的亲戚。《汉书·中山靖王胜传》：“今群臣非有葭莩之亲，鸿毛之重。”

51瓜葛：瓜和葛，都是蔓生植物，因喻指相互关联的亲戚。语出汉蔡邕《独断》。

52周遮：话多。唐白居易《老戒》：“矍铄夸身健，周遮说话长。”

53捉双卫：牵着两头驴。捉：牵引。卫：驴的别称。《尔雅翼》：“驴，一名为卫。或曰：晋卫玠好乘之，故以为名。”

54匪伊朝夕：不止一日。匪：通“非”。伊：语中助词，无义。

55殂（cú）谢：死亡。

⑯志赘：痣和疣，指身上出生时带来的特殊标记。

⑰鳏居：无妻独居。

⑱天师符：张天师的神符。天师：道教徒对道教创始人张道陵及其后裔的尊称。

⑲疑参：相疑惑。参：交互。

⑳太憨生：太娇痴。憨：傻。生：语助词，无义。

61执柯：做媒。

62孜孜憨笑：憨笑不止。孜孜：形容不停歇的样子。

63昧爽：拂晓，黎明。省（xǐng）问：问安。古时儿女敬事父母，要“昏定晨省”。

64女红（gōng）：旧时指女子所作的纺织、刺绣、缝纫等事。红：同“功”。

65卺（jǐn）：举行婚礼。

66形影殊无少异：形体、影子与常人没有什么差别。传说鬼物在日光下无影，因此用以检验婴宁是否为鬼物。

67藩溷（hùn）：茅房，厕所。

68簪玩：簪于头上，或把之赏玩。

69讦（jié）发：揭发。讦：当面用言语攻击人。

70稔知：熟知。稔：熟。笃行士：品行淳厚的读书人。

71鹘（hú）突：糊涂的转音。

72妇女质公堂：使妇女对质公堂。旧时妇女不能抛头露面，到公堂对质是很丢脸面的事。

73戚里：亲戚、邻里。

74岑寂山阿：孤寂地待在荒山里。岑寂：高而寂静。山阿：山坳，泛指荒山野岭。晋·陶渊明《拟挽歌辞》之三：“死去何所道，托体同山阿。”

75合厝（cuò）：合葬。厝：安葬。

76舆榇（chèn）：以车载棺。榇：棺材。

77荒烟错楚中：荒无人烟的树丛中。荒烟：荒野而无人烟。错楚：错杂的树丛。

78舁（yú）归：用车拉回来。舁：借作“舆”。宋司马光《和子骏新荷》：“新荷满沼绿，兰舁出门陈。”

79视：养视，照顾。

80摄饵：摄取食物。

81德之：感激她。

82隐于笑：以笑来掩护自己。

83合欢、忘忧：两种花名。合欢：俗称夜合花、马缨花。忘忧：忘忧草，萱草的别称。

84解语花：能通解言语之花，喻指善于迎合人意的美女。唐·王仁裕《开元天宝遗事·解语花》载：“明皇秋八月，太液池有千叶白莲花数枝盛开，帝与贵戚宴赏焉。左右皆叹羡久之。帝指贵妃示于左右曰：‘争如我解语花？’”

85作态：故作姿态，指矫饰而有失自然。

宝玉挨打[1]

曹雪芹[2]

却说王夫人唤他母亲上来，拿几件簪环当面赏与，又吩咐请几众僧人念经超度。他母亲磕头谢了出去。

原来宝玉会过雨村回来听见了，便知金钏儿含羞赌气自尽，心中早又五内摧伤，进来被王夫人数落教训，也无可回说。见宝钗进来，方得便出来，茫然不知何往，背着手，低头一面感叹，一面慢慢的走着，信步来至厅上。刚转过屏门，不想对面来了一人正往里走，可巧儿撞了个满怀。只听那人喝了一声"站住！"宝玉唬了一跳，抬头一看，不是别人，却是他父亲，不觉的倒抽了一口气，只得垂手一旁站了。贾政道："好端端的，你垂头丧气嗐些什么？方才雨村来了要见你，叫你那半天你才出来；既出来了，全无一点慷慨挥洒谈吐，仍是葳葳蕤蕤[3]。我看你脸上一团思欲愁闷气色，这会子又咳声叹气。你那些还不足，还不自在？无故这样，却是为何？"宝玉素日虽是口角伶俐，只是此时一心总为金钏儿感伤，恨不得此时也身亡命殒，跟了金钏儿去。如今见了他父亲说这些话，究竟不曾听见，只是怔呵呵的站着。

贾政见他惶悚，应对不似往日，原本无气的，这一来倒生了三分气。方欲说话，忽有回事人来回："忠顺亲王府里有人来，要见老爷。"贾政听了，心下疑惑，暗暗思忖道："素日并不和忠顺府来往，为什么今日打发人来？"一面想，一面令"快请"，急走出来看时，却是忠顺府长史官[4]，忙接进厅上坐了献茶。未及叙谈，那长史官先就说道："下官此来，并非擅造潭府[5]，皆因奉王命而来，有一件事相求。看王爷面上，敢烦老大人作主，不但王爷知情，且连下官辈亦感谢不尽。"贾政听了这话，抓不住头脑，忙陪笑起身问道："大人既奉王命而来，不知有何见谕，望大人宣明，学生好遵谕承办。"那长史官便冷笑道："也不必承办，只用大人一句话就完了。我们府里有一个做小旦的琪官，一向好好在府里，如今竟三五日不见回去，各处去找，又摸不着他的道路，因此各处访察。这一城内，十停人倒有八停人都说，他近日和衔玉的那位令郎相与甚厚。下官辈等听了，尊府不比别家，可以擅入索取，因此启明王爷。王爷亦云：'若是别的戏子呢，一百个也罢了；只是这琪官随机应答，谨慎老诚，甚合我老人家的心，竟断断少不得此人'。故此求老大人转谕令郎，请将琪官放回，一则可慰王爷谆谆奉恳，二则下官辈也可免操劳求觅之苦。”说毕，忙打一躬。

贾政听了这话，又惊又气，即命唤宝玉来。宝玉也不知是何原故，忙赶来时，贾政便问：“该死的奴才！你在家不读书也罢了，怎么又做出这些无法无天的事来！那琪官现是忠顺王爷驾前承奉的人，你是何等草芥，无故引逗他出来，如今祸及于我。”宝玉听了唬了一跳，忙回道：“实在不知此事。究竟连‘琪官’两个字不知为何物，岂便又加‘引逗’二字！”说着便哭了。贾政未及开言，只见那长史官冷笑道：“公子也不必掩饰。或隐藏在家，或知其下落，早说了出来，我们也少受些辛苦，岂不念公子之德？”宝玉连说不知，“恐是讹传，也未见得。”那长史官冷笑道：“现有据证，何必还赖？必定当着老大人说了出来，公子岂不吃亏？既云不知此人，那红汗巾子怎么到了公子腰里？”宝玉听了这话，不觉轰去魂魄，目瞪口呆，心下自思：“这话他如何得知！他既连这样机密事都知道了，大约别的瞒他不过，不如打发他去了，免的再说出别的事来。”因说道：“大人既知他的底细，如何连他置买房舍这样大事倒不晓得了？听得说他如今在东郊离城二十里有个什么紫檀堡，他在那里置了几亩田地几间房舍。想是在那里也未可知。”那长史官听了，笑道：“这样说，一定是在那里。我且去找一回，若有了便罢，若没有，还要来请教。”说着，便忙忙的走了。

贾政此时气的目瞪口歪，一面送那长史官，一面回头命宝玉“不许动！回来有话问你！”一直送那官员去了。才回身，忽见贾环带着几个小厮一阵乱跑。贾政喝令小厮“快打，快打！”贾环见了他父亲，唬的骨软筋酥，忙低头站住。贾政便问：“你跑什么？带着你的那些人都不管你，不知往那里逛去，由你野马一般！”喝令叫跟上学的人来。贾环见他父亲盛怒，便乘机说道：“方才原不曾跑，只因从那井边一过，那井里淹死了一个丫头，我看见人头这样大，身子这样粗，泡的实在可怕，所以才赶着跑了过来。”贾政听了惊疑，问道：“好端端的，谁去跳井？我家从无这样事情，自祖宗以来，皆是宽柔以待下人。——大约我近年于家务疏懒，自然执事人操克夺之权[6]，致使生出这暴殄轻生的祸患[7]。若外人知道，祖宗颜面何在！”喝令快叫贾琏、赖大、来兴。小厮们答应了一声，方欲叫去，贾环忙上前拉住贾政的袍襟，贴膝跪下道：“父亲不用生气。此事除太太房里的人，别人一点也不知道。我听见我母亲说……”说到这里，便回头四顾一看。贾政知意，将眼一看众小厮，小厮们明白，都往两边后面退去。贾环便悄悄说道：“我母亲告诉我说，宝玉哥哥前日在太太屋里，拉着太太的丫头金钏儿强奸不遂，打了一顿。那金钏儿便赌气投井死了。”话未说完，把个贾政气的面如金纸，大喝“快拿宝玉来！”一面说，一面便往里边书房里去，喝令“今日再有人劝我，我把这冠带家私[⑧]一应交与他与宝玉过去！我免不得做个罪人，把这几根烦恼鬓毛剃去，寻个干净去处自了[⑨]，也免得上辱先人下生逆子之罪。”众门客仆从见贾政这个形景，便知又是为宝玉了，一个个都是啖指咬舌，连忙退出。那贾政喘吁吁直挺挺坐在椅子上，满目泪痕，一叠声“拿宝玉！拿大棍！拿索子捆上！把各门都关上！有人传信往里头去，立刻打死！”众小厮们只得齐声答应，有几个来找宝玉。

那宝玉听见贾政吩咐他“不许动”，早知多凶少吉，那里承望贾环又添了许多的话。正在厅上干转，怎得个人来往里头去捎信，偏生没个人，连焙茗也不知在那里。正盼望时，只见一个老姆姆出来。宝玉如得了珍宝，便赶上来拉他，说道：“快进去告诉：老爷要打我呢！快去，快去！要紧，要紧！”宝玉一则急了，说话不明白；二则老婆子偏生又聋，竟不曾听见是什么话，把“要紧”二字只听作“跳井”二字，便笑道：“跳井让他跳去，二爷怕什么?”宝玉见是个聋，便着急道：“你出去叫我的小厮来罢。”那婆子道：“有什么不了的事？老早的完了。太太又赏了衣服，又赏了银子，怎么不了事的！”

宝玉急的跺脚，正没抓寻处，只见贾政的小厮走来，逼着他出去了。贾政一见，眼都红紫了，也不暇问他在外流荡优伶，表赠私物，在家荒疏学业，淫辱母婢等语，只喝令“堵起嘴来，着实打死！”小厮们不敢违拗，只得将宝玉按在凳上，举起大板打了十来下。宝玉自知不能讨饶，只是呜呜的哭。贾政犹嫌打轻了，一脚踢开掌板的，自己夺过来，咬着牙狠命盖了三四十下。宝玉生来未经过这样苦楚，起先觉得打的疼，不过还乱嚷乱哭，后来渐渐气弱声嘶，哽咽不出。众门客见打的不祥了，忙上前夺劝。贾政那里肯听，说道：“你们问问他干的勾当可饶不可饶！素日皆是你们这些人把他酿坏了，到这步田地还来解劝。明日酿到他弑君杀父，你们才不劝不成！”

众人听这话不好听，知道急气了，忙又退出，只得觅人进去给信。王夫人不敢先回贾母，只得忙穿衣出来，也顾不了有人没人，忙忙扶了一个丫头，赶往书房中来，慌的众门客小厮等避之不及。贾政方要再打，一见王夫人进房来，更如火上浇油一般，那板子越发下去的又狠又快。按宝玉的两个小厮忙松了手走开，宝玉早已动弹不得了。

贾政还欲打时，早被王夫人抱住板子。贾政道：“罢了，罢了！今日必定要气死我才罢！”王夫人哭道：“宝玉虽然该打，老爷也要自重。况且炎天暑日的，老太太身上也不大好，打死宝玉事小，倘或老太太一时不自在了，岂不事大！”贾政冷笑道：“倒休提这话。我养了这不肖的孽障，已不孝；教训他一番，又有众人护持；不如趁今日一发勒死了，以绝将来之患！”说着，便要绳索来勒死。王夫人连忙抱住哭道："老爷虽然应当管教儿子，也要看夫妻分上。我如今已将五十岁的人，只有这个孽障，必定苦苦的以他为法，我也不敢深劝。今日越发要他死，岂不是有意绝我！既要勒死他，快拿绳子来先勒死我，再勒死他。我们娘儿们不敢含怨，到底在阴司里得个依靠。"说毕，爬在宝玉身上大哭起来。贾政听了此话，不觉长叹一声，向椅上坐了，泪如雨下。王夫人抱着宝玉，只见他面白气弱，底下穿着一条绿纱小衣皆是血渍，禁不住解下汗巾看，由臀至胫，或青或紫，或整或破，竟无一点好处，不觉失声大哭起来，"苦命的儿呀！"因哭出"苦命儿"来，忽又想起贾珠来，便叫着贾珠哭道："若有你活着，便死一百个我也不管了。"此时里面的人闻得王夫人出来，那李宫裁王熙凤与迎春姊妹早已出来了。王夫人哭着贾珠的名字，别人还可，惟有李宫裁禁不住也放声哭了。贾政听了，那泪珠更似走珠一般滚了下来。

正没开交处，忽听丫鬟来说："老太太来了。"一句话未了，只听窗外颤巍巍的声气说道："先打死我，再打死他，岂不干净了！"贾政见他母亲来了，又急又痛，连忙迎接出来，只见贾母扶着丫头，喘吁吁的走来。贾政上前躬身陪笑道："大暑热天，母亲有何生气亲自走来？有话只该叫了儿子进去吩咐。"贾母听说，便止住步喘息一回，厉声说道："你原来是和我说话！我倒有话吩咐，只是可怜我一生没养个好儿子，却教我和谁说去！"贾政听这话不象，忙跪下含泪说道："为儿的教训儿子，也为的是光宗耀祖。母亲这话，我做儿的如何禁得起？"贾母听说，便啐了一口，说道："我说一句话，你就禁不起，你那样下死手的板子，难道宝玉就禁得起了？你说教训儿子是光宗耀祖，当初你父亲怎么教训你来！"说着，不觉就滚下泪来。贾政又陪笑道："母亲也不必伤感，皆是做儿的一时性起，从此以后再不打他了。"贾母便冷笑道："你也不必和我使性子赌气的。你的儿子，我也不该管你打不打。我猜着你也厌烦我们娘儿们。不如我们赶早儿离了你，大家干净！"说着便令人去看轿马，"我和你太太、宝玉立刻回南京去！"家下人只得干答应着。贾母又叫王夫人道："你也不必哭了。如今宝玉年纪小，你疼他，他将来长大成人，为官作宰的，也未必想着你是他母亲了。你如今倒不要疼他，只怕将来还少生一口气呢。"贾政听说，忙叩头哭道："母亲如此说，贾政无立足之地。"贾母冷笑道："你分明使我无立足之地，你反说起你来！只是我们回去了，你心里干净，看有谁来不许你打。"一面说，一面只令快打点行李车轿回去。贾政苦苦叩求认罪。

贾母一面说话，一面又记挂宝玉，忙进来一看时，只见今日这顿打不比往日，又是心疼，又是生气。也抱着哭个不了。王夫人与凤姐等解劝了一会，方渐渐的止住。早有丫鬟媳妇等上来，要搀宝玉，凤姐便骂道："糊涂东西，也不睁开眼瞧瞧！打的这么个样儿，还要搀着走！还不快进去把那藤屉子春凳抬出来呢。"众人听说连忙进去，果然抬出春凳来，将宝玉抬放凳上，随着贾母王夫人等进去，送至贾母房中。

彼时贾政见贾母气未全消，不敢自便，也跟了进去。看看宝玉，果然打重了。再看看王夫人，"儿"一声，"肉"一声，"你替珠儿早死了，留着珠儿，免你父亲生气，我也不白操这半世的心了。这会子你倘或有个好歹，丢下我，叫我靠那一个！"数落一场，又哭"不争气的儿"。贾政听了，也就灰心，自悔不该下毒手打到如此地步。先劝贾母，贾母含泪说道："儿子不好，原是要管的，不该打到这个份儿。你不出去，还在这里做什么！难道于心不足，还要眼看着他死了才去不成！"贾政听说，方退了出来。

此时薛姨妈同宝钗、香菱、袭人、史湘云也都在这里。袭人满心委屈，只不好十分使出来，见众人围着，灌水的灌水，打扇的打扇，自己插不下手去，便越性走出来到二门前，令小厮门找了焙茗来细问："方才好端端的，为什么打起来？你也不早来透个信儿！"焙茗急的说："偏生我没在跟前，打到半中间我才听见了。忙打听原故，却是为琪官、金钏姐姐的事。"袭人道："老爷怎么得知道的？"焙茗道："那琪官的事，多半是薛大爷素日吃醋，没法儿出气，不知在外头唆挑了谁来，在老爷跟前下的火。那金钏儿的事是三爷说的，我也是听见老爷的人说的。"袭人听了这两件事都对景，心中也就信了八九分。然后回来，只见众人都替宝玉疗治。调停完备，贾母令"好生抬到他房内去"。众人答应，七手八脚，忙把宝玉送入怡红院内自己上床卧好。又乱了半日，众人渐渐散去，袭人方进前来经心服侍，问他端的。

话说袭人见贾母王夫人等去后，便走来宝玉身边坐下，含泪问他："怎么就打到这步田地？"宝玉叹气说道："不过为那些事，问他做什么！只是下半截疼的很，你瞧瞧打坏了那里。"袭人听说，便轻轻的伸手进去，将中衣褪下。宝玉略动一动，便咬着牙叫"嗳哟"，袭人连忙停住手，如此三四次才褪了下来。袭人看时，只见腿上半段青紫，都有四指宽的僵痕高了起来。袭人咬着牙说道："我的娘，怎么下这般的狠手！你但凡听我一句话，也不得到这步地位。幸而没动筋骨，倘或打出个残疾来，可叫人怎么样呢！"

正说着，只听丫鬟们说："宝姑娘来了。"袭人听见，知道穿不及中衣，便拿了一床袷纱被[10]替宝玉盖了。只见宝钗手里托着一丸药走进来，向袭人说道："晚上把这药用酒研开，替他敷上，把那淤血的热毒散开，可以就好了。"说毕，递与袭人，又问道："这会子可好些？"宝玉一面道谢说："好了。"又让坐。宝钗见他睁开眼说话，不象先时，心中也宽慰了好些，便点头叹道：

"早听人一句话，也不至今日。别说老太太、太太心疼，就是我们看着，心里也——"刚说了半句又忙咽住，自悔说的话急了，不觉的就红了脸，低下头来。宝玉听得这话如此亲切稠密，大有深意，忽见他又咽住不往下说，红了脸，低下头只管弄衣带，那一种娇羞怯怯，非可形容得出者，不觉心中大畅，将疼痛早丢在九霄云外，心中自思："我不过捱了几下打，他们一个个就有这些怜惜悲感之态露出，令人可玩可观，可怜可敬。假若我一时竟遭殃横死，他们还不知是何等悲感呢！既是他们这样，我便一时死了，得他们如此，一生事业纵然尽付东流，亦无足叹惜，冥冥之中若不怡然自得，亦可谓糊涂鬼祟矣。"想着，只听宝钗问袭人道："怎么好好的动了气，就打起来了？"袭人便把焙茗的话说了出来。宝玉原来还不知道贾环的话，见袭人说出方才知道。因又拉上薛蟠，惟恐宝钗沉心，忙又止住袭人道："薛大哥从来不这样的，你们不可混猜度。"宝钗听说，便知道是怕他多心，用话相拦袭人，因心中暗暗想道："打的这个形象，疼还顾不过来，还是这样细心，怕得罪了人，可见在我们身上也算是用心了。你既这样用心，何不在外头大事上做工夫，老爷也欢喜了，也不能吃这样亏。但你固然怕我沉心，所以拦袭人的话，难道我就不知我的哥哥素日恣心纵欲，毫无防范的那种心性？当日为一个秦钟，还闹的天翻地覆，自然如今比先又更利害了。"想毕，因笑道："你们也不必怨这个，怨那个。据我想，到底宝兄弟素日不正，肯和那些人来往，老爷才生气。就是我哥哥说话不防头，一时说出宝兄弟来，也不是有心调唆：一则也是本来的实话，二则他原不理论这些防嫌小事。袭姑娘从小儿只见宝兄弟这么样细心的人，你何尝见过天不怕地不怕、心里有什么口里就说什么的人！"袭人因说出薛蟠来，见宝玉拦他的话，早已明白自己说造次了，恐宝钗没意思，听宝钗如此说，更觉羞愧无言。宝玉又听宝钗这番话，一半是堂皇正大，一半是去己疑心，更觉比先畅快了。方欲说话时，只见宝钗起身说道："明儿再来看你，你好生养着罢。方才我拿了药来交给袭人，晚上敷上管就好了。"说着便走出门去。袭人赶着送出院外，说："姑娘倒费心了。改日宝二爷好了，亲自来谢。"宝钗回头笑道："有什么谢处。你只劝他好生静养，别胡思乱想的就好了。不必惊动老太太、太太众人，倘或吹到老爷耳朵里，虽然彼时不怎么样，将来对景，终是要吃亏的。"说着，一面去了。

袭人抽身回来，心内着实感激宝钗。进来见宝玉沉思默默似睡非睡的模样，因而退出房外，自去栉沐。宝玉默默的躺在床上，无奈臀上作痛，如针挑刀挖一般，更又热如火炙，略展转时，禁不住"嗳哟"之声。那时天色将晚，因见袭人去了，却有两三个丫鬟伺候，此时并无呼唤之事，因说道："你们且去梳洗，等我叫时再来。"众人听了，也都退出。

这里宝玉昏昏默默，只见蒋玉菡走了进来，诉说忠顺府拿他之事；又见金钏儿进来哭说为他投井之情。宝玉半梦半醒，都不在意。忽又觉有人推他，恍恍忽忽听得有人悲戚之声。宝玉从梦中惊醒，睁眼一看，不是别人，却是林黛玉。宝玉犹恐是梦，忙又将身子欠起来，向脸上细细一认，只见两个眼睛肿的桃儿一般，满面泪光，不是黛玉，却是那个？宝玉还欲看时，怎奈下半截疼痛难忍，支持不住，便“嗳哟”一声，仍就倒下，叹了一声，说道：“你又做什么跑来！虽说太阳落下去，那地上的余热未散，走两趟又要受了暑。我虽然捱了打，并不觉疼痛。我这个样儿，只装出来哄他们，好在外头布散与老爷，其实是假的。你不可认真。”此时林黛玉虽不是嚎啕大哭，然越是这等无声之泣，气噎喉堵，更觉得利害。听了宝玉这番话，心中虽然有万句言词，只是不能说得。半日，方抽抽噎噎的说道：“你从此可都改了罢！”宝玉听说，便长叹一声，道：“你放心，别说这样话。就便为这些人死了，也是情愿的！”一句话未了，只见院外人说：“二奶奶来了。”林黛玉便知是凤姐来了，连忙立起身说道：“我从后院子去罢，回来再来。”宝玉一把拉住道：“这可奇了，好好的怎么怕起他来。”林黛玉急的跺脚，悄悄的说道：“你瞧瞧我的眼睛，又该他取笑开心呢。”宝玉听说赶忙的放手。黛玉三步两步转过床后，出后院而去。凤姐从前头已进来了，问宝玉：“可好些了？想什么吃，叫人往我那里取去。”接着，薛姨妈又来了。一时贾母又打发了人来。

至掌灯时分，宝玉只喝了两口汤，便昏昏沉沉的睡去。接着，周瑞媳妇、吴新登媳妇、郑好时媳妇这几个有年纪常往来的，听见宝玉捱了打，也都进来。袭人忙迎出来，悄悄的笑道：“婶婶们来迟了一步，二爷才睡着了。”说着，一面带他们到那边房里坐了，倒茶与他们吃。那几个媳妇子都悄悄的坐了一回，向袭人说：“等二爷醒了，你替我们说罢。”袭人答应了，送他们出去。

［注释］

①本文节选自《红楼梦》第三十三回的后半部分和第三十四回前半部分。江苏古籍出版社 1995 年版。个别字句参照人民文学出版社 1973 年版，有所变动。

②曹雪芹（约 1715—1763 或 1764）：名霑，字梦阮，号雪芹、芹圃、芹溪。祖籍辽阳，从曾祖始，三代连任江南织造。祖父曹寅曾主持刊印《全唐诗》，为康熙宠臣，雍正初，父被免职抄家，迁居北京，家境破落。雪芹以其深厚的文化功底和艺术才能创作《石头记》（即《红楼梦》），传世仅前八十回稿本，相传为高鹗续成一百二十回而传世。是中国古代长篇小说的高峰式作品。

③葳葳蕤蕤：文言口语词，相当于猥琐，精神不振。葳蕤，音 wēi ruí。

④长史官：王府中总管内务的官吏。从南朝起于王府内沿设此职。

⑤潭府：尊称语，府第高深。

⑥克夺之权：生杀予夺之权。
⑦暴殄（tiǎn）：残暴灭绝。轻生：此指金钏儿投井自杀。
⑧冠带家私：官服和家中用具。此指官爵和家业。
⑨干净去处：指出家当和尚，即所谓佛门净土，清净世界。
⑩袷（jiā）纱：双层纱。袷：同“夹”。

风　波[①]

鲁　迅[②]

临河的土场上，太阳渐渐的收了它通黄的光线了。场边靠河的乌桕树叶，干巴巴的才喘过气来，几个花脚蚊子在下面哼着飞舞。面河的农家的烟突里，逐渐减少了炊烟，女人孩子们都在自己门口的土场上泼些水，放下小桌子和矮凳；人知道，这已经是晚饭时候了。

老人男人坐在矮凳上，摇着大芭蕉扇闲谈，孩子飞也似的跑，或者蹲在乌桕树下赌玩石子。女人端出乌黑的蒸干菜和松花黄的米饭，热蓬蓬冒烟。河里驶过文人的酒船，文豪见了，大发诗兴，说，"无思无虑，这真是田家乐呵！"

但文豪的话有些不合事实，就因为他们没有听到九斤老太的话。这时候，九斤老太正在大怒，拿破芭蕉扇敲着凳脚说：

"我活到七十九岁了，活够了，不愿意眼见这些败家相，——还是死的好。立刻就要吃饭了，还吃炒豆子，吃穷了一家子！"

伊的曾孙女儿六斤捏着一把豆，正从对面跑来，见这情形，便直奔河边，藏在乌桕树后，伸出双丫角的小头，大声说："这老不死的！"

九斤老太虽然高寿，耳朵却还不很聋，但也没有听到孩子的话，仍旧自己说："这真是一代不如一代！"

这村庄的习惯有点特别，女人生下孩子，多喜欢用秤称了轻重，便用斤数当作小名。九斤老太自从庆祝了五十大寿以后，便渐渐的变了不平家，常说伊年青的时候，天气没有现在这般热，豆子也没有现在这般硬：总之现在的时世是不对了。何况六斤比伊的曾祖，少了三斤，比伊父亲七斤，又少了一斤，这真是一条颠扑不破的实例。所以伊又用劲说，"这真是一代不如一代！"

伊的儿媳[③]七斤嫂子正捧着饭篮走到桌边，便将饭篮在桌上一摔，愤愤的说，"你老人家又这么说了。六斤生下来的时候，不是六斤五两么？你家的秤又是私秤，加重称，十八两秤；用了准十六，我们的六斤该有七斤多哩。我想便是太公和公公，也不见得正是九斤八斤十足，用的秤也许是十四两……"

"一代不如一代！"

七斤嫂还没有答话，忽然看见七斤从小巷口转出，便移了方向，对他嚷道，"你这死尸怎么这时候才回来，死到那里去了！不管人家等着你开饭！"

七斤虽然住在农村，却早有些飞黄腾达的意思。从他的祖父到他，三代不捏锄头柄了；他也照例的帮人撑着航船，每日一回，早晨从鲁镇进城，傍晚又回到鲁镇，因此很知道些时事：例如什么地方，雷公劈死了蜈蚣精；什么地方，闺女生了一个夜叉之类。他在村人里面，的确已经是一名出场人物了。但夏天吃饭不点灯，却还守着农家习惯，所以回家太迟，是该骂的。

七斤一手捏着象牙嘴白铜斗六尺多长的湘妃竹烟管，低着头，慢慢地走来，坐在矮凳上。六斤也趁势溜出，坐在他身边，叫他爹爹，七斤没有应。

"一代不如一代!"九斤老太说。

七斤慢慢地抬起头来，叹一口气说，"皇帝坐了龙庭了。"

七斤嫂呆了一刻，忽而恍然大悟的道，"这可好了，还不是又要皇恩大赦[4]了么!"

七斤又叹一口气，说，"我没有辫子。"

"皇帝要辫子么?"

"皇帝要辫子。"

"你怎么知道呢?"七斤嫂有些着急，赶忙的问。

"咸亨酒店里的人，都说要的。"

七斤嫂这里从直觉上觉得事情似乎有些不妙了，因为咸亨酒店是消息灵通的所在。伊一转眼瞥见七斤的光头，便忍不住动怒，怪他恨他怨他；忽然又绝望起来，装好一碗饭，搡在七斤的面前道，"还是赶快吃你的饭罢！哭丧着脸，就会长出辫子来么?"

太阳收尽了它最末的光线了，水面暗暗地回复过凉气来；土场上一片碗筷声响，人人的脊梁上又都吐出汗粒。七斤嫂吃完三碗饭，偶然抬起头，心坎里便禁不住突突地发跳。伊透过乌桕叶，看见又矮又胖的赵七爷正从独木桥上走来，而且穿着宝蓝色竹布的长衫。

赵七爷是邻村茂源酒店的主人，又是这三十里方圆以内的惟一的出色人物兼学问家；因为有学问，所以又有些遗老的臭味。他有十多本金圣叹批评的《三国志》[5]，时常坐着一个字一个字的读；他不但能说出五虎将姓名，甚而至于还知道黄忠表字汉升和马超表字孟起。革命以后，他便将辫子盘在顶上，象道士一般；常常叹息说，倘若赵子龙在世，天下便不会乱到这地步了。七斤嫂眼睛好，早望见今天的赵七爷已经不是道士，却变成光滑头皮，乌黑发顶；伊便知道这一定是皇帝坐了龙庭，而且一定须有辫子，而且七斤一定是非常危险。因为赵七爷的这件竹布长衫，轻易是不常穿的，三年以来，只穿过两次；一次是和他呕气的麻子阿四病了的时候，一次是曾经砸烂他酒店的鲁大爷死了的时候；现在是第三次了，这一定又是于他有庆，于他的仇家有殃了。

七斤嫂记得，两年前七斤喝醉了酒，曾经骂过赵七爷是“贱胎”，所以这时便立刻直觉到七斤的危险，心坎里突突地发起跳来。

赵七爷一路走来，坐着吃饭的人都站起身，拿筷子点着自己的饭碗说，“七爷，请在我们这里用饭！”七爷也一路点头，说道“请请”，却一径走到七斤家的桌旁。七斤们连忙招呼，七爷也微笑着说：“请请”，一面细细的研究他们的饭菜。

“好香的干菜，——听到了风声了么？”赵七爷站在七斤的后面七斤嫂的对面说。

“皇帝坐了龙庭了。”七斤说。

七斤嫂看着七爷的脸，竭力陪笑道，“皇帝已经坐了龙庭，几时皇恩大赦呢？”

“皇恩大赦？——大赦是慢慢的总要大赦罢。”七爷说到这里，声色忽然严厉起来，“但是你家七斤的辫子呢，辫子？这倒是要紧的事。你们知道：长毛时候，留发不留头，留头不留发[6]，……”

七斤和他的女人没有读过书，不很懂得这古典的奥妙，但觉得有学问的七爷这么说，事情自然非常重大，无可挽回，便仿佛受了死刑宣告似的，耳朵里嗡的一声，再也说不出一句话。

“一代不如一代，——”九斤老太正在不平，趁这机会，便对赵七爷说，“现在的长毛，只是剪人家的辫子，僧不僧，道不道的。从前的长毛，这样的么？我活到七十九岁了，活够了。从前的长毛是——整匹的红缎子裹头，拖下去，拖下去，一直拖到脚跟；王爷是黄缎子，拖下去，黄缎子；红缎子，黄缎子，——我活够了，七十九岁了。”

七斤嫂站起身，自言自语的说，“这怎么好呢？这样的一班老小，都靠他养活的人，……”

赵七爷摇头道，“那也没法。没有辫子，该当何罪，书上都一条一条明明白白写着的。不管他家里有些什么人。”

七斤嫂听到书上写着，可真是完全绝望了；自己急得没法，便忽然又恨到七斤。伊用筷子指着他的鼻尖说，“这死尸自作自受！造反的时候，我本来说，不要撑船了，不要上城了。他偏要死进城去，滚进城去，进城便被人剪去了辫子。从前是绢光乌黑的辫子，现在弄得僧不僧道不道的。这囚徒自作自受，带累了我们又怎么说呢？这活死尸的囚徒……”

村人看见赵七爷到村，都赶紧吃完饭，聚在七斤家饭桌的周围。七斤自己知道是出场人物，被女人当大众这样辱骂，很不雅观，便只得抬起头。慢慢地说道：

“你今天说现成话，那时你……”

“你这活死尸的囚徒……”

看客中间，八一嫂是心肠最好的人，抱着伊的两周岁的遗腹子，正在七斤嫂身边看热闹；这时过意不去，连忙解劝说，“七斤嫂，算了罢。人不是神仙，谁知道未来事呢？便是七斤嫂，那时不也说，没有辫子倒也没有什么丑么？况且衙门里的大老爷也还没有告示，……”

七斤嫂没有听完，两个耳朵早通红了；便将筷子转过向来，指着八一嫂的鼻子，说，“阿呀。这是什么话呵！八一嫂，我自己看来倒还是一个人，会说出这样昏诞胡涂话么？那时我是，整整哭了三天，谁都看见；连六斤这小鬼也都哭，……”六斤刚吃完一大碗饭，拿了空碗，伸手去嚷着要添。七斤嫂正没好气，便用筷子在伊的双丫角中间，直扎下去，大喝道，“谁要你来多嘴！你这偷汉的小寡妇！”

扑的一声，六斤手里的空碗落在地上了，恰巧又碰着一块砖角，立刻破成一个很大的缺口。七斤直跳起来，捡起破碗，合上了检查一回，也喝道，“入娘的！”一巴掌打倒了六斤。六斤躺着哭，九斤老太拉了伊的手，连说着“一代不如一代”，一同走了。

八一嫂也发怒，大声说，“七斤嫂，你‘恨棒打人’……”

赵七爷本来是笑着旁观的；但自从八一嫂说了“衙门里的大老爷没有告示”这话以后，却有些生气了。这时他已经绕出桌旁，接着说，“‘恨棒打人’，算什么呢。大兵是就要到的。你可知道，这回保驾的是张大帅⑦，张大帅就是燕人张翼德的后代，他一支丈八蛇矛，就有万夫不当之勇，谁能抵挡他，”他两手同时捏起空拳，仿佛握着无形的蛇矛模样，向八一嫂抢进几步道，“你能抵挡他么！”

八一嫂正气得抱着孩子发抖，忽然见赵七爷满脸油汗，瞪着眼，準对伊冲过来，便十分害怕，不敢说完话，回身走了。赵七爷也跟着走去，众人一面怪八一嫂多事，一面让开路，几个剪过辫子重新留起的便赶快躲在人丛后面，怕他看见。赵七爷也不细心察访，通过人丛，忽然转入乌桕树后，说道“你能抵挡他么！”跨上独木桥，扬长去了。

村人们呆呆站着，心里计算，都觉得自己确乎抵不住张翼德，因此也决定七斤便要没有性命。七斤既然犯了皇法，想起他往常对人谈论城中的新闻的时候，就不该含着长烟管显出那般骄傲模样，所以对于七斤的犯法，也觉得有些畅快。他们也仿佛想发些议论，却又觉得没有什么议论可发。嗡嗡的一阵乱嚷，蚊子都撞过赤膊身子，闯到乌桕树下去做市；他们也就慢慢地走散回家，关上门去睡觉。七斤嫂咕哝着，也收了家伙和桌子矮凳回家，关上门睡觉了。

七斤将破碗拿回家里，坐在门槛上吸烟；但非常忧愁，忘却了吸烟，象牙嘴六尺多长湘妃竹烟管的白铜斗里的火光，渐渐发黑了。他心里但觉得事情似乎十分危急，也想想些方法，想些计画，但总是非常模糊，贯穿不得："辫子呢辫子？丈八蛇矛。一代不如一代！皇帝坐龙庭。破的碗须得上城去钉好。谁能抵挡他？书上一条一条写着。入娘的！……"

第二日清晨，七斤依旧从鲁镇撑航船进城，傍晚回到鲁镇，又拿着六尺多长的湘妃竹烟管和一个饭碗回村。他在晚饭席上，对九斤老太说，这碗是在城内钉合的，因为缺口大，所以要十六个铜钉，三文一个，一总用了四十八文小钱。

九斤老太很不高兴的说："一代不如一代，我是活够了。三文钱一个钉；从前的钉，这样的么？从前的钉是……我活了七十九岁了，——"

此后七斤虽然是照例日日进城，但家景总有些黯淡，村人大抵回避着，不再来听他从城内得来的新闻。七斤嫂也没有好声气，还时常叫他"囚徒"。

过了十多日，七斤从城内回家，看见他的女人非常高兴，问他说："你在城里可听到些什么？"

"没有听到些什么。"

"皇帝坐了龙庭没有呢？"

"他们没有说。"

"咸亨酒店里也没有人说么？"

"也没人说。"

"我想皇帝一定是不坐龙庭了。我今天走过赵七爷的店前，看见他又坐着念书了，辫子又盘在顶上了，也没有穿长衫。"

"……"

"你想，不坐龙庭了罢？"

"我想，不坐了罢。"

现在的七斤，是七斤嫂和村人又都早给他相当的尊敬，相当的待遇了。到了夏天，他们仍旧在自家门口的土场上吃饭；大家见了，都笑嘻嘻的招呼。九斤老太早已做过八十大寿，仍然不平而且康健。六斤的双丫角，已经变成一支大辫子了；伊虽然新近裹脚，却还能帮同七斤嫂做事，捧着十八个铜钉[8]的饭碗，在土场上一瘸一拐的往来。

一九二〇年十月[9]

［注释］

①本篇最初刊于《新青年》月刊第八卷第一号（1920 年 9 月），后收入《呐喊》。此据上海文艺出版社 1990 年影印 1923 年北京新潮社《呐喊》初版。

②鲁迅（1881—1936）：原名周樟寿，字豫山，后改为周树人，字豫才，浙江绍兴人。“鲁迅”这笔名是 1918 年 4 月在《新青年》杂志上发表《狂人日记》这篇白话小说时开始使用的。鲁迅以此篇与《阿 Q 正传》等小说奠定了中国“五四”新文学的革命方向，成为反帝反封建新文化的代表作家之一。小说创作有《呐喊》、《彷徨》等，一生创作、翻译和学术著作近一千万字，有《鲁迅全集》十六卷。

③伊的儿媳：此处有笔误，儿媳应为孙媳才上下贯通。伊：第三人称“她”。

④皇恩大赦：封建时代皇帝登基或重要喜庆要发布诏告，大赦天下犯罪的人。这里指清废帝溥仪复辟称帝事件。

⑤金圣叹批评的《三国志》：指小说《三国演义》。金圣叹（1608—1661）：原姓张，名采，字采若，号圣叹，吴县（今江苏苏州）人，是明末清初一位喜欢评书选诗的文人。所谓金圣叹批评《三国志演义》，学界意见不一，在毛纶、毛宗岗评点修订罗贯中《三国志通俗演义》后，书商往往在书前加刊金圣叹序，每回加上评语，称为“圣叹外书”。金圣叹批评的六才子书是《庄子》、《离骚》、《史记》、《杜甫诗集》、《水浒》、《西厢记》（有未能全部完成的，如《庄》《骚》）。

⑥长毛：指太平天国起义时，农民军不剃发而照明朝人发式。留发不留头：清兵入关后，强迫男性汉人按照清人发式剃发，否则残酷杀害。下文九斤老太所说当指清代镇压太平军时的事情。

⑦张大帅：指张勋（1854—1923），江西奉新人，原为清末军官，后为北洋军阀，辛亥革命后所属官兵仍留辫子，于 1917 年 7 月 1 日扶持废帝溥仪复辟，7 月 12 日即告失败。

⑧十八个铜钉：照上文，应为十六个铜钉。

⑨据《鲁迅日记》，当作于 1920 年 8 月 5 日。

两个朋友[①]

［法］莫泊桑[②]

被围困的巴黎在忍受饥馑，并且已经在呻吟。各处的屋顶上难得见到鸟雀，水沟里的老鼠也十分罕见。不管什么大家都愿意吃。

莫里佐先生，一位向来以钟表店为业而由于时局关系才闲呆在家中的人，在一月的某个晴朗的早晨，正空着肚皮，把两手插在自己民团军服的裤兜中，满面哀愁地顺着市区外围的城基大街散步，走到一个被他看作朋友的人面前，马上停下脚步。那是索瓦热先生，一个经常在河边见面的熟人。

打仗之前，莫里佐在每逢礼拜天的黎明就离开家，一只手拿着一根竹制的钓鱼竿，背上背着一个白铁做的盒子。他从阿尔让特镇坐火车，到科隆布村下车，然后再步行到马朗特岛。径直走到那个能令他魂牵梦绕的地方，他便开始垂钓，一直钓到天黑为止。

每逢礼拜天，他总在这个地方碰到一个胖胖的、十分快活的矮子，索瓦热先生，他是罗雷特圣母堂大街针线杂货铺老板，而且也是一个醉心垂钓之人。他们常常肩并肩地坐着消磨一上午，手持着钓竿，两条腿悬在水面上。后来，在他们互相之间产生了友谊。

在一些日子里，他们静默无语，有时候他们也聊上几句。不过既然有相同的癖好与一样的品味，即使一句话不讲，也可以很好地感受彼此的默契。

阳春三月，早上十点钟左右，重返青春热度的阳光使那阵转瞬而逝的薄雾浮动在平静的河面上，又把一种新时令的热度浇在这两个钓鱼迷的背上。此刻，莫里佐有时也对他身旁的那个人说："嘿！多么暖和！"索瓦热先生则回答道："我不知道还有什么比这更好的了。"于是这样一问一答就足够让他们互相了解与互相尊重。

黄金秋日的傍晚，那片被落日照得通红的天空，向水中洒下绯霞的倒影，把河身染成了红色，地平线像是着了火似的，使得这两个朋友的脸儿也红得如同火一般，叫那些在寒风里簌簌发抖的枯黄树木像是镀了金。索瓦热先生在微笑中看着莫里佐说道："多美的风景！"那位赞叹不已的莫里佐的眼睛并不移开浮子就回答道："这比在城基林荫道散步好得多，是吧？"

这天，他们一经互相认清以后，就紧紧地互相握了手。在这种不同寻常的环境里相遇，大家都是激动不已的。索瓦热先生叹了口气轻声说道：“变化真不小啊!”莫里佐十分抑郁，哼了一声说：“天气倒真好！今天是这年第一个好日子!”

天空确实是蔚蓝的和十分明媚的。

他们开始肩并肩走起来，大家都在那儿思索着自己的心头事，并且都是愁眉苦脸的。莫里佐继续说道：“钓鱼的事呢？嘿！多么美好的回忆啊!”

索瓦热先生问道：“我们什么时候再到那里去呢?”

他们进入一家小咖啡馆一起喝了杯苦艾酒，接着他们又在人行道上漫步。

莫里佐突然停下了脚步说道：“再来一杯么?”索瓦热先生同意这个意见：“我听您的。”他们又钻进另外一家卖酒的店里去了。

走出来的时候，他们都已带有醉意了，昏头涨脑得如同饥饿的人装了满肚子酒一样。天气是暖和的，一阵微风拂过他们的面庞有点儿痒痒。

那位被和煦的微风陶醉了的索瓦热先生止住脚步说道：“上哪儿去?”

“上哪儿去?”

“当然去钓鱼去呀!”

“可是上哪儿去钓呢?”

“也就是去我们的那个沙洲上，法军的前哨阵地在科隆布村旁。我认得迪穆兰上校，他肯定不会找麻烦，叫我们过去。”

莫里佐快乐得颤动了：“此话当真？我算一份。”然后他们分了手，各自回家去拿自己的钓鱼工具。

一个钟头之后，他们已经在城外的大路上肩并肩地走着。然后，他们来到了那位上校办公的别墅里。他因为他们荒唐的想法而发笑，并且同意了他们的新花样。他们揣着一张通行证终于又出发了。

很快，他们穿过了前哨阵地，穿过了那个被抛弃了的科隆布村，后来就来到一些朝着塞纳河向下延展的小葡萄园的边缘上。时间大概是十一点钟。

对面，阿尔让特镇如同死了一般。奥热蒙山与萨努瓦山的高峰压住了整个地区。那片直达南泰尔县的平原是辽阔的，当然也是空旷的，有的只是那些光秃秃的樱桃树和死气沉沉的荒田。

索瓦热先生指着那些山岗低声细语地说道：“普鲁士人就在那上面!”于是阵阵顾虑使这两个朋友对着这块荒凉的田野不敢迈步了。

普鲁士人！他们却从来没有亲眼见过，然而自从好几个月以来，他们认为普鲁士人包围了巴黎，蹂躏了法国，掠夺她的财产，屠害她的民众，造成饥荒，这些人是看不到和无所不为的。因此，他们对于这个陌生却又打了胜仗的民族原本十分憎恨，如今又加上一种近乎迷信意味的骇怕了。

莫里佐结结巴巴地说道："如果我们碰上了他们怎么办?"

索瓦热先生带着那种目空一切的巴黎人揶揄的口吻答道："我们总能送一顿油煎鱼给他们吧。"

但是，由于视野所及之处全是静谧的，他们因此感到胆怯，有点儿不敢在田地里瞎闯了。

最后，索瓦热先生拿定了主意："快些朝前走吧！但是要小心。"于是他们就从下坡道儿到了一块长满葡萄的坡地里，弯着腰，睁着眼睛，侧着耳朵，在地上匍匐着走，利用一些矮树来掩护自己。

此刻，要走到河边，只须越过一段光秃秃的地面就可以了。他们开始狂奔起来。一到河岸，他们就躲在了那些干枯了的芦苇丛中。

莫里佐将脸贴到地上，去倾听附近一带是否有人行走。他什么都没听到。很明显他们确实是安全的，肯定是安全的。

他们感觉放心了，然后便动手钓起鱼来。

在他们的对面，那个被人遗弃了的马朗特岛，在河对岸掩护了他们。从前在洲上开饭馆的那座小饭铺现在关闭了，像是已经多年没有人收拾似的。

索瓦热先生钓到了第一条鲈鱼，莫里佐钓到了第二条。随后他们不时地举起钓竿，就在钓丝的顶部挂着一条活蹦乱跳的银光闪耀的小动物。确实，这一次钓鱼是似有神助的。

他们一本正经地把这些鱼放在一个浸在他们脚下水中的孔眼十分细密的网兜里。一阵甜美的快乐充满他们的心头，世间的人们每当找到了一件长期被人剥夺的癖好，这种快乐便抓住了他们。

温热的阳光在他们的背上投下了它的暖意，他们不去倾听什么，不去思索什么，不清楚世界上别的事情了，他们完全投入在钓鱼上边了。

然而突然间，一阵像是从地底下出来的低沉隆隆声使得地面颤动了。大炮又开始像远方打雷一般响了起来。

莫里佐转过头去，他从河岸上方看到了左边很远的地方，那座瓦朗良山的身影正披着一团白色羽饰样的东西，一簇刚刚从炮口喷射出来的火药的烟雾。

很快第二道烟又从这炮台的顶部喷射出来了；几秒钟以后，一道新的爆炸声又怒吼了。

接下来许多其它的雷声连续而来，那座高山一阵一阵喷出它那种死亡的气息，喷出它那些乳白色的蒸气——这些蒸气袅袅地在宁静的天空中升起，在山顶之上形成一团云雾。

索瓦热先生耸了耸两肩说道："他们又开始了。"

莫里佐正焦急不安地注视着他钓丝上的浮子渐渐地向下沉，突然他动了一阵挚爱和平者的怨气，反对这些杀人不眨眼的疯汉，接着极为愤慨地说：“像这样互相残杀，不能不说他们太蠢了。”

索瓦热先生答道：“简直不如畜牲。”

莫里佐正巧钓起了一条鲤鱼，大声说道：“可以说只要有政府在世界上存在，必定都要这么干的。”

索瓦热先生打断他的话说：“共和国就不会发动战争……”

莫里佐接过话说道：“有帝王，对国外战争；有共和国，对国内战争。”

后来他们开始心平气和地谈论起来，用平和而智力有限的人的一种健全理性，探讨政治上的重大的问题，最后双方达成共识：人永远不会得到自由。但是瓦朗良山的炮声却没有停止过，用一发发炮弹摧毁了多少法国房屋，捣毁了多少美满的生活，践踏了多少生命，结束了很多梦想、等待中的愉悦、期望中的快乐，而且在远处、别的地方、贤母的心中、良妻的心中、爱女的心中，制造多少永远无法弥补的苦痛。

“这便是人生！”索瓦热先生大声叫喊着。

“您不如说这便是死亡吧。”莫里佐面带笑容地回答道。

忽然他们都惶恐地吃了一惊，明显地感到他们背后刚才有人在那儿走动；于是转过身来一看，就看到挨着他们的肩头站着四个人，四个带着兵器、蓄着胡须、穿着仆人制服似的长襟军服、头戴平顶军帽的高个子，用枪头瞄准他们的脸。

两根钓竿从他们手中滑脱下来了，然后都落入了河里。

转瞬之间，他们都被抓起来，捆绑好拖走了，扔到一只小船里，最后渡河来到那个沙洲上。

在以前那所被他们当作没有收拾的房屋后边，他们看到了二十来个德国士兵。

一个浑身长毛的巨灵样的人骑坐在一张椅子上，吸着一只长而大的瓷烟斗，用流利的法国语问他们，“哎，先生们，你们好好地钓一次鱼吧？”

然后一个士兵在军官的脚下，放下了由他小心谨慎地带回来的满满一网兜鲜鱼。那个普鲁士人笑嘻嘻地说：“嘿嘿！我知道这件事的成绩并不糟糕。但是另外还有一件事情。你们认真地听我讲，而且别害怕。依我看来，你们两个人都是被人派来侦察我们的奸细。我此时逮到了你们，就要枪决你们。你们装出钓鱼的样子，为的是能够更好地掩盖你们的目的。你们现在已经落在了我的手掌心里，活该你们倒霉。如今是打仗呀。

“但是你们既然从前哨阵地走得出来，肯定也知道回去的口令。将这个口令给我吧，我饶你们一命。”

两个面色苍白的朋友依偎着站在一边，四只手由于一阵轻微的神经颤动都在那里抖个不停。他们一声也不吭。

那军官继续说道："任何人不会知道这件事的，你们可以平平安安地走回去，秘密就随着你们一起消失了。要是你们不同意，那就只有死亡，并且马上就死。你们去挑选吧！"

他们依旧一动不动，没有张口。

那普鲁士人一直是镇静的，伸手指着河中接着又说："你们思考思考吧，五分钟以后你们就要葬身于水下了。五分钟以后！你们应该都有父母妻儿吧！"

瓦朗良山的炮声一直没有终止。

两个钓鱼的人仍旧站着一言不发。那名普鲁士人用他的本国话发了命令。随后他移开了自己的椅子，免得跟这两个俘虏太过接近；接着走过来十二个兵士，站在相离二十来步远近的地方，他们的枪都是靠着脚尖放下的。

军官继续说道："我给你们一分钟，多一两秒钟都不成。"

然后，他猛然站起来，走到那两个法国人身旁，伸出了胳膊抓着莫里佐，将他拉到了远一些的地方，轻声对他说："快点，那个口令是什么？你那个同伴什么也不会知道的，我可以假装怜悯你们的表情。"

莫里佐只字未答。

那普鲁士人然后又拉开了索瓦热先生，而且对他提出了相同的问题。

索瓦热先生同样只字未答。

他们又肩并肩地靠着站在一处了。

军官发出了命令，兵士们都举起了他们的枪。

此时，莫里佐的眼光偶然落到那个装满了鲈鱼的网袋上面，那东西仍旧放在野草中，距他也只不过几步远。

一束阳光使得那一堆还能够跳动的鱼闪闪发光。其后一阵悲伤让他心酸了，虽然极力克制自己，眼眶里却已经含满了泪水。

他结结巴巴地说道："永别了，索瓦热先生。"

索瓦热先生回答说："永别了，莫里佐先生。"

他们彼此握起了手，一种无法抑制的震动令他们从头到脚都摇晃起来。

军官叫喊道："开枪！"

十二支枪同时打响了。

索瓦热先生一下子便朝前扑倒了。莫里佐个子高大一点，晃动了一两下，才侧着倒在他的朋友身上，脸冲着天，一股股沸腾似的鲜血，从他那件在胸部打透了的短襟军服里头朝外汩汩地流了出来。

德国人又发出了很多新的命令。

他的那些士兵都四散开了，随后又带了一些绳索和石块过来，把石头绑在这两个死人的脚上；接着，他们将他们抬到了岸边。

瓦朗良山的炮声并没有终止过，此刻整座山笼罩于烟雾之中，就好像是一座烟山。

两名兵士抬着莫里佐的头与脚，另外两个用相同的方法抬着索瓦热先生。这两具尸体被人摇甩了几下，便被远远地抛出去了，先在空中划出了一道弧线，接着如同站着似地朝水里沉，石头拖着他们的脚先落入到水中。

河中的水被溅了起来，翻腾了，起了波纹，然后又恢复了平静，这时无数细微的波纹都漾到了岸边。

一片儿血痕浮上了水面。

那位一直神色泰然的军官轻声说道："此刻该轮到鱼吃他们了。"

然后他重新朝着房屋那边走过去。

蓦然间他见到野草地上的那个盛满了鲈鱼的网兜，于是提起来仔细察看了一会儿。他微微笑了，大声叫道："威廉，快！"

一名系着白布围腰的兵士跑过来。这个普鲁士人将这两名被枪毙者钓上来的东西丢给他，一边命令道："趁这些鱼依旧活着，马上给我炸一炸，想来味道十分鲜美。"

说罢，他又抽起了他的烟斗。

[注释]

①本篇选自李青崖译《莫泊桑中篇小说选集》，上海译文出版社 1987 年版。

②莫泊桑（1850—1893）：十九世纪法国批判现实主义作家。被誉为"短篇小说巨匠"，莫泊桑出生于法国一个破落的贵族家庭，曾参加过普法战争，退役后先后在海军部和教育部任职，曾师从著名作家福楼拜。1880 年，莫泊桑凭借小说《羊脂球》一举成名。他的作品包括中篇小说三百余篇，长篇小说六部，游记三部及众多的文学和时政评论文章。

苦　恼[1]

[俄] 契诃夫[2]

——我拿我的烦恼向谁去诉说？……[3]

暮色晦暗。大片的湿雪绕着刚点亮的街灯懒洋洋地飘飞，落在房顶马顶、马背、肩膀、帽子上，积成又软又薄的一层。车夫姚纳·波达波夫周身白色，象个幽灵。他坐在车座上一动也不动，身子向前伛着，伛到了活人的身子所能伛到的最大限度。哪怕有一大堆雪落在他身上，仿佛他也会觉得用不着抖掉似的……他的小母马也是一身白，也一动也不动。它那呆呆不动的姿势、它那瘦骨棱棱的身架、它那棍子一样笔直的四条腿。使得它活象拿一个小钱就可以买到的马形蜜糖饼。它大概在想心事吧。不管是谁，只要被人从犁头上硬拉开，从熟悉的灰色景致里硬拉开，硬给丢到这个充满古怪的亮光、不断的喧哗、熙攘的行人的漩涡里，那它就不会不想心事……

姚纳和他的小马有好久没动了。还是在午饭以前。他们就走出了院子，至今还没拉到一趟生意。可是现在黄昏的暗影笼罩全城了。街灯的黯淡的光已经变得明亮生动，街上的杂乱也热闹多了。

“车夫。到维保区去！”[4]姚纳听见有人喊车。“车夫！”

姚纳猛的哆嗦一下，从沾着雪的睫毛望出去，看见一个军人。穿一件军大衣，头戴一顶兜囊。

“到维保区去！”军人又说一遍，“你是睡着了还是怎么的？拉到维保区去！”

为了表示同意，姚纳抖了抖缰绳；这样一来，一片片的雪就从马背上和他的肩膀上纷纷掉下来……军人坐上雪橇。车夫嘬起嘴唇，对那匹马发出啧的一响，跟天鹅那样伸出脖子，在车座上微微挺起身子，与其说是由于需要还不如说是出于习惯地扬起鞭子。那小母马也伸出脖子，弯一弯象棍子一样笔直的腿，迟迟疑疑地走动了……

“你往哪儿闯啊。鬼东西？”姚纳立刻听见黑暗里有人嚷起来，一团团黑影在他跟前游过来游过去，“你到底是往哪儿走啊？靠右！”

“你不会赶车！靠右走！”军人生气地说。

一个赶四轮轿车的车夫朝他咒骂；一个行人穿过马路，肩膀刚好擦着马鼻子，就狠狠地瞪他一眼，抖掉袖子上的雪。姚纳坐在车座上局促不安，仿佛坐在针尖上似的，向他两旁撑开胳臂肘儿，眼珠乱转，就跟有鬼附了体一样，仿佛他不知道自己在哪儿，也不知道为什么在那儿似的。

“这些家伙真是混蛋！”军人打趣地说，“他们简直是极力跑来撞你，或者扑到马蹄底下去。他们这是预先商量好的。”

姚纳回头瞧着他的乘客，张开嘴唇……他分明想要说话，可是喉咙里没吐出一个字来，只是哼了一声。

“什么？”军人问。

姚纳咧开苦笑的嘴，嗓子里用一下劲，这才干哑地说出来：

“老爷，我的……嗯……我的儿子在这个星期死了。”

“哦！……他害什么病死的？”

姚纳掉转整个身子朝着乘客说：

“谁说得清呢？多半是热病吧……他在医院里躺了三天就死了……上帝的意旨哟。”

“拐弯呀，鬼东西！”黑暗里有人喊，“瞎了眼还是怎么的，老狗？用眼睛瞧着！”

“赶车吧，赶车吧……”乘客说，“这样走下去，明天也到不了啦。快点赶车吧！”

车夫又伸出脖子，微微挺起身子，笨重而优雅地挥动他的鞭子。他有好几回转过身去看军官，可是军官闭着眼睛，分明不愿意再听了。姚纳把车赶到维保区，让乘客下车，再把车子赶到一个饭馆的左近停下来，坐在车座上伛下腰，又不动了……湿雪又把他和他的马涂得挺白。一个钟头过去了，又一个钟头过去了……

三个青年沿着人行道走过来，两个又高又瘦，一个挺矮，驼背；他们互相谩骂，他们的雨鞋踩出一片响声。

“车夫，上巡警桥去！”驼背用破锣似的声音喊道，“我们三个人……二十个戈比！”

姚纳抖动缰绳，把嘴唇嘬得啧啧地响。二十戈比是不公道的，可是他顾不得讲价了。现在，一个卢布也好，五个戈比也好，在他全是一样，只要有人坐车就行……青年们互相推挤着，骂着下流话，拥上雪橇，三个人想一齐坐下来。这就有了需要解决的问题：该哪两个坐着？该哪一个站着呢？经过很久的吵骂、变卦、责难，他们总算得出了结论：该驼背站着，因为他顶矮。

“好啦，赶车吧！”驼背站稳，用破锣样的声音说，他的呼吸吹着姚纳的后脑壳，“快走！你戴的这是什么帽子呀，老兄！走遍彼得堡，再也找不到比这更糟的了……”

“嘻嘻！……嘻嘻！……”姚纳笑，“这帽子本来不行啦！”

“得啦，本来不行了，你啊，赶车吧！你就打算一路上都照这样子赶车吗？啊？要我给你一个脖儿拐吗？……”

“我的脑袋要炸开了……”一个高个子说，“昨天在杜科玛索夫家里，华斯卡和我两个人一共喝了四瓶白兰地。”

“我真不懂你为什么要胡说！”另一个高个子生气地说，“你跟下流人似地胡说白道。”

“要是我胡说，让上帝惩罚我！我说的是实在的情形嘛！……”

“要是这实在，跳蚤咳嗽就也实在罗。”

“嘻嘻！”姚纳笑了，“好有兴致的几位老爷！”

“呸！滚你的！……”驼背愤愤地喊叫，“你到底肯不肯快点走啊，你这老不死的？难道就这样赶车？给它一鞭子！他妈的！快走！结结实实地抽它一鞭子！”

姚纳感到了背后那驼背的扭动的身子和抖动的声音。他听着骂他的话，看着这几个人，孤单的感觉就渐渐从他的胸中消散了。驼背一股劲儿地骂他，诌出一长串稀奇古怪的骂人话，直说得透不过气来，连连咳嗽。那两个高个子开始讲到一个名叫娜节日达·彼得罗芙娜的女人。姚纳不住地回头看他们。等到他们的谈话有了一个短短的停顿，他又回过头去，叽叽咕咕地说：

“这个星期我……嗯……我的儿子死了！”

“大家都要死的……”驼背咳了一阵，擦擦嘴唇，叹口气说，“算了，赶车吧！赶车吧！诸位先生啊，车子这么爬，我简直受不了啦！什么时候他才会把我们拉到啊？”

“那么，你给他一点小小的鼓励也好……给他一个脖儿拐！”

“你听见没有，你这老不死的？我要给你一个脖儿拐啦！要是跟你们这班人讲客气，那还不如索性走路的好！……听见没有，你这条老龙[5]？莫非我们说的话你不在心上吗？”

于是姚纳，与其说是觉得，不如说是听见脖子后面拍的一响。

“嘻嘻！……”他笑，“好有兴致的几位老爷……求上帝保佑你们！”

“赶车的，你结过婚没有？”一个高个子问。

“我？嘻嘻！……好有兴致的老爷！现在我那老婆成了烂泥地罗……嘻嘻嘻！……那就是，在坟里头啦！这忽儿，我儿子也死了，我却活着……真是怪事，死神认错了门啦……它没来找我，却去找了我的儿子……”

姚纳回转身去，想说一说他儿子是怎么死的，可是这当儿驼背轻松地吁一口气，说是谢天谢地，他们总算到了。姚纳收下二十个戈比，对着那几个玩乐的客人的后影瞧了好半天，他们走进一个漆黑的门口，不见了。他又孤单了，寂静又向他侵袭过来……苦恼，刚淡忘了不久，现在又回来了，更为有力地撕扯他的胸膛。姚纳的眼睛焦灼而痛苦地打量大街两边川流不息的人群：难道在那成千上万的人当中，连一个愿意听他讲话的人都找不到吗？人群匆匆地来去，没有人理会他和他的苦恼……那苦恼是浩大的，无边无际。要是姚纳的胸裂开，苦恼滚滚地流出来的话，那苦恼仿佛会淹没全世界似的，可是话虽如此，那苦恼偏偏没人看见。那份苦恼竟包藏在这么渺小的躯壳里，哪怕在大白天举着火把去找也找不到……

姚纳看见一个看门人提着一个袋子，就下决心跟他攀谈一下。

“现在什么时候啦，朋友？”他问。

“快到十点了……你停在这儿做什么？把车子赶开！”

姚纳把雪橇赶到几步以外，伛下腰，任凭苦恼来折磨他……他觉得向别人诉说也没有用了。可是还没过上五分钟，他就挺起腰板，摇着头，仿佛感到了阵剧烈的疼痛似的；他拉了拉缰绳……他受不住了。

“回院子里去！”他想，“回院子里去！”

他那小母马仿佛领会了他的想头似的，踩着小快步跑起来。过了一个半钟头，姚纳已经坐在一个又大又脏的火炉旁边了。炉台上、地板上、凳子上，全睡得有人，正在打鼾。空气又臭又闷……姚纳看一看那些睡熟的人，搔一搔自己的身子，后悔回来得太早了……

“其实我连买燕麦的钱还没挣到呢，”他想，“这就是为什么我会这么苦恼的缘故了。一个人，要是会料理自己的事……让自己吃得饱饱的，自己的马也吃得饱饱的，那他就会永远心平气和……”

墙角上，有一个年青的车夫爬起来，睡意朦胧地嗽了嗽喉咙，走到水桶那儿去。

“想喝水啦？”姚纳问他。

“是啊，想喝水！”

“那就喝吧。……喝点水，身体好……可是，老弟，我的儿子死了……听见没有？这个星期在医院里死的……真是怪事！”

姚纳看一看他的话生了什么影响，可是什么影响也没看见。那年青小伙子已盖上被子蒙着头，睡着了。老头儿叹口气，搔搔自己的身子……如同那青年想喝水似的，他想说话。他儿子去世快满一个星期了，他却至今还没跟别人好好的谈过这件事……应当有条有理、有声有色地讲一讲……应当讲一讲他儿子怎样得的病，怎样受苦，临死以前说过些什么话，怎样去世的……他要描摹一下儿子怎样下葬，后来他怎样上医院里去取死人的衣服。他还有个女儿阿尼霞住在乡下……他也想谈一谈她……他现在可以讲的话还会少吗？听讲的人应该哀伤，叹息，惋惜……倒还是跟娘们儿谈一谈的好。她们虽是些蠢东西，不过听不上两句话就会呜呜地哭起来。

“出去看看马吧，”姚纳想，“有的是工夫睡觉……总归睡得够的，不用担心……”

他穿上大衣，走进马棚，他的马在那儿站着。他想到燕麦，想到干草，想到天气……他孤单单一个人的时候，不敢想儿子……对别人谈一谈儿子倒还可以，至于想他，描出他的模样，那是会可怕得叫人受不了的……

“你在嚼草吗？”姚纳问他的马，看见它亮晶晶的眼睛，“好的，嚼吧，嚼吧……我们挣的钱既然不够吃燕麦，那就吃干草吧……对了……我呢，岁数大了，赶车不行啦……应当由我儿子来赶车才对，不该由我来赶了……他可是个地道的马车夫……要是他活着才好……”

姚纳沉默一忽儿，接着说：

“是这么回事，小母马……库司玛·姚尼奇下世了……他跟我说了再会……他一下子就无缘无故死了……哪，找个比方，你生了个小崽子，你就是那小崽子的亲妈了……突然间，比方说，那小崽子跟你告别，死了……你不是要伤心吗？……”

小母马嚼着干草，听着，闻闻主人的手……

姚纳讲得有了劲，就把心里的话统统讲给它听了……

［注释］

①本文选自《契诃夫小说选》，汝龙译，人民文学出版社1960年版。

②安东·巴甫洛维奇·契诃夫（А. П. Чехов1860—1904）：俄国近代小说家、戏剧家。1884年毕业于莫斯科医学系。自大学时期的1880年开始创作短篇小说。1890年曾赴库页岛考察流刑犯生活，晚年还创作多部戏剧。一生创作的中、短篇小说有470多篇，另有《万尼亚舅舅》、《樱桃园》等戏剧作品。契柯夫的作品以下层劳动平民生活为题材，揭露沙皇专制制度的黑暗。与法国的著名作家莫泊桑齐名，对二十世纪世界文学影响深远。

③语出于圣经《旧约全书·诗篇》。

④维保区：当时彼得堡的一个区。

⑤这里借用神话中的一怪龙名骂人，译文叫“高里尼奇龙”。

麦琪的礼物①

［美］欧·亨利②

一块八角七分钱。全在这儿了。其中六角还是零钱凑起来的。这些小钱是每次一个两个向杂货店、菜贩和肉店的老板硬扣下来的；人家虽然没有明说，自己总觉得这种掂斤播两的交易未免落个吝啬的恶名，当时羞得脸红。德拉数了三遍。数来数去还是一块八角七分钱。而第二天就是圣诞节了。

除了倒在那张破旧的小榻上大哭一场之外，显然没有别的办法，德拉就这么办了。这就使一种精神上的感慨油然而生，认为人生是由啜泣、抽噎和微笑组成的，其中抽噎占主导地位。

趁这家的女主人的悲伤逐渐地由第一级降到第二级的时候，让我们看一看她的家吧！一套备有家具的公寓，租金每周八元钱。虽然不能说绝对的难以形容，实际上，确实与贫民窟也相差无几了。

楼下的甬道里有一个信箱，但是永远不会有信件投进去；还有一个电铃，鬼才能把它按响。那里还贴着一张名片，上面写着“杰姆斯·狄林汉·杨先生”几个字。

“狄林汉”这个名号是主人先前富裕时，也就是每周赚三十元时，一时高兴，加在姓名之间的，现在进款减缩到二十元了，“狄林汉”几个字看起来有些模糊，仿佛它们正在慎重地考虑是否缩成一个质朴而谦虚的“狄”字为妙。但是每逢杰姆斯·狄林汉·杨先生回家上楼，走进房门时，杰姆斯·狄林汉·杨太太——就是前面已经介绍过的德拉——总是把他叫做“杰姆”，并且热烈地拥抱他。这当然是很好的。

德拉哭完了以后，小心地用破粉扑在面颊上扑了面粉。她站在窗前，呆呆地看着外面灰蒙蒙的后院里有一只灰色的猫在一个灰色篱笆上走着。明天就是圣诞节了，而她只能拿一块八角七分钱给杰姆买一件礼物。几个月来，她尽可能地节省了每一分钱，结果不过如此。每周二十元本来不经花。支出的总比她预算的多。总是这样。只有一块八角七分钱拿来给杰姆买礼物。她的杰姆。为了给他买一件好东西，德拉自得其乐地筹划了好些日子，要买一件精致、珍奇而真正有价值的东西——够得上杰姆持有的东西固然很少，可是总得有些相称才成呀。

屋里两扇窗户中间有一面壁镜。读者也许见过房租八元钱的公寓里的壁镜。一个非常瘦小灵活的人，从一连串纵的片断的映象里，也许可以对自己的容貌得到一个大致不错的概念。德拉全靠身材纤细，才精通了这种艺术。

突然她从窗口转过身来，站在镜子前面。她的两眼晶莹明亮，但是二十秒钟内她的脸失色了。她很快地把头发解开，叫它完全披散下来。

且说，杰姆斯·狄林汉·杨夫妇有两样东西是他们特别引以自豪的。一样是杰姆三代祖传的金表。另一样是德拉的头发。如果希巴皇后[③]住在气窗对面的公寓里，德拉总会有一天把头发悬在窗外去晾干，只是为了使那位皇后的珠宝和首饰相形见绌。如果所罗门王[④]做了看门人，把他所有的财富都堆在地下室里，杰姆每次经过那儿时会掏出他的金表看看，让所罗门忌妒得吹胡子瞪眼。

这时德拉的美丽的头发披散在身上，像一股褐色的小瀑布一样，波浪起伏，金光闪闪。头发一直垂到膝盖下，仿佛给她披上一件衣服。她又神经质地很快把头发梳起来。她踌躇了一会儿，静静地站在那里，有一两滴泪水溅落在破旧的红地毯上。

她穿上她那褐色的旧外套，戴上她那褐色的旧帽子。眼睛里还留着晶莹的泪光，裙子一摆，她飘然走出房门，走下楼梯，来到街上。

她走到一块招牌前停住了，招牌上面写着："莎弗朗尼娅夫人——经营各种头发用品"。德拉跑上一楼，一面喘着气，一面定下神来。那位夫人身躯肥大，肤色白得过分，一副冷冰冰的样子，和"莎弗朗尼娅"这个名字[⑤]太不相称。

"您要买我的头发吗?"德拉说道。

"我买头发，"夫人说，"把你的帽子脱下来，让我看看你的头发什么样儿!"

那股褐色的小瀑布泻了下来。

"二十块钱。"夫人用熟练的手法抓起头发说。

"赶快把钱给我。"德拉说。

啊！随后的两个钟头仿佛长了玫瑰色的翅膀似地飞掠过去了。请不要理会这种杂凑的比喻吧！总之，德拉为了给杰姆买礼物，搜索了所有的铺子。

最后，她终于把它找到了。它确是专为杰姆，不为别人制造的。她把所有的商店都搅翻了一遍，各家都没有象那样的东西。那是一条白金表链，式样简单朴素，只以货色来宣示它的价值，不凭什么俗不可耐的装潢——一切好东西都应该是这样的。它还真配得上那只金表。她一看到这表链就认为非给杰姆买下来不可。它简直像他的为人。文静而有价值——这句话拿来形容表链和杰姆本人恰到好处。店里以二十一块钱的价格卖给了她，她带着剩下的八角七分钱匆匆地赶回家。杰姆有了这条表链，在任何场合都可以毫无顾虑地看看钟点了。那只表虽然华贵，可是因为他用一根旧皮条来代替表链，他有时只是偷偷地看一眼。

德拉回家以后，她稍稍用谨慎与理智来代替了陶醉。她拿出烫发铁钳，点起煤气，开始补救由于爱情加上慷慨而造成的灾害。那始终是一件艰巨的工作，亲爱的朋友们——简直是了不起的工作。

不出四十分钟，她头上布满紧贴头皮的小发鬈，变得活像一个逃学的小学生。她仔细而苛刻地对着镜子照了又照。

"如果杰姆看了我一眼不把我杀死才怪呢，"她自言自语地说，"他会说我是康奈岛游戏场里的卖唱姑娘。但是我有什么办法呢？——唉！只有一块八角七分钱，叫我有什么办法呢？"

到了七点钟，咖啡已经煮好了，煎锅也放在炉子后面热着，随时准备煎肉排。

杰姆一向准时回家。德拉把表链对折了握在手里，在他进来必经的门口桌子角上坐下来。接着，她听到楼下梯级上响起了他的脚步声，她立刻脸色变白了。她有一个习惯，往往为了日常最简单的事情默祷几句，现在她悄声说："求求上帝，让他认为我还是美丽的。"

门开了，杰姆迈步走进来把门关上，他很瘦削，非常严肃。可怜的人，他只有二十二岁——就担负起家庭的担子！他需要一件新大衣，手套也没有。

一进门杰姆就站住了，像一条猎犬嗅到鹌鹑似的纹风不动。他两眼盯着德拉，有一种她捉摸不透的表情，这使她大为惊慌。那既不是愤怒，也不是惊讶，又不是不满，更不是厌恶，不是她所预料的任何一种表情。他只是带着那种奇怪的神情死死地盯着她。

德拉忐忑不安地从桌上跳下来，走到他身边。

"杰姆，亲爱的，"她喊道，"别那样盯着我看，我把头发剪掉卖了，因为我不送你一件礼物，我过不了圣诞节。头发会再长起来的——你不会在意吧，是不是？我实在没办法才这么做的，我的头发长得快得要命，说句'恭贺圣诞'吧！杰姆，让我们高高兴兴的。你猜不到我给你买了一件多么好——多么美丽的礼物。"

"你把头发剪掉了？"杰姆吃力地问道，仿佛他绞尽脑汁之后，还没有把那个显而易见的事实弄明白似的。

"非但剪了，而且卖了，"德拉说，"不管怎样，你还是一样地喜欢我，是不是？没有了头发，我还是我，不是吗？"

杰姆好奇地向房里四下张望。

“你说你的头发没有了?”他带着近乎白痴的神情问道。

“你用不着找了,”德拉说,“我告诉你,已经卖了——卖了,没有了。今天是圣诞节前夜,亲爱的。好好地对待我,我剪掉头发为的是你呀。我的头发可能数得清,”她突然非常温柔地接下去说,“但是我对你的爱情谁也数不清,我把肉排烧上好吗?杰姆!”

杰姆好象忽然从恍惚中醒过来。他把德拉搂在怀里。为了不要冒昧,让我们花十秒钟工夫瞧瞧另一方面无关紧要的东西吧。每周八块钱的房租,或者每年一百万块钱的房租——其中有什么区别?一个数学家或是一个滑稽家可能给你一个不正确的答复。麦琪带来了珍贵的礼物,但是其中没有那样东西。这句晦涩的话,下文将有说明。

杰姆从大衣口袋里掏出一包东西,把它扔在桌上。

“不要对我有任何误会,德儿,”他说“不管是剪发、修脸、洗头,我对我的姑娘的爱情是绝不会减低一分的。但是,你一打开那包东西,就会明白,刚才你为什么把我楞住了。”

白晰的手指敏捷地撕开了绳子和包皮纸。接着是一声狂喜的叫喊;紧接着,哎呀!突然转变成女性神经质的眼泪和号哭,立刻需要公寓的主人用尽办法来安慰她。

因为摆在眼前的是那套插在头发上的梳子——全套的发梳,两鬓用的,后面用的,应有尽有;那是百老汇路一个橱窗里的、德拉渴望了好久的东西。纯玳瑁做的、边上镶着珠宝的美丽的发梳——配那已经失去的美发,颜色恰恰合适。她知道这套发梳是很贵重的,她心向神往了好久,但从来没有存过占有它的希望。现在居然为她所有了,可是用来装饰那一向向往的装饰品的头发却没有了。

但是她还是把它紧紧地抱在怀中,隔了好久,她才能抬起迷蒙的泪眼,含笑对杰姆说:“我的头发长得多快啊,杰姆!”

接着,德拉象一只挨了烫的小猫似地跳了起来,喊道:“噢!噢!”

杰姆还没有看到送给他的美丽礼物呢!她热切地把它托在自己掌心上递给他。这无知无觉的贵重金属似乎闪闪地反映着她的快活和热诚的神情。

“漂亮吗,杰姆?我跑遍了全城才找到它。现在你每天要把表看上一百次了。把你的表拿给我。我要看看它配上是什么样子!”

杰姆并没有照她的话去做,却倒在小榻上,双手枕着头,微笑着。

“德儿,”他说,“让我们把圣诞节的礼物搁在一边,暂时保存起来,它们实在太好了,现在用了未免可惜。我是卖了金表换了钱给你买的发梳。现在请你煎肉排吧！”

那三位麦琪，读者都知道，全是有智慧的人——非常有智慧的人——他们带来礼物，送给生在马槽里的圣婴耶稣。他们首创了圣诞节馈赠礼物的风俗。他们既然有智慧，他们的礼物无疑也是聪明的，可能还附带一种碰上收到同样的东西时可以交换的权利。我的拙笔在这里向读者叙述了一个没有曲折、不足不奇的故事：那两个住在一间公寓里的笨孩子，极不聪明地为了对方牺牲了他们家里最宝贵的东西。但是，让我对目前一般聪明人说一句最后的话，在所有馈赠礼物的人当中，他们两个是最聪明的。在一切授受礼物的人当中，象他们这样的人也是最聪明的。他们就是麦琪。

［注释］

①本篇选自春风文艺出版社 1992 年版《世界文学精品大系》第 16 卷，刘若端译。麦琪：西方传说中人物。在基督出世之初，从耶路撒冷来了三位贤人：一是光明之王梅尔基奥尔，送金子以示尊贵；洁白圣者加斯帕，赠以乳香以示神圣；智者巴尔撒泽，赠殁药以示基督终受迫害而死。这是圣诞节赠送礼物习俗之来由。

②欧·亨利（O'Henry，1862—1910）：美国现代小说代表作家，原名威廉·雪德尼·波特（William Sydney Porter）。出生于医生家庭，当过药房学徒、牧场放牧工、会计员和银行办事员。1897 年涉嫌银行账务不清案而入狱，于狱中开始以欧·亨利为笔名创作小说，1901 年出狱。其小说多以纽约小市民生活为题材，揭露金融资本家的投机和骗子行为。作品富于哲理又有戏剧效果，情节构思巧妙，结局往往出人意表，一生创作短篇小说 300 多篇，小说集有《白菜与国王》（1904）、《四百万》（1906）、《西部之心》（1907）、《滚石》（1913）等。

③希巴皇后：即示巴女王（Queen Sheba），古代所罗门时代的一位国王。据《旧约·列王纪上》，她曾携香料、宝石和金子赴耶路撒冷会见所罗门王。以富豪及美貌著称。示巴古国，一说位于今也门。

④所罗门王（前 960—920）：以色列古代国王，以富豪和睿智著称。

⑤莎弗朗尼娅：意大利史诗《耶路撒冷的征服》里一位救世英雄，为了拯救耶城基督教徒而自承冤枉罪。作者塔索（Torquato Tasso，1544—1595），写的是以第一次十字军东征为题材的长诗。

附录：

学术论文的写作

朱婵清　编

学术论文是各学科领域科学研究成果的记录，是进行学术交流、传播、推动科学进步的重要手段，是推动生产、提高经济效益的重要工具，是衡量科研工作者科研能力的重要标准。世界著名物理学家、化学家法拉第认为：科学研究有三个阶段，就是“研究、完成、发表”。“发表”是指将科研成果记录下来，使之成为人类社会的重要财富。在科学技术迅猛发展的今天，“发表”越来越受到人们的重视。据统计，全世界每年发表的学术论文多达500万篇，被公开的技术报告约70万份，公布的专利达100万件。科学技术领域的竞争不同于其他，这里只有第一，没有第二，某项成果的专利权只授予最先申请专利的人。“发表”是确认科技工作者对发明或发现的优先权的最基本的依据。因此，不仅要懂得研究，还要善于“发表”。了解学术论文写作的一般规律，有助于提高学术论文的水平，有助于更好地表述和“发表”科研成果。

一、学术论文及其分类

学术论文是“某一学术课题在实验性、理论性或观测性上具有新的科学研究成果或创新见解和知识的科学记录；或是某种已知原理应用于实际中取得新进展的科学总结，用以提供学术会议上宣读、交流或讨论；或在学术刊物上发表；或作其他用途的书面文件。”①

这一概念概括了学术论文的科学内涵，包括其对象、范围、属性、用途等，是对学术论文所作的规范性定义。

人们通常将学术论文作如下的分类：

按研究的学科领域分，有社会科学论文和自然科学论文。社会科学论文是

① 中华人民共和国国家标准UDC 001.81，GB7713—87，《科学技术报告、学位论文和学术论文的编写格式》。

包括哲学、经济学、法学、教育学、文学、历史学等学科的研究论文，这类论文习惯上称学术论文。自然科学论文是论述理学、工学、农学、医学等学科研究成果的论文，也称为科技论文。

按论证的性质分，有立论论文和驳论论文。立论论文以立论为主，也就是阐述、论证自己的观点或假说；或以客观事实、科学实验为依据，严密论证，阐明观点；或以已有的客观事实与科学原理为依据，对某一学科领域的新问题提出推测性看法。驳论论文以驳论为主，一般是反驳他人的论点、论据或研究（论证）方法。

按论文的功用分，有传播性学术论文和检测性学术论文。传播性学术论文是指在报刊上发表或在学术会议上宣读的学术论文。检测性学术论文是指为检测学术水平而写的论文，主要指申请学位的论文，包括高等学校本科以上毕业生撰写的经答辩通过的毕业论文。

学位论文是作者论述自己从事科学研究有了新的见解，取得了创造性的结果，或作为提出申请授予相应的学位时供评审用的学术论文。学位分为学士、硕士、博士三级，相应的论文为学士论文、硕士论文、博士论文。《中华人民共和国学位条例》及其《实施办法》对各级学位论文提出了相应的要求。如：

学士论文应能较好地掌握本门学科的基础理论、专门知识和基本技能，并具有从事科学研究工作或独立担负专门技术工作的初步能力。论文字数一般要求 6 千至 1 万字。

硕士论文应能表明作者确已在本门学科上掌握了坚实的基础理论和系统的专门知识，并对所研究的课题有新的见解，有从事科学研究工作或担负专门技术工作的能力。论文字数要求 2 万至 4 万字。

博士论文应能表明作者确已在本门学科上掌握了坚实宽广的基础理论和系统深入的专门知识，并具有独立从事科学研究工作的能力，在学科或专门技术上做出创造性的成果。论文字数要求 5 万字以上，甚至 10 万至 20 万字。

二、学术论文的特点

学术论文属议论文的范畴，但具有区别于一般议论文的特点，主要是：学术性、科学性、创新性。

学术性。学术，指较为专门、有系统的学问。学术论文的学术性，首先要求论文的内容是论文撰写者对自己所从事的学科领域的某一问题从实践上或理论上作比较全面系统的研究，求得对客观规律的新认识，专业性极强。其次是论文撰写者必须具备相关的专业知识，反映其具备从事研究必需的专门知识的能力，并在论文中正确地运用相关学科的专门术语和表述语言。王力说过，学术论文“最基本的也是很重要的准备，就是具备这一方面的知识。比如要做朱熹的反切考……就得先熟悉广韵的反切，如果没有广韵音系的基础知识，这个文章就做不来。”① 可见，缺乏相关学科的专业知识，就没有条件或资格写好学术论文。又如黑格尔所指出的，“自本书第二版以后，有了许多对于我的哲学思想的批评出现，这些批评大部分表示他们对于哲学这一行道很少作专门研究”。② 对哲学“很少作专门研究”却对哲学论著进行批评，就无异于无的放矢。

科学性。科学，是指反映自然、社会、思维等的规律。学术论文的科学性，要求持之有故、言之成理、行之有成。具体表现在：

内容的科学性。学术论文要反映科学研究的成果，要求符合客观规律，文章论点要正确、鲜明，论据要确凿、充分，概念、判断、推理要合乎逻辑，论证要严密，实验方法要可靠，经受得了科学实践和生产实践的检验。如科技论文中的实验及其结果要求可以重现，即在任何时间、任何地点、任何人以相同的条件，都能得出相同的结果。

表达形式的科学性。论文要求结构严谨，层次明晰，语言准确，编写格式符合国家标准。

研究态度和研究方法的科学性。科学是老老实实的学问，要求研究者注重学术品格，脚踏实地，在研究上下功夫，不“重复、模仿、抄袭前人”③，不主观臆测，不哗众取宠，不看风使舵，矢志不渝地朝着一个方向前进。要注重科学研究的方法。王力认为：写好科学论文的条件之一是“分析能力”，即“要有科学的头脑，逻辑的头脑”，也就是要掌握科学研究的方法，先归纳，后演绎；先归纳，后分析，忌先下结论，再找材料论证，忌用孤证。④ 以科学的态度和运用科学的研究方法，才能得出科学的结论，从而使论文的内容和形式具有科学性。

创新性。学术论文要求反映新成果、新见解、新进展、新信息，要“有所发现、有所发明、有所创造、有所前进”⑤。创新性是学术论文的价值所在，是学术论文的生命。清代学者戴震曾强调治学要“空所依旁”，就是说研究不要依前人的成说。作研究既要了解前人的研究成果，又要勇于探索，敢于

---

① 王力．怎样写学术论文．北京：北京大学出版社，1981．5

② 黑格尔．小逻辑．北京：商务印书馆，1980．24

③ 国家标准．科学技术报告、学位论文和学术论文编写格式

④ 王力．怎样写学术论文．北京：北京大学出版社，1981．5

⑤ 国家标准．科学技术报告、学位论文和学术论文编写格式

"班门弄斧"，提出新的见解。"搞研究，写论文，总是要在已有的研究成果的基础上增添一点新的东西"，"要有自己的一得之见"①。

进入高校的学生，应有目的地搜集、阅读和本专业有关的论文，体会学术论文的特点，为自己写作论文打好基础。

三、学术论文的选题

1. 课题·主题·标题

学术论文的选题是指确定研究的课题，是研究者提出并力求获得结果的具体问题。课题与主题、标题既有联系又有区别。课题明确研究的目标和范围。主题以课题研究为基础，取决于研究所得的成果。主题是学术论文的中心论点，表述研究的见解、结论。标题是每一篇学术论文的题目，在课题研究之后确定，一个课题研究的成果可以写成一篇或若干篇论文。标题写法灵活，或揭示主题，或说明论题，无论用何种写法，都要求准确、简洁、醒目，其内涵和外延不能超出课题的内涵和外延。

2. 选题的意义

选题是进行科学研究的开始，在力求获取研究成果的科研过程中，选好课题是"千里之行"的第一步，是关键的一步。"在任何有目的的过程中，目的总是最先的环节；而认识活动的目的就是在'问题'中加以确定的。'问题'规定了一个认识活动过程所需要把握的对象，如果失去了'问题'这个环节，认识活动从一开始就是不可能的。"②"问题"是科学研究活动的起点，没有起点就没有终点，选题是否恰当直接关系研究的成败。大科学家牛顿在物理学、数学、热力学、光学、天文学等方面都取得了举世瞩目的成就，但在后来，他却选择神学为研究课题，倾近30年心血研究"上帝存在"，对科学的进步毫无益处。可见，选择有意义的研究课题，研究才有价值，否则，精力花得再多，文章写得再好，也是没有价值的。

程千帆说："课题选择本身，恐怕也很能检验出自己的学识、思维、判断的能力。"③ 能否选择有意义又切合自身研究实际的课题，是检验科研工作者的"学识、思维、判断的能力"及能否独立进行科学研究的标志。刚进入学科研究领域的高等学校学生，更应审慎地思考和选择课题，以期取得满意的

---

① 张世英. 怎样写学术论文·谈谈哲学史的研究和论文写作. 北京：北京大学出版社，1981. 55

② 童世俊. "问题"是科学研究活动的起点. 文汇报，1980-05-20

③ 程千帆. 学术论文贵在创新. 中国文学研究，1996 (2)：8

结果。

3. **选题的原则**

选题的价值性原则。一是选择有现实意义的课题。选题要着眼于社会实践的需要，讲求社会效益和经济效益，具有时代气息。要注意选择有利于我国社会主义现代化建设、有利于国计民生、有利于生产、有利于促进科学技术的发展和社会进步的课题。二是选择有学术意义的课题。如：填补空白的课题，发前人所未发，解决前人所没有解决过的、在本学科处于前沿阵地的、对科学技术发展起积极推进作用的课题；延伸性课题，在前人研究的基础上，采用新的研究方法，丰富前人的研究成果；纠正性课题，推翻已有的研究结论或成说，提出新的见解；综述性课题，对某一领域的研究成果作历史回顾，提出将研究引向深入的意见，等等。

选题的可行性原则。考虑选择有科学价值的课题，这是选题的关键，但光注意这一方面并不能真正完成论文的写作，还必须从作者自身实际出发，考虑选择有利于取得预期效果的课题。因此，选题要扬长避短，发挥业务专长；选题要大小适中，利于开展研究；选题要考虑占有资料、实验材料及实验设备等条件；选题还要考虑研究经费、时间要求及取得指导教师的指导，等等。

只有将价值性原则和可行性原则结合起来，从客观需要及主观条件两方面综合考虑，才能选好研究的课题，保证研究工作顺利进行。

4. **选题的途径**

（1）研究性课题。这类课题是在比较全面了解与研究对象相关的历史和现状的基础上，运用所掌握的专业知识和科学研究的方法进行探索，提出问题。这是学术论文提出研究性课题的主要途径。提出研究性课题有多种方法，如：

事实累积法。即有目的、有计划地搜集某类科学研究信息资料，通过比较、分析、归纳，从中发现新问题、新方法。

比较法。对不同事物的相关方面进行比较研究；对同一事物的过去、现在、将来的纵向比较；研究同一事物在不同环境中的发展状况及与相关事物的横向比较。通过比较，提出新问题。

假说法。以一定的经验材料和已知事实为依据，以已有的科学理论和技术方法为指导，对未知事物产生的原因、结果及其运动规律作出推测。

直觉法和灵感法。直觉法指研究者根据以往的经验和知识，对问题作判断性认识；灵感法则是受外界事物的刺激得到启发，对尚未求解的研究顿时大悟，迅速获得新的认识。直觉法和灵感法属非逻辑思维的方法，稍纵即逝，但却能产生某些科学创见。

（2）现实性课题，包括开题性课题及指定性课题等。如开题性课题，有的学校编有《论文写作指南》一类材料，提供参考课题，指导本科生写作学年论文和毕业论文，学生可根据自己的情况选择课题及导师；指定性课题，即参与既定的科研任务，接受有关部门原先提出的、要求承担者完成的科研课题。

四、材料的搜集和整理

充分地占有材料和科学地整理材料，是进行科学研究的基础。马克思说："研究必须充分地占有材料，分析它的各种发展形式，探寻这些形式的内在联系。"① 恩格斯也指出："事实上，直到上一世纪末，自然科学主要是搜集材料的科学，关于既成事物的科学，但是在本世纪，自然科学本质上是整理材料的科学，关于过程、关于这些事物的发生和发展以及关于把这些自然过程结合为一个伟大整体的联系的科学。"②

1．材料的搜集

（1）广泛阅览与定向选择相结合。要围绕课题尽可能全面、完整地搜集人们对该问题发表过的意见及其他相关的专业资料，重点可考虑选取具有权威性、代表性的材料，有争议的或有不同见解的材料，有独到之处的、新颖的材料以及其他与课题关系更直接更密切的材料，等等。博采精取，以利于更好地吸收、借鉴他人的研究成果与经验，在这一基础上进行开拓性研究，寻求厚积薄发、推陈出新、另辟蹊径的成效。如爱因斯坦的相对论，就是在了解"迈克尔—莫雷实验"的事实与"以太学说"的原有理论相矛盾时，提出新课题并进行研究而获取成果的。博采精取，还可避免因信息闭塞，发表孤陋寡闻、自以为"创新"的浅见，徒劳无益地重复他人的劳动。

（2）获取材料的方法。对学术论文的撰写者来说，材料有直接材料（第一手材料）与间接材料（第二手材料）之分，两者都是必要的、重要的材料，起着互联互补的作用。对有些课题而言，如科技性、实用性、检验性课题，直接材料显得更为必要和可贵。应依据不同的研究课题，有针对性地采用获取材料的方法。

获取直接材料的方法，一般有调查、实验、模拟、观察、考察等各种方

---

① 马克思．资本论第一卷第二版跋．马克思恩格斯选集．北京：人民出版社，1972. 217

② 恩格斯．路德维希·费尔巴哈和德国古典哲学的终结．马克思恩格斯选集．北京：人民出版社，1972. 241

法，可视需要综合采用。

调查法。调查有普遍调查和非普遍调查两种方式。普遍调查指对一定调查总体范围内的所有对象的调查，如全国人口普查。这种调查可获取全面的详细的材料，但所需时间长，耗费的人力、物力、财力多。非普遍调查指对调查总体范围内的部分对象做调查，包括调查会、专访、典型调查、抽样调查、问卷调查等方法。调查法是自然科学和社会科学研究获取材料的重要方法，应根据研究课题的实际选择合适的调查方式和方法。

实验法。这是运用仪器、设备，在人为可控制的环境条件下探索、研究自然奥秘，求证某种假说的方法。实验是自然科学领域常用的搜集材料的基本方法，有定性实验、定量实验、对照实验、析因实验、结构分析实验，等等。社会科学领域的社会学、教育学、心理学等也常常使用。

模拟法。指根据相似的理论，先设计与自然物、自然现象及其变化过程相似的模型，再通过对模型的实验和研究，间接地探究原型的性质和规律性的一种实验方法。模拟法能获取难以对研究对象进行直接实验的补充材料。

观察法。指通过感官或借助一定仪器，有意识有目的地对研究对象进行观察的过程，是对变化的事物的直观反映。观察时要眼脑并用，要客观、全面，要做好记录。有学者说过：观察 = 凝视 + 揣摩（思索） + 默述。观察可以得到客观、准确、完整有序的材料。它是地质学、动物学、植物学、天文学、临床医学等获取材料的重要方法。

考察法。指用观察、勘测、挖掘等方法对科学领域的未知问题进行探究，以获取实地或实物的有关材料。

获取间接材料的方法。间接材料主要来自已有的文献、信息资料，除论文撰写者积累的材料外，主要通过“文献检索法”这把“万能钥匙”，打开图书馆、档案馆及数据库的大门，进入与课题相关的专业领域，从中博采萃取。

文献检索，包括手工检索和计算机检索。为了提高检索文献的效率，必须熟悉图书分类法，运用检索工具。首先熟悉国家确定为试行标准的“中图法”（中国图书馆图书分类法）。“中图法”将图书分为五大部类，组成22大类。熟悉其类目表，就能迅速地找到要检索的书籍。注意检索文献的基本途径：形式途径及内容途径。形式途径指从书名（文献名）、著者、编号、地名等体系依次进行检索；内容途径指以文献资料分类（按学科分类）体系或主题（反映文献资料内容的主题词）体系检索。其次，灵活掌握运用检索工具：目录、索引、文献、工具书等。检索国内文献的工具，有《四库全书总目》、《全国总书目》、《全国新书目》、《全国报刊索引》、《国内科技资料目录》、《科学技术译文通报》、《半导体文摘》，等等。检索国外文献资料的工具，有《国际科技资料馆藏目录》、《国外科技资料目录》、《国外科技资料索引》、《科技文摘》等。此外，还有国外版检索工具，如美国的《科学文摘》、《化学文摘》等。工具书有辞书、百科全书、年鉴、手册、年表等。

文献资料的计算机检索。有光盘检索、联机检索、机读目录检索和 Internet 信息检索，等等。相对于手工检索，计算机检索速度快，资料全，效率高。为适应文献在网络化、数字化环境下快速交流和传播的趋势，计算机检索已成为检索文献资料的重要手段。

（3）材料的记录和储存。无论采用什么途径、方式搜集材料，无论是直接材料或间接材料，都要通过记录、储存，才能成为学术论文撰写者所占有的材料。材料的记录有复制、摘录、述评、札记等方法，可灵活采用。记录时要注意核对并注明出处，以备必要时查考。材料的储存，除习惯用卡片、笔记等以书面档案形式编存外，宜用计算机储存。

2. **材料的整理**

搜集到的材料量多面广，必须加以整理。整理材料的过程就是围绕课题进行探索研究，对材料进行分析取舍、形成观点的过程。在此过程中，必须运用科学的思维方法，主要是辩证思维和创造性思维的方法，对材料进行反复、深入地分析研究，从中得出符合客观实际、揭示客观事物规律的结论，并选取使结论成立的论据，这是形成研究成果、写作学术论文的关键性环节。

常用的辩证思维方法有归纳与演绎、分析与综合、抽象与具体等。

归纳与演绎。归纳是根据对某类事物的全部对象或部分对象的必然联系的分析，概括出共同本质或一般原理的思维方法，是由特殊到一般的逻辑方法。演绎是以一般原理为前提去考察某一特殊的对象，推演出有关这个对象的结论的思维方法，是由一般到特殊的逻辑方法。归纳是演绎的基础，演绎是归纳的前导，为归纳提供理论依据，两者互为补充，发挥作用。辩证思维的归纳与演绎，主要研究事物各自内部矛盾的特点与本质及两者对立统一的关系。

分析与综合。这是对感性材料进行抽象思维、揭示个别和一般、现象和本质的内在联系的思维方法。分析是将整体分解为部分，把复杂的事物分解为各个要素，分别加以研究，侧重于从事物的多样性现象和多种属性中，深入事物的内部，弄清楚它们内部的联系，揭示事物的本质。综合是将研究对象各个部分的要素联系起来考察，形成对客观对象整体的认识，以揭示事物本质的思维方法。分析是综合的基础，综合是分析的发展，两者互相渗透。

抽象与具体。抽象是指从许多事物中舍弃个别的、非本质的东西，把共同的、本质的东西抽取出来，形成反映事物本质的、共同的概念。它使人的认识从感性具体上升为“抽象的规定”，从而达到更高级综合的思维方法。具体是将通过抽象所得到事物的统一规律综合起来，成为统一的整体的规律。“感性中的具体——抽象的规定——思维中的具体”是辩证思维活动的一个全过程。抽象是具体的基础，具体依赖于抽象。抽象必须上升到具体。两者互相依存，不可分离。

创造性思维方法，是依一定的目的和任务，如学术论文课题的宗旨和要求，运用现有的材料进行想象、推理、再创造，提出新创见、新设想、新方案的思维活动。创造性思维是发散思维和收束性思维的结合。

发散思维，即求异思维，其特点是多维性、灵活性、精细性。思考一个问题时，不受传统理论、观念、方法的束缚，而是多维面、多方向、多角度、多辐射，求异、求多、求深、求细，通过想象、实验等去寻求各种不同的解答方法。收束性思维，也叫求同思维，其特点是规范性、集中性、一致性，将发散思维提出的各种可能性、各种方案、设想等进行比较，从中选出最佳的设想、方案。收束思维以发散思维为基础，两者相辅相成。

五、学术论文的格式

为了便于信息系统的收集、存储、处理、加工、检索、利用、交流和传播，我国公布了有关论文写作的国家标准化要求。如《科学技术报告、学位论文和学术论文的编写格式》、《文后参考文献著录规则》、《有关量、单位和符号的一般规则》、《国际单位制及其应用》，等等，写作学术论文，要遵循这些规范。

按标准化要求，学术论文构成格式如下：

前置部分
- 封面、封二（单篇学术论文不必要）
- 题名页
- 序或前言（必要时）
- 摘要
- 关键词
- 目次页（必要时）
- 插图和附表清单（必要时）
- 符号、标志、缩略词、首字母缩写、单位、术语、名词等的注释表（必要时）

主体部分 {引言 / 正文 / 结论 / 致谢 / 参考文献表}

- 引言
- 正文
- 结论
- 致谢
- 参考文献表

附录部分（必要时）

结尾部分（必要时）

以下摘要介绍有关规范。

1. 前置部分

（1）封面。包括如下各项：

分类号。为了便于信息交换和处理，在封面左上角注明分类号，即按照《中国图书分类法》（第4版）对每篇论文标引分类号，或《国际十进分类法UDC》的分类号。如无封面，则将分类号置于“摘要”左下方或关键词的下方。

密级。按国家保密规定有“秘密”、“机密”、“绝密”三级，注于封面左上角。公开发表的论文不注密级。

题名（又称标题或题目）。题名应准确、简练、醒目。以最恰当、最简明的词语反映学术论文中最重要的特定内容的逻辑组合。中文题名一般不超过20个字，外文题名一般不超过10个实词。如语意未尽，可加副题，对题名作引申或说明。

责任者姓名。包括论文作者、学位论文导师、评阅人、答辩委员会主席以及学位授予单位等。论文作者，只限于那些参与选定研究课题和制订研究方案、直接参加全部或主要部分研究工作并作出主要贡献，以及参加撰写论文并能对内容负责的人，按其贡献大小排列名次。

工作完成日期。包括论文提交日期、学位论文答辩日期、学位授予日期。按国家标准规定，采用全数字式日期表示法，按“年、月、日”顺序表示，年用四位数，月、日分别用两位数字。如“2001年9月8日”可表示为“20010908”、“2001-09-08”或“2001·09·08”，日期置于封面下部。

（2）摘要。摘要是论文内容不加注释和评论的简短陈述。学术论文均应有摘要，其内容包含与论文同等量的信息，有数据，有结论，是完整的短文，可以独立使用，可以引用，可以用于工艺推广。摘要应具有独立性和自含性，即不必阅读全文，就能获得必要的信息。

摘要一般置于题名和作者之后、正文之前。中文摘要一般不宜超过200～300字，外文摘要不宜超过250个实词。学位论文或参加学术会议的论文，摘要可视实际要求，不受字数规定的限制。除非没有变通办法，摘要中不用图、表、化学结构式、非公知公用的符号和术语。

(3) 关键词。指从论文中选取出来用以表示全文主题内容信息的词、词组或术语。关键词另起一行位于摘要左下方。每篇论文选词 3 ~ 8 个，词与词间空一格。为便于国际交流，应标注与中文对应的英文关键词。关键词应尽量用规范词。如《汉语主题词表》、《医学主题词表》、《美国工程索引主题词表》(简称 SHE) 等词表提供的词。

(4) 目次页。长篇科技论文可以有目次页。目次页由论文的篇、章、条、款、项、附录、题录等的序号、名称和页码组成，另页排在序之后。

(5) 插图和附表清单。论文中如图表较多，可以标明序号、图题或表题、页码并依次列出清单，清单置于目次页之后。

2. **主体部分**

学术论文主体部分内容含量大，结构安排上要缜密考虑，如采用章、条、款、项的格式，则要求划一，层次清楚。

论文主体的内容包括引言（或绪论）、正文、结论（或讨论）、致谢及参考文献等。

(1) 引言（或绪论）。引言是学术论文的开头。内容可包括研究工作的目的、范围、相关领域的前人研究状况和知识空白、理论基础和分析、研究的设想和方法、实验设计、预期结果和意义等，要求言简意赅，不要与摘要雷同或成为摘要的注释，对人们熟知的公式、规则及教科书上的知识，不必赘述。

学位论文为了需要反映出作者确已掌握了坚实的基础理论和系统的专门知识，具有开阔的科学视野，对研究方案作了充分论证，因此，对有关历史回顾和前人研究的综合评述，以及理论分析等，可以单独成章，用足够的文字叙述。

(2) 正文。正文是论文的核心部分，占主要篇幅，反映研究的过程、形成的论点和导出的结论。由于研究工作涉及的学科、选题、研究方法、工作进程、结果及表达方式等都有很大的差异，这一部分可灵活写作，但必须实事求是，客观真切，准确完备，层次分明，合乎逻辑，合乎语法，简练畅达，便于阅读理解。正文多用小标题或序码写法区分层次，有的还采用章、条、款的形式，无论使用哪一种形式，都要注意层次间的逻辑关系。

(3) 结论（或讨论）。结论是论文最终的、总体的结论，不是正文中各段小结的简单重复。结论应准确、完整、明确、精练。结论可包含对问题尚需继续探讨的意见。

(4) 致谢。在正文之后对支持、帮助该研究工作的有关方面致谢。如资助本研究的组织、个人；协助完成该研究和提供便利条件的组织及个人；给予转载和引用权的资料、图片等资料的所有者，等等。

（5）参考文献。参考文献可以是书籍、论文集、报刊中的论文、学位论文或其他文件等。按 GB7714—87《文后参考文献著录规则》及《中国学术期刊（光盘版）检索与评价数据规范》的规定，采用顺序编码制，在引文处按论文中引用文献出现的先后以阿拉伯数字连续编号，外加上方括号。参考文献著录以小于正文的字号编排在文末，其格式有：

专著、论文集、学位论文——［序号］主要责任者．文献题名．出版地：出版者，出版年，起止页码

例 ［1］陈桐生．史记与诗经．北京：人民文学出版社，2000

报刊文章——［序号］主要责任者．文献题名．报名/刊名，出版日期（版次）/年，卷（期）：起止页码

电子文献——［序号］主要责任者．电子文献题名［电子文献及载体类型标识］．电子文献出处或可获得地址：发表或更新日期

例 ［1］万锦坤．中国大学学报论文文摘（1983—1993）．英文版［DB/CD］．北京：中国大百科全书出版社，1996

（6）注释。主要用于对文章篇名、作者及文内某一特定内容所作的解释或说明。可用夹注（将对文内特定内容的注释置于该内容之后，外加圆括号），或依次用带圆圈的阿拉伯数字标上序码，用脚注（置于当页地脚）、尾注（置于文尾）。

3．附录部分

附录是学术论文主体的补充项目，可置于论文之后，也可另编成册。只有在必要时，才有这一部分。内容可包括：写进论文正文有损于文章的条理性、逻辑性，但为使论文完整又不可或缺的材料，如比文章更详尽的信息、新的研究方法及对了解正文内容有用的补充信息等；因篇幅过长或取材于复制品而不便于编入正文的材料；对本专业同行有参考价值的材料；重要的原始数据、数学推导、计算程序、结构图、统计表等；不便于编入正文的罕见珍贵材料，等等。

4．结尾部分

结尾包括文献数据、索引（分类索引、著者索引、关键词索引）、封三和封底。有必要时，才有这一部分。

六、学术论文的起草和修改

学术论文也是议论文的一种，写作上要具备三要素：论点、论据、论证。做到言之有理，言之有物，言之有序，言之有文。

1．**提炼观点，选择论据**

古人云："意在笔先，故能举止闲暇。"是说动笔之前确立文章的中心论点，写起文章来就能得心应手。学术论文的中心论点反映学术研究的结果，是论文的灵魂和统帅。中心论点从分析研究材料中产生，又反过来制约论文材料的取舍、谋篇布局乃至遣词造句。

提炼论点要注意：

正确性。学术论文的论点既反映研究者对客观世界的正确认识，也体现不同程度的创新性，是对资料进行科学分析和抽象概括所得出的科学结论，更要做到有理有据，经得起实践的考验。自然科学论文的结论可重复验证。即使是假说性、推断性的结论，也应有初步的、阶段性的、既得的结果，有足够、可靠的实践（实验）研究材料为凭据，切忌以虚假的、表面的现象和材料作出主观臆断。

集中性。根据研究课题的需要，学术研究的过程和结果往往是多层次、多方面的，因而可以形成多个的观点以至结论。但写进学术论文中，应提取其中主要的、足以集中体现学术研究主要成果的中心论点。一篇学术论文，一般只宜有一个中心论点。其余的观点以至结论性观点，与确定的中心论点关系密切、能充分论证中心论点正确的，可选用为论文的分论点。这些分论点从属于中心论点，为阐明中心论点服务，中心论点要首尾贯通，统帅全篇。

鲜明性。鲜明性是指观点明确，态度鲜明，对论文结论（或讨论），中心论点连同分论点的表述要准确、明晰，体现科学的态度和正确的见解。观点一般用论点句表述，不能含含糊糊，不能有歧义。

论据是写进学术论文中用以证明论点成立的材料。有理论材料论据和事实材料论据。如：

科技论文的论据，有已被证实了的观点、结论、公理、定理、定律等理论性论据及成功的实验、准确的数据、调查及观察、考察得到的材料等事实材料论据。

社科论文的论据，主要有经典、名言、公理、谚语、俗语等理论材料论据，还有历史材料、现状材料、个人经历、调查材料及统计数据等事实材料论据。

论据要求真实、必要、新颖。真实，是指确实的、符合客观实际的材料。事实要准确，数据要确凿，引文要符合原意并有出处，其中科技论文的论据，还可用核对验算、重复实验的手段确保其真实性。必要，指用以证明论点的必不可少的材料，根据充分论证的需要，对论点相关的材料进行精选。新颖，是指新鲜的材料，新颖的论据，是论文创新性论点的依据，也是论文创造性的表现，因此要尽量注意新的动态，新的研究成果，新的研究及实验方法等。其中，第一手材料最好，第二手材料也要在求真、求精的基础上求新，力取前人所未见、未明、未道者。

2. **拟定结构，编写提纲**

学术论文篇幅较长，容量较大，为使主旨鲜明突出，层次清晰，文脉贯通，尤其需要思考论文的总体布局，设计好论文的初步框架，包括开头、结尾、层次、段落、衔接、转折的安排。学术论文的构段多为单义段，段中有明确的观点，说明观点确立的材料及适当的论证方式。拟定结构的过程，是使思路清晰的过程。

编写提纲是将论文结构安排的初步设想用文字提示，揭示分论点与中心论点、材料与论点间的逻辑关系。学术论文提纲大致包括标题、中心论点、绪论、本论、结论等几个部分。绪论、本论、结论是学术论文主体部分的要素，应依不同研究课题及对象的不同特点，选择适当的结构形式，编写相应的提纲。

社会科学论文的正文侧重于分析问题，结构的安排较近于一般议论文，常见的有：

递进式结构。根据事物的发展，对问题逐层深入地进行论证、剖析，层次段落的展开呈现层层展开、步步深入的逻辑关系。

并列式结构。围绕中心论点，将各分论点逐一并列，分别从不同角度展开论述，各部分相对独立又有必然的联系。

混合式结构。在整体或部分的段落、层次安排上，或递进，或并列，两者交替或结合起来使用。

科技论文主要有实验型、观测型、理论型、评论型，其结构大体如下：

实验型论文一般为：引言（绪论），实验（材料、装置、仪器、方法）及实验结果（本论），结论或讨论。

观测型论文为：引言（绪论），观测情况（现象、形态、性质、特征、分布、成因等）及分析、结论（或讨论）。

理论型论文以阐明科技理论或其运用为主，正文大多从提出问题或相关的事实材料出发，运用定律、定理，通过严密的理论推导和理论分析、数学计算，得出结论。由于研究的具体问题（对象）不同，其结构比较灵活，一般是顺着假说形成的思维线索或运用某种理论解决问题的思路，安排层次和段落。

评述型论文以述评为主，其正文主要是概述及说明科技成果、发展动向，加以评析，做出预测，提出建议。

在初步确立论点、选择论据、对结构大体设想的基础上，着手编制写作提纲。编制提纲，是对上述环节的强化与深化，是进一步梳理论文思路、“立定格局”的过程。

提纲的编写通常有两种方法：

一是论点式提纲（即简要提纲），只简要地勾画出论文大的层次、段落的基本论点。

二是摘要式提纲（即详细提纲），按论文结构安排，将论文各部分内容用文字提要表示，包括各层次、段落的分论点、主要论据、论证方式，体现中心论点的段落层次的提纲务求详细。这种提纲实际上是论文的雏形。

需经导师指导的论文，一定要先拟好详细提纲，交导师审阅，经同意才动笔。

3. 分段论证，整合成篇

按拟定提纲的思路，逐个层次逐个段落展开论述，然后整合成篇。写作时要注意各层次各段落在全篇所占的轻重主次位置，既充分论证了分论点，又不至于重复或“喧宾夺主”。

社会科学论文按拟定提纲写作时，尤其要注重论证的深入、充分，所用的论据要翔实、充足，保持与论点的一致性，并灵活、恰当地运用各种论证方式，如归纳法、演绎法、类比法、对比法、引证法，等等。对重要的、创新的成果，更要充分论证，以期理由完全充足，令人信服，无懈可击。

实验型科技论文按提纲所拟三个部分，在写作时应注意突出各部分的特点：

绪论部分，强调本实验的目的、意义，也可适当地介绍背景。本论部分，包括“实验”及“实验结果”两方面内容。“实验”方面，着重介绍获得研究成果的手段和途径，内容包括实验用的材料、实验的设备、装置和仪器、实验的方法及过程等。写作上说明要具体，以能提供重复实验所必需的信息为原则决定材料的取舍，其中，对新的材料及创新的实验方法，要详细介绍。“实验结果”，是实验型论文的核心，内容包括：实验的产品、实验过程所观测到的现象、实验设备、装置、仪器记录的图像和数据，以及对这些现象和数据等进行加工后的有关材料。这部分内容要准确、精细、客观，数据及图像等资料以说明问题为度。结论（或讨论）部分，可用已有的理论解释和证明实验的结果，可对预期不一致的结果作出合乎逻辑的解释，也可将实验结果与他人的实验结果作比较，并作出解释说明。

4．**文从句顺，符合规范**

学术论文的语言包括自然语言和符号语言，无论使用哪类语言，都要精确、严密、平实、简明。

使用自然语言要遵守相关的规范。如合乎现代汉语语法；汉字使用除古籍整理和古汉语方面的文章外，避免使用旧体字、异体字和繁体字；遵守GB/T15838—1995《标点符号用法》的规范，外文的标点遵循外文的习惯用法；数字使用应遵循GB/T15835—1995《出版物上数字用法的规定》，凡公历世纪、年代、年、月、日、时刻和各种记数与计量（包括正负数、分数、小数、百分比、约数），均采用阿拉伯数字。4位以上数字采用3位分节法，节与节之间空1/4字距，不加标点。数字作为语素构成定型的词、词组、惯用词、缩略语，应使用汉字；计量单位必须采用《中华人民共和国法定计量单位》及相关国家标准的规定，计量单位名称和符号的书写方式一律采用国际通用符号，等等。

恰当使用符号语言。符号语言的运用可以减少叙述性文字，增大科技文献的信息容量，便于国际交流。科技论文写作中使用“图、表、式”等符号语言要注意相关的规定或国际惯例。

图形语言可避免冗长的叙述的缺点，直观、形象地描述事物的性质及其关系，有准确、形象的效果。图包括曲线图、构造图、示意图、流程图、记录图、统计图、图解，等等。每一图应有简短确切的题名，连同图号置于图下。如有必要，应用最简练的文字，将图上的符号、标记、代码以及实验条件等，加以说明。一篇论文不只用一个图，应按顺序编排序号。图应具有“自明性”，即只看图、图题及图例说明，就可理解图意。

表格是表达用数据说明量的变化或事物间关系的符号语言。其编排方法，一般是内容和测试项目由左至右横读，数据依次竖排。表内各栏均应标明量或测试项目、标准规定符号及单位。表内一律填入具体数字或文字，缩略词和符号必须与文中一致。表和图一样，应具有“自明性”，只看表、表题及表注，就可理解表意。

式，指文中的数学、物理和化学式。公式、算式或方程式，均应视为正文行文的一部分，文中的式不宜加上逗号或句号，也不写计量单位，必要时在正文中加以说明。

5. **认真修改，誊清成文**

修改是保证和提高学术论文质量和水平的重要环节。论文初稿写成后，还需要认真进行修改，使之臻于完善。修改必须按学术论文课题、宗旨的要求，着重抓好锤炼论点、完善结构、调整内容、润饰语言等几个环节。

首先，要认真推敲中心论点是否有创新性，能不能“站得住脚”，言之有理；各分论点的表达是否准确、鲜明，能不能充分地证明中心论点的正确性。其次，要审视论文各部分、各段落、层次的安排是否恰当，能否反映各论点间的内在逻辑关系，包括主次、从属关系等，是否符合学术论文主体的规范，对不适合者要做适当的调整。再次，在观点、结构修改的基础上，逐段修改论文的具体内容，主要是围绕论点，检查运用的材料是否妥当，能否与论点保持一致性；材料是否充实、精当；论证方法的采用是否合适；内容的主次详略是否相宜等。最后，逐字逐句地推敲语言，注意使用的符号语言是否符合国家、国际的规范要求，以期使全文语言更准确、严密、精练。

论文的修改，必要时宜征求有关专家、学者的意见。凡指定导师、课题主管者，应将初稿及修改稿送请审阅。

论文修改完毕后，可以誊清定稿，用打印稿。书写的文字要工整、清晰，文面要整洁、美观。标点符号的使用及文献资料的注释要合乎要求，整篇的格式要合乎学术论文格式的规范。

参考书目

[1] 中华人民共和国国家标准 UDC001. 81/GB7713—87 中华人民共和国国家标准科学技术报告、学位论文和学术论文的编写格式

[2] 王力. 怎样写学术论文. 北京：北京大学出版社，1981

[3] 陈声涛. 科技应用写作. 广州：中山大学出版社，1994

[4] 陈妙云. 学术论文写作. 广州：广东人民出版社，2001

南方学院毕业论文写作规范

一、毕业论文应由学生个人在专业教师的指导下独立完成，不得抄袭和剽窃他人成果。

二、毕业论文选题原则上以所学专业的内容为主，不脱离或跨过专业范围（如汉语言文学专业的不选新闻学专业的，反之亦然），选题大小要适中。

三、毕业论文应具备学术论文的基本元素：观点明确，层次分明，论述清楚，逻辑严谨，材料翔实，文字畅顺，有理论色彩。

四、毕业论文一般应包括选题搜集资料、文献阅读、提炼观点、拟定提纲、撰写初稿、修改润色、最后定稿、打印成册等环节。

五、毕业论文的基本编辑格式。

1. 论文的结构

（1）排列顺序：题目—中英文论文摘要—关键词—目录—正文—注释—参考文献—致谢。

（2）论文的结构必须按定稿后的排列顺序依次分别独立成页；页码由论文正文开始编码，到“致谢”终止，页码置于页面下方正中。

2. 论文的字体、字号

（1）论文题目：一般用三号宋体加粗。

（2）论文摘要：高度概括论文内容的一段文字。中文摘要要用五号楷体（其中“论文摘要”四字用同号黑体外加方括号），英文摘要用小四号新罗马体（Times New Roman）。

（3）论文正文：正文内各主要部分的大标题用四号黑体；正文内文使用小四号宋体。

（4）论文注释、参考文献：依次列在篇末，均用小五号宋体（其中具有标题性质的“注释”、“参考文献”左边不空格，采用同号黑体后加冒号）。

（5）论文标题序码：论文内文各大部分的标题序码，首级用“一、二……（或 1、2 ……）”，次级的用“（一）、（二）……（或 1.1、1.2……）”，三级的用“1、2 ……（或 1.1.1、1.1.2 ……）”，四级的用“（1）、（2）……”。不使用五级以下标题。

3. 论文的页边距

上、下边距为 2.54cm，左、右边距为 3.17cm。

4. 论文的纸张和份数

用白色A4纸张打印，要求清晰、美观，双面打印。论文打印数至少三份（学院、系各存档一份，自己保留一份）。

5. 论文均要有中英文论文摘要和关键词

中文摘要300字以内；中文关键词3～8个，每词之间用逗号分隔。

6. 论文均要有注释、参考文献，并且均要注明出处

具体格式如下：

连续出版物：作者，文题，刊名，哪一年哪一卷（期）哪一页；

专著：作者，书名，哪个出版社哪一年版（注释要加页码）；

译著：作者，书名，译者，哪个出版社哪一年版（注释要加页码）；

论文集：作者，编者，文集，哪个出版社哪一年版哪一页；

报纸文章：作者，文题，报纸名，出版日期（版次）；

数据库/光盘文献：作者，文题，出版社，出版日期；

其他文献：作者，文题，出版社，出版日期。

7. 论文的封面、封底

（1）论文的封面、封底由教务部统一印制。

（2）论文封面各项内容务必如实填实。填写方式：手写，字迹清晰，字体工整，不得出现涂改的痕迹。

（3）论文封三由指导老师填写，为毕业论文成绩评定的主要依据。

8.《毕业论文（设计）过程检查情况表》、《毕业论文（设计）答辩情况表》

这两个表附在毕业论文（设计）“致谢”后面，表格中的签名必须手写签名。

9. 论文装订

要求美观大方，必须用胶来装订，用订书针装订的，退回重新装订。

六、毕业论文的字数5000～8000字（不包括摘要、关键词、注释和参考文献。）

词谱举要[①]

菩萨蛮（双调44字，民间词字数略有出入）

平⃝平仄⃝仄平平仄△，平⃝平仄⃝仄平平仄△。仄⃝仄仄平平△，仄⃝平平⃝仄平△。　　仄⃝平平仄仄△，仄⃝仄平平仄△。平仄仄平平△，仄⃝平平⃝仄平△。

（上下片末句，若第3字用仄，则第一字必用平声）

忆秦娥（双调46字）

平平⃝仄△，平⃝平仄⃝仄平平仄△。平平仄△（叠上句末三句），平⃝平仄仄，仄平平仄△。　　平⃝平仄⃝仄平平仄△，平⃝平仄⃝仄平平仄△。平平仄△（叠上句末三句），平⃝平仄⃝仄，仄平平仄。

望江南（又名“江南好”，有单双调两体，单调27字，双调54字）

平平⃝仄，仄⃝仄仄平平△。仄⃝仄平⃝平平仄仄，平⃝平仄⃝仄仄平平△。仄⃝仄仄平平△。（下片与上片同）

谒金门（双调45字）

平仄仄△，平⃝仄仄⃝平平仄△。平⃝仄平⃝平平仄仄△，仄⃝平平仄仄。　　仄⃝仄平⃝平平⃝仄△，仄⃝仄平⃝平平仄△。平⃝仄仄⃝平平仄仄，仄⃝平平仄仄。

（上下片结句也作仄⃝仄平平仄）

浪淘沙（双调54字）

仄⃝仄仄平平△，仄⃝仄平平△。平⃝平仄⃝仄仄平平△。仄⃝仄平⃝平平仄仄，仄⃝仄平平△。（下片与上片同）

破阵子（双调62字）

仄⃝仄平⃝平仄⃝仄，平⃝平仄⃝仄平平△。仄⃝仄平⃝平平仄仄，仄⃝仄平平仄⃝仄平△，仄⃝平

---

① 本书所列词谱分别选自王力．诗词格律．北京：中华书局，1977.12；杨文生．词谱简编．成都：四川人民出版社，1983；席金友：诗词基本知识．呼和浩特：内蒙古人民出版社，1980

(平)仄平△。　(仄)仄(平)平(仄)仄，(平)平(仄)仄平平△。(仄)仄平平平仄仄，(仄)仄平平(仄)仄平△，(仄)平(平)仄平△。

望海潮（双调107字）

(仄)平平仄，(仄)平(平)仄，(平)平(仄)仄平平△。平仄仄平，平平仄仄，(平)平(仄)仄平平△。(仄)仄仄平平△。仄(平)平(仄)仄，(仄)仄平平△。(仄)仄平平，(平)平(仄)仄仄平平△。平平仄仄平平△。仄(平)平(仄)仄，(仄)仄平平△。平仄仄平，(平)平仄仄，(平)平(仄)仄平平△。(平)仄仄平平△。仄(仄)平(平)仄，(仄)仄平平△。(仄)仄平平(仄)仄，(仄)仄仄平平△。

八声甘州（双调97字）

仄(平)平(仄)仄仄平平，(仄)平仄平平△。(仄)平平(平)仄。平平(仄)仄，(平)仄平平△。(仄)仄(平)平(仄)仄，(仄)仄仄平平△。(仄)仄(平)平仄，(平)仄平平△。　(仄)仄(平)平(平)仄，仄(仄)平(仄)仄，(平)仄平平△。仄平平(平)仄，(平)仄仄平平△。仄平平逗(平)平(平)仄，仄(仄)平逗(平)仄仄平平△。平平仄逗(仄)平(平)仄，(仄)仄平平△。

渔家傲（双调62字）

(仄)仄(平)平平仄仄△，(平)平(仄)仄平平仄△。(仄)仄(平)平平仄仄△。平(仄)仄△，(平)平(仄)仄平平仄△。　(仄)仄(仄)平平仄仄△，(仄)平(仄)仄平平仄△。(平)仄(平)平平仄仄△。平(仄)仄△，(平)平(仄)仄平平仄△。

江城子（双调70字）

(仄)平(平)仄仄平平△。仄平平△，仄平平△。(平)仄平平逗(平)仄仄平平△。(仄)仄(平)平平仄仄，平仄仄，仄平平△。（下片与上片同）

（本调上下片第一句亦作仄仄平平仄仄平）

水龙吟（双调102字）

(仄)平(平)仄平平，(仄)平(平)仄平平仄△。(平)平(仄)仄，(仄)平(仄)仄，(仄)平(仄)仄。(仄)仄平平，(仄)平平仄，(平)平平仄△。仄(平)平(仄)仄，(平)平(仄)仄，(平)平仄逗平平仄△。(平)仄(平)平(平)仄△，仄平平逗(仄)平(平)仄△。(平)平(仄)仄，(仄)平(平)仄，(平)平(平)仄△。(仄)仄平平，(平)平平仄，(仄)平平仄△。仄(平)平(仄)仄，平(平)仄(仄)，仄平平仄△。

（上片开头两句又作(平)平平仄平平仄，(平)仄(平)平平仄；结尾三句可作仄平平，仄仄平平仄仄，仄平平仄。）

满庭芳（双调95字）

(平)仄平平，(平)平(平)仄，(仄)平(平)仄平平。(仄)平平仄，(平)仄仄平平。(平)仄平平仄仄，(平)(平)仄$_{逗}$(平)仄平平。平平仄，平平仄仄，(平)仄仄平平。　平平。平仄仄，(平)平仄仄，(平)仄平平。仄仄平平仄，(仄)仄平平。(仄)仄平平仄仄，(平)(仄)仄$_{逗}$(平)仄平平。平平仄，平平仄仄，(平)仄仄平平。

（下片前两句可合为一句：(平)平平仄仄）

苏幕遮（双调62字）

仄平平，平仄仄。(平)仄平平$_{逗}$(平)仄平平仄。(平)仄平平平仄仄。(平)仄平平$_{逗}$(仄)仄平平仄。（下片与上片同）

凤凰台上忆吹箫（双调95字）

(平)仄平平，(仄)平(平)仄，(仄)平(平)仄平平。(仄)仄平平仄，(仄)仄平平。(平)仄平平(仄)仄，平(仄)仄$_{逗}$(仄)仄平平。平平仄，平平仄仄，仄仄平平。　平平。仄平仄仄，平(仄)仄平平，(仄)仄平平。仄仄平平仄，(平)仄平平。(平)仄平平(平)仄，平(仄)仄$_{逗}$(平)仄平平。平平仄，平平仄平，仄仄平平。

声声慢（双调97字，有平韵、仄韵两体）

［平韵］

(平)平(平)仄，(平)仄平平，平(平)(仄)仄平平。(仄)仄平平，平(平)仄仄平平。(平)平仄(仄)仄仄，仄(平)平$_{逗}$(仄)仄平平。(仄)(平)仄，仄(平)平(仄)仄，(平)仄平平。　(仄)仄平平(仄)仄，仄(平)平仄(仄)，(仄)仄平平。(仄)仄平平，平(平)(仄)仄平平。(平)平仄(平)仄仄，仄(平)平$_{逗}$(平)仄平平。(仄)(仄)仄，仄(仄)(仄)$_{逗}$平仄仄平。

［仄韵］

平平(仄)仄，(仄)仄平平。平平仄(平)平仄。(仄)仄平平平仄，仄平平仄。平平仄仄仄仄，仄仄平$_{逗}$仄平平仄。仄仄仄，仄平平，(仄)仄(仄)平平仄。　仄仄平平平仄。平仄仄，平(平)仄平平仄。(仄)仄平平，(仄)仄(仄)平平仄。(平)平仄平(仄)仄，仄平平逗仄⃝平平仄。仄⃝仄⃝仄，仄仄⃝仄⃝逗平⃝仄⃝仄⃝仄。

（上片起句可不用韵，第四、五句，多作四字一句、六字一句，第九、十句及下片的第二、三句，多作五字、四字一句，五字一句的可是仄平平仄仄。）

卜算子（双调 44 字）

仄⃝仄仄平平，仄⃝仄平平仄。仄⃝仄平平仄仄平，平⃝仄平平仄。（下片与上片同）

钗头凤（双调 116 字）

平平仄，平⃝平仄。仄⃝平平⃝仄平平仄。平平⃝仄，(换韵)平⃝平仄。平⃝平⃝平仄，仄平平仄。仄，仄(叠字)，仄(叠字)。　（下片与上片同，有七仄韵，二叠字。前三韵用入声，后四韵用上去声，反之，前三韵用上去声，后四韵用入声。）

摸鱼儿（双调 160 字）

仄平平逗仄平平仄，平⃝平平仄平仄。平⃝平平⃝仄平平仄，平⃝仄仄平平仄。平仄仄，仄⃝仄⃝仄逗仄⃝平仄⃝仄平平仄。平⃝平仄⃝仄。仄仄⃝仄平平，平⃝平仄⃝仄，仄⃝仄仄平仄。　平平仄，平⃝仄平平仄仄。平⃝平平仄平仄。平⃝平平⃝仄平平仄。平⃝仄仄平平仄。平仄仄，仄⃝平⃝仄逗平⃝平仄⃝仄平平仄。平⃝平仄⃝仄。仄仄⃝仄平平，平⃝平仄⃝仄，平⃝仄仄平仄。

青玉案（双调 67 字）

平⃝平仄⃝仄平平仄，仄仄⃝仄逗平平仄。仄⃝仄平⃝平平仄仄。仄⃝平平仄，仄⃝平平⃝仄，仄⃝仄平平仄。　仄⃝平仄⃝仄平平仄，仄⃝仄平平仄平仄。仄⃝仄平⃝平平仄仄。仄⃝平平仄，仄⃝平平⃝仄，平⃝仄平平仄。

（上下片第五句有不押韵的。）

贺新郎（又名“金缕曲”双调 116 字）

仄⃝仄平平仄。仄平平逗仄⃝平平⃝仄，仄平平仄。平⃝仄平⃝平平平⃝仄，仄⃝仄平平平⃝仄。仄⃝仄⃝仄逗平平平⃝仄。仄⃝仄平⃝平平仄⃝仄，仄平⃝平逗仄⃝仄平平仄。仄⃝仄仄逗仄⃝平仄。　平⃝平仄⃝仄平平仄。仄平平逗平⃝平仄⃝仄，仄平平仄。仄⃝仄平⃝平平平⃝仄，仄⃝仄平平仄⃝仄。仄⃝仄⃝仄逗平平仄⃝仄。平⃝仄平⃝平平仄⃝仄，仄仄⃝平逗平⃝仄平平仄△。(平)仄仄$_{\text{逗}}$仄平仄△。

暗香（双调 97 字）

(仄)平(仄)仄△，仄(仄)平(仄)仄，(平)平平仄△。仄仄(仄)平，(仄)仄平平仄平仄△。(平)仄平平仄仄，(平)(平)(仄)$_{\text{逗}}$(平)平平仄△。(仄)(仄)(仄)$_{\text{逗}}$(仄)仄平平，(平)仄仄平仄△。　(平)仄△，仄(仄)仄△。仄仄(仄)(仄)平，(仄)(仄)平仄△。仄平仄仄△，(平)仄平平仄平仄△。(平)仄平平仄仄，(平)(仄)(仄)$_{\text{逗}}$(平)平平仄△。仄(仄)(仄)平(仄)仄，仄平(仄)仄△。

虞美人（双调 56 字）

(平)平(平)仄平平仄△，(仄)仄平平仄△。(仄)平(仄)仄仄平平△，(仄)仄(仄)平平仄仄平平△。（上下片平仄同，下片仄、平韵与上片不同；上下片结句，上六下三，上二下七均可，须一气贯注。）

鹧鸪天（双调 55 字）

(仄)仄平平(仄)仄平△，(平)平(平)仄仄平平△。(仄)平(平)仄平平仄，(平)仄平平(仄)仄平△。平仄仄，仄平平△，(仄)平(仄)仄仄平平△。(平)平(仄)仄平平仄，(平)仄平平(仄)仄平△。

点绛唇（双调 41 字）

(仄)仄平平，(仄)平(平)仄平平仄△。(仄)平(平)仄△，(平)仄平平仄△。　(仄)仄平平，(仄)仄平平仄△。平平仄△，(仄)平(平)仄△，(平)仄平平仄△。

蝶恋花（双调 60 字）

(仄)仄(平)平平仄仄△。(平)仄平平，(仄)仄平平仄△。(平)仄(平)平平仄仄，(平)平(仄)仄平平仄△。（下片与上片同）。

夜游宫（双调 57 字）

(仄)仄平平仄仄△，仄(平)仄$_{\text{逗}}$仄平平仄。(平)仄平平(仄)仄(仄)△，仄平平，仄平平，平仄仄。　(仄)仄平平仄△，仄(平)仄$_{\text{逗}}$(仄)平平仄△。(仄)仄平平仄(仄)仄。仄平平，仄平平，平仄仄△。

（说明(平)表示可平可仄，平△表示该字为韵字，平声。仄亦然。）

编后语

我们在中山大学南方学院教授《大学语文》课程已近四载，通过与全院学生的广泛接触，征求同学们对《大学语文》教学内容、教学方法及使用教材的意见，很想编一本适合他们想法与要求的教材，于是便有了这本《新编大学语文》。

本教材是由中山大学南方学院文学系几位专职和兼职教师完成的。教材编写分工如下：黄国璋负责诗歌部分；朱婵清负责词、戏曲部分及《学术论文写作》一文的撰写；散文、小说部分先是由黄国璋、朱婵清、黄年丰、龙翔共同商议，然后由黄年丰、龙翔两人共同完成。

文学系主任邓志远教授为本书作序，谢骏教授为本书题写书名。本教材能顺利出版，更有赖于暨南大学出版社杜小陆先生的鼎力支持。在此一并表示真诚的谢意。

由于时间仓促，力有不逮，故书中的错误与纰漏在所难免，敬请方家不吝赐教。

编　者

2010 年 6 月 10 日

中山大学南方学院